开辟式创新如何创造长久的经济繁荣

繁荣的悖论
The Prosperity Paradox

Clayton M. Christensen / Efosa Ojomo / Karen Dillon
[美]克莱顿·克里斯坦森 /[美]艾佛萨·奥热莫 /[美]凯伦·迪伦_著
陈劲 / 姜智勇_译

中信出版集团 | 北京

图书在版编目（CIP）数据

繁荣的悖论/(美)克莱顿·克里斯坦森,(美)艾佛萨·奥热莫,(美)凯伦·迪伦著；陈劲, 姜智勇译. -- 北京：中信出版社, 2020.7
书名原文：The Prosperity Paradox：How Innovation Can Lift Nations Out of Poverty
ISBN 978-7-5217-1423-4

Ⅰ.①繁… Ⅱ.①克… ②艾… ③凯… ④陈… ⑤姜… Ⅲ.①贫困问题—研究—世界 Ⅳ.①F113.9

中国版本图书馆CIP数据核字(2020)第029670号

Copyright © 2019 by Clayton M. Christensen, Efosa Ojomo and Karen Dillon.
Published by arrangement with HarperBusiness, an imprint of HarperCollins Publishers.
Simplified Chinese translation copyright ©2020 by CITIC Press Corporation
ALL RIGHTS RESERVED
本书仅限中国大陆地区发行销售

繁荣的悖论

著　者：[美]克莱顿·克里斯坦森　[美]艾佛萨·奥热莫　[美]凯伦·迪伦
译　者：陈劲　姜智勇
出版发行：中信出版集团股份有限公司
　　　　（北京市朝阳区惠新东街甲4号富盛大厦2座　邮编 100029）
承　印　者：北京诚信伟业印刷有限公司

开　本：787mm×1092mm　1/16　印　张：22　字　数：300千字
版　次：2020年7月第1版　印　次：2020年7月第1次印刷
京权图字：01-2019-7329　广告经营许可证：京朝工商广字第8087号
书　号：ISBN 978-7-5217-1423-4
定　价：79.00元

版权所有·侵权必究
如有印刷、装订问题，本公司负责调换。
服务热线：400-600-8099
投稿邮箱：author@citicpub.com

目 录

推荐序 / III
译序 从颠覆式创新到开辟式创新 / IX
前言 / XI

第一部分
开辟式创新的力量

第一章 什么是繁荣的悖论 / 003
第二章 创新天生不同 / 015
第三章 生于忧患 / 035
第四章 推动与拉动:两种策略的故事 / 059

第二部分
创新如何为大众带来繁荣

第五章 美国创新故事 / 083
第六章 东西方碰撞的火花 / 105
第七章 墨西哥的效率式创新 / 127

第三部分
冲破阻碍

第八章 只有良法是不够的 / 149

第九章 腐败本身不是问题,而是解决方案 / 169

第十章 基础设施的悖论 / 193

第四部分
未来的行动方案

第十一章 从繁荣的悖论到繁荣的进程 / 215

附录 换一种眼光看世界 / 231

致谢 / 263

注释 / 281

推荐序

人们常说，贫困是万恶之源。今天，我们可以骄傲地宣称，到2020年年底，中国就能消除几千年来中华民族一直致力于解决的绝对贫困问题。但放眼世界，根据世界银行的数据，很多国家与地区的绝对贫困人口数量在过去几十年里实际上还处于上升状态。为什么有些国家能够摸索到通向繁荣的道路，而另一些国家却长期在极度贫困的泥淖中苦苦挣扎？

带着这些问题，今天我们来读克莱顿·克里斯坦森的新书《繁荣的悖论》，会得到特别的启示。

这本书的核心观点是：在现实世界中，有一个巨大的潜在消费市场，我们称之为"未消费市场"，在这里面的人群，我们称之为"未消费人群"。这并不意味着这些人没有消费需求，而是市场上的产品和服务太复杂、太贵，"未消费人群"买不起。市场开辟式创新就是要把原本复杂昂贵的产品与服务变得更实惠，让"未消费人群"买得起、用得上。简言之，这是能够为一个国家开辟出新市场的创新。它不仅能扩大产品和服务市场，还可以促进就业，拉动基础设施建设，推动社会和政治层面的进步，从而让国家走出贫困。

创新一词我们已经不陌生，但本书对我启发最大的是，创新被进一步细分成持续性创新、效率式创新与开辟式创新这三种形态。

一是持续式创新，指的是对市场上现有的解决方案的改进。目前市场上大多数的创新都属于持续式创新。二是效率式创新，指的是用更少的资源办成更多的事。很多的科技新发明都属于这种创新。毋庸置疑，这两种创新都能为企业带来更大利润，为社会创造更多财富，但这两种创新面向的一般都是现存的市场、现有的顾客，往往不能产生更多的就业机会，还会减少就业机会。

最重要的创新是开辟式创新。它指的是把原本复杂昂贵的产品变得更实惠，实现产品与服务的大众化，让更多人买得起，用得上的创新。作者认为在开辟式创新的实现过程中，数以百万计的人能够脱离贫困，开辟式创新不但能够开拓出新的需求，还能促进就业，拉动基础设施建设，促进企业生产模式的改进和政府政策的革新。作者认为大力推动开辟式创新才有可能使一个国家摆脱贫困的恶性循环，走向繁荣昌盛。

开辟式创新，历史上有过吗？

作者举了美国的福特 T 型汽车的例子。汽车曾经只是美国有钱人的玩具和社会地位的象征。1900 年全美登记在册的汽车只有 8 000 辆。亨利·福特的 T 型车把汽车变成了大众商品。从 1909 年到 1927 年，T 型车共生产了 1 500 万辆，不但满足了一般老百姓的需求，同时还创造了几十万个就业岗位。汽车的大量出现还带动了修建公路的热潮，从而使得美国人的居住、生活、文化都发生了变化。开辟式创新的同时代产品还有胜家缝纫机、柯达胶片与照相机等等。这些创新对于美国的就业和市场繁荣意义重大。

开辟式创新，现在有吗？

作者详细介绍了几个正发生于发展中国家的开辟式创新。一个是在全世界最贫困的撒哈拉以南非洲开展业务的 Celtel 移动通信公司的故事。从

20世纪90年代末起，Celtel公司便在当时被认为不可能发展出移动通信市场的国家中开通了运营。用了不到6年时间，Celtel公司在13个非洲国家的用户已经达到了520万人。现在整个非洲的电信行业每年能为非洲带来1 500亿美元的收入、450万个就业机会和205亿美元税收。作者还列举了从方便面工厂到汽车制造公司，从平民保险到低价医院等很多目前发生于发展中国家的开辟式创新。这些案例都说明，面向"未消费市场"的创新大有可为。

开辟式创新，中国有吗？

当然！作者在书中举了一个格兰仕微波炉的例子。在格兰仕出现之前，中国的微波炉只有高收入人群用得起，每台平均要500美元。格兰仕打破了这一格局，其产品最便宜的不到10美元一台，格兰仕也因此迅速发展，并占据了一半中国市场。

事实上，作者对中国的情况了解有限，中国应该是当之无愧的当今开辟式创新领域的龙头老大。在我们的周边，有太多太多故事可说了，就拿笔者比较熟悉的由阿里巴巴牵头办的互联网银行——网商银行为例。它2015年才开业，在短短不到5年的时间里，已经发展为恐怕是世界上规模最大的为小微企业提供贷款的银行。目前，其已经为2 400万家小微企业提供了累计超过4.5万亿元的贷款，这些企业的户均余额仅为3.5万元，其中超过80%从来没有获得过银行贷款。网商银行提供的贷款模式就从根本上颠覆了传统商业银行审查贷款的复杂手续。客户在手机上仅用3分钟就可以完成申贷手续；通过大数据和人工智能处理，银行1秒钟就可做出贷款决定，整个审贷、放款、收款的过程全部自动化，零人工介入。由腾讯公司牵头同期开办的微众银行也开展了类似的业务，其普惠金融产品"微粒贷"为2 000多万个体工商户发放了贷款,笔均贷款仅为8 000元。

类似的开辟式创新,在中国还有许多许多,如支付宝、微信支付、拼多多、村淘、美团、共享单车等等,这些产品背后的逻辑是下沉市场,实际上就是把产品与服务改造后送入未消费人群的市场中。

多年来我们一直在谈创新,要努力把中国建成创新型国家。政府和社会的各种资源都在支持创新。我们的开辟式创新,在一些领域确实走在了其他国家的前面。但是从总体上来看,我们主要还是在关注科技创新,关注持续式创新和效率式创新,政府和社会投入的资源也主要流向了这些领域,而开辟"未消费市场"应该说还有很大的潜力可挖掘。

最近出版的英国《经济学人》杂志就新冠疫情后的世界经济格局做了一个预测。这篇文章的题目就很耸人听闻:"我们所知道的全球化终结了。"文章认为,这次新冠疫情不仅对人们的生命和财富造成了影响,还产生了从环境到心态,从宏观到微观的许多变化。最糟糕的是,各国之间的不信任加深,以及逆全球化新浪潮的出现。哈佛大学的斯蒂芬·沃尔特教授也指出:"随着公民寻求政府的保护,以及企业寻求降低未来的脆弱性,我们将看到全球化的进一步退缩。"

天下大势,分久必合,合久必分。对于有着5 000年文明史的中国来说,这种衰极而盛,盛极而衰的道理,一点儿也不陌生。然而,作为世界工厂的中国,却又不得不特别关注这些新的变化。美国等发达国家在逆全球化,向内收缩,发展中国家的市场一时又接不上,国内市场竞争也已白热化,中国制造未来的市场在哪里?

从这种意义上来看,克里斯坦森的开辟式创新对中国来说就有着特殊的意义。

首先是要扩大内需市场。我国已经是世界上最大的消费市场,而且还有巨大的发展潜力。这一潜力尤其来自中国的"未消费市场",来自广大的低收入人群，来自占人口一半的农村。我国还有10亿人从来没有坐过飞机，5亿人没用过抽水马桶，60%的人从来没有进行过健康年检，等等。要开辟我国的"未消费市场"，我们必须进行进一步的创新。

从全球的角度看，"一带一路"国家是我们要努力开辟的新市场。但是，如果我们只是把资源集中投在基础设施上，并认为"要致富，先修路"的经验是放之四海而皆准的，就有可能陷入如世界银行等国际机构以及很多发达国家在对外援助中所犯的错误。事实上，几十年前，我们倾全国之力修筑的坦赞铁路效益不佳，就是一个很好的教训。反之如果鼓励我们的企业用开辟式创新的模式走出去，就有可能闯出"一带一路"的一条新路来。

历史上不乏一个新概念、一个新理论的出现影响了世界发展进程的现象。克里斯坦森提出的颠覆性创新的概念，已经启发了一代人。"颠覆"二字，现在已经成了各行各业的口头禅。今天，经多年的深思熟虑后，作者又推出了一个更有社会意义的新概念。让我们一起去理解、去实践这一新的概念——开辟式创新吧！

汤敏
国务院参事、友成企业家扶贫基金会副理事长

译序

从颠覆式创新到开辟式创新

我国读者对克莱顿·克里斯坦森教授很熟悉,他的《创新者的窘境》和著名的"颠覆式创新"理论甚至一度成为全球创新理论研究与实践发展的核心内容。

在这本书中,克里斯坦森教授探讨了如何运用开辟式创新解决全球的贫困问题。对于全球发展组织,例如世界银行和经合组织等,以及各个贫困国家的政府对贫困问题的解决办法,尤其是在"传统智慧"指导下的各种治标不治本的做法,克里斯坦森教授在书中给予了委婉但又坚定的批判。如何更好地解决全球贫困问题?作者给出的答案是:创新,而且是"开辟式创新"。

"开辟式创新"即"能够开创出新市场的创新"。创新者通过"新的视角"看到未消费人群的"忧患",以此为线索,通过整合的商业模式拉动必需的要素,实现产品和服务的大众化,完成未消费经济中的"未达成的用户目标",从而开辟、维系新市场,并推动新市场成长壮大,新市场不仅会拉动经济的发展,还会带来社会和政治层面的进步。通过市场来解决问题,通过市场来实现繁荣。

在不可能实现繁荣的地方"让繁荣之花盛开",这就是"繁荣的悖论"。为了解决这一悖论,作者不仅提出了开辟式创新的理论框架,还通过大量的经济史料和案例分析来解释这一理论。作者的分析鞭辟入里，文风娓娓道来。这本书将克里斯坦森教授的理论从哈佛商学院的课堂分享到了整个英语世界，现在中译本也来到了中国读者面前。

这部著作对中国的创新活动如何实现公共目标和社会价值具有重要的借鉴作用。

这首先体现在开辟式创新同颠覆式创新理论的关系上。可以说，开辟式创新都是具有颠覆性的，而颠覆式创新是通过开辟新的市场来实现的。开辟式创新更关注社会目标，尤其是消减全球贫困，这和我近年来提出的"反贫困创新"不谋而合。开辟式创新理论与方法对我国的扶贫有较高的参考价值。

其次，中国的未消费市场潜力巨大。无论是新产品和服务的开发前景，还是既有产品和服务的演进空间，都为我国的创新者提供了无限的可能。同时，我们也应该看到，消费市场与未消费市场之间，消费者与未消费者之间，实际上是你中有我、我中有你的。因此，合理地运用书中提出的三种类型的创新，即开辟式创新、持续式创新和效率式创新是十分必要的。

陈劲

2019年初秋于北京

前言

20世纪70年代初,作为一名摩门教传教士,我在韩国度过了两年的时光。当时的韩国是全亚洲最贫穷的国家之一,我在那里目睹了太多贫穷造成的苦难。我曾眼睁睁看着几位朋友撒手人寰,带走他们的是本来可以防治的小病;我曾一次又一次地看到,很多韩国家庭要在填饱肚子、供子女上学和赡养老人这三者之间选择,并且只能选其一。这也许是人世间最无法选择的选择。对当时的韩国人来说,生活就是日复一日的折磨。

这段经历对我造成了极为深刻的震撼。所以,当我获得罗德奖学金进入牛津大学学习时,我将经济发展选作自己的研究方向,并把研究的重点放在了韩国。我这样做,是为了毕业之后能进入世界银行工作。在那里,我将有机会帮助韩国人解决贫困问题,让那些曾发生在我眼前的悲剧不再重演。想不到,在我做好准备的那一年,世界银行没有招聘美国人的计划,这扇大门对我结结实实地关上了。就这样,在命运的迂回曲折之间,我选择了去哈佛大学进修商业。尽管如此,那个深陷在贫困泥淖中的韩国,连同它种种悲惨的境况,始终萦绕在我的脑海里,挥之不去。

多年以后,当我再次踏上韩国的土地时,我惊喜地发现,那个记忆中的韩国早已踪迹全无了。在我离开的几十年里,韩国不仅变成了世界上最富裕的国家之一,而且跻身于广受尊重的OECD(经济合作与发展组织)

成员国之列，其从国外援助的接收国变成了对外援助的捐赠国。[1] 美国记者法里德·扎卡里亚（Fareed Zakaria）甚至把韩国称为"全世界最成功的国家"[2]，我非常认同他的看法。韩国在过去几十年间发生的巨变就像一场奇迹。

现在的很多国家和几十年前的韩国非常类似，例如布隆迪、海地、尼日尔和危地马拉等等。然而，很不幸的是，这些国家并未实现韩国式的变革。早在20世纪70年代，这些国家就深陷在无望的贫穷中。如今，它们依然困难得令人绝望。为什么有些国家能够摸索出通向繁荣的道路，而另一些国家却在极度贫困的泥淖中苦苦挣扎？几十年前，在我立志帮助韩国摆脱贫困时，这个问题曾经引起我强烈的兴趣；如今，它依然萦绕在我耳边，嗡嗡作响。

对多数国家来说，繁荣其实是一种较新的现象。多数现在的富裕国家并不是一直富裕的。以美国为例，可能人们早已忘记美国是怎样一步步发展起来的了。在并不算遥远的过去，美国也曾一贫如洗、腐败横行、吏治黑暗。无论采用什么标准来衡量，19世纪50年代的美国远比现在的安哥拉、蒙古或者斯里兰卡贫穷得多[3]。当时，美国每千名活产婴儿的死亡人数约为150人，婴儿死亡率[4]是2016年撒哈拉以南非洲地区的3倍之高。当时的美国同现在判若两国，既没有稳定的政府组织，也没有起码的基础设施。正因为如此，美国的发展故事才给全世界每一个贫困国家带去了希望。它证明了一点：脱贫致富是做得到的。问题是，怎样做到[5]？

几十年来，人们尽心竭力地研究方法，帮助贫穷国家消除贫困、发展经济。这项工作取得了实质性进展。以全球范围的极度贫困率为例：1990年，全球极度贫困率高达35.3%，到了2015年，这一数字降到了9.6%。[6] 这一转变的含义是，1990年以来，全世界共有10亿多人摆脱了贫困。这个统计数字听起来太过巨大，容易造成一种虚假的"进步感"。实际上，在这10亿刚刚脱离贫困的人口中，有大约7.3亿来自同一个国家：中国。中国成功地把绝对贫困率从 1990 年的 66.6% 降到了今天的不到 2%[7]，这确实令人叹为观止。然而，在世界其他地区，例如撒哈拉以南非洲地区，绝对贫困人口的数量实际上是不降反升的，而且极为显著。[8] 即使对那些理论上算不上绝对贫困的人来说，温饱依然是朝不保夕的大问题。

我们已经取得了一定的进步，这是毋庸置疑的。尽管如此，如何才能根治贫困？对于这个问题的答案，人们似乎并没有形成普遍的共识。从修复糟糕的社会结构（包括教育、医疗、交通等各个方面）到改良政府机构；从增加国外援助到大力发展外贸，等等，众说纷纭，莫衷一是。[9] 没有哪一种方案能得到所有人的认同。但是，所有人都会认同的一点是：发展来得太慢了。

1960 年以来，为了帮助贫穷国家发展，人们发起了"官方发展援助"项目（Official Development Assistance，以下简称 ODA）。目前，ODA 累计投入的资金超过了 4.3 万亿美元。[10] 这是一个非常可观的数字。不幸的是，这些面向贫穷国家的援助项目，大多未能取得预期的效果。实际上，许多 1960 年全世界最穷的国家现在依然贫穷，甚至变得更穷了。2015 年的统计表明，至少有 20 个国家变得比 1960 年时更贫穷（如表 0-1 所示）。而且，这种变穷的情况往往发生在价值几十亿美元的援助[11]投入之后。这非常值得我们深思。

表 0-1　20 国 20 世纪 60 年代人均国民收入与 2015 年的对比

	国家	20 世纪 60 年代（美元）	2015 年（美元）	变化率
1	布隆迪	470	315	-33%
2	中非	677	339	-50%
3	马拉维	412	353	-14%

续表

国家	20 世纪 60 年代（美元）	2015 年（美元）	变化率
4 冈比亚	773	384	-50%
5 马达加斯加	1 108	393	-65%
6 尼日尔	1 196	403	-66%
7 利比里亚	1 447	469	-68%
8 刚果（金）	1 742	478	-73%
9 多哥	783	578	-26%
10 阿富汗	698	615	-12%
11 乌干达	686	625	-9%
12 塞拉利昂	1 128	675	-40%
13 贝宁	802	709	-12%
14 塞内加尔	2 003	935	-53%
15 津巴布韦	2 207	1 037	-53%
16 科特迪瓦	1 545	1 319	-15%
17 加纳	1 632	1 401	-14%
18 赞比亚	2 252	1 576	-30%
19 委内瑞拉	8 507	4 263	-50%
20 科威特	34 087	29 983	-12%

注：这里的数值均已根据通货膨胀进行了调整。
数据来源：国际货币基金组织"世界经济展望"数据库。

只要认真研究一些援助项目，我们就能发现：无论援助者出于怎样的善意，很多项目难免以失败告终。关于这一点，艾佛萨·奥热莫（Efosa Ojomo）有着切身的体会。他是这部书的合著者，也是我在哈佛大学的学生。艾佛萨的援助经历让我们真切地感受到一种挫败感。这种挫败感同样充斥于许多旨在帮助穷人改善生活环境和工作条件的项目当中。艾佛萨的老家在尼日利亚，他成年后大部分时间都在美国工作和生活。艾佛萨知道，贫穷正在荼毒许多国家，但是这似乎只是个事不关己的问题。直到他读了威廉·伊斯特利（William Easterly）的《白人的负担》这本书。伊斯特利是纽约大学的教授，这部著作堪称一篇声讨西方世界援助贫困国家种种做法的檄文。伊斯特利在这本书的献词中讲述了艾玛瑞琪的故事。艾玛瑞琪是一位年仅10岁的埃塞俄比亚女孩，她每天凌晨3点就要起床砍柴，然后跋涉数英里[①]步行到集市上卖柴，以养活自己和家人。

读了艾玛瑞琪的故事，艾佛萨久久难以入睡。天下没有哪个孩子应该过这样的苦日子。艾佛萨和他的几位朋友决定成立一家非营利组织，并把它命名为"贫穷止步"（Poverty Stops Here）。这家机构的主要工作是筹集资金，为尼日利亚缺水地区修建水井。艾佛萨后来告诉我："当你走进一个贫困社区时，首先触动你的就是缺水。在那些地方，水就是生命。为什么全世界有那么多援助项目致力于供水？原因就在这里。先要让人们喝上水。有了水，才能谈别的事。"当人们走进一个贫穷的国家时，会发现贫穷的迹象俯拾皆是：教育缺位、道路破败、政府管理失灵等等，令人触目惊心。既然这样，要想解决贫困问题，只要对症下药地推动教育、修整道路、整顿政府机构就行了。这种头疼医头、脚疼医脚的做法是最合理的解决之道。难道不是吗？

艾佛萨设法筹集了30万美元，选定了5个社区修建水井。无论对艾佛萨和他的支持者，还是对当地居民来说，当他们走进这些社区、启动水井时，每个人都能感到无与伦比的幸福。想象一下，一个从来没有水的村庄，突然间有取之不尽的清水从井里汩汩流出。还有比这更动人的画面吗？

遗憾的是，这些水井最后几乎全部作废了。这是人们始料未及的。大

---

① 1英里≈1.609千米。——编者注

约在水井落成半年之后，艾佛萨在位于美国威斯康星州的家里接到电话：水井不出水了。他不得不从几千英里以外想办法找人把井修好。因为这些水井都建在尼日利亚农村地区，找到有经验的技师，并请其赶到村里修好水井，是个挑战重重的难题。往往一个问题刚刚解决，另一个问题又冒了出来。在"贫穷止步"修建的 5 口水井中，只剩下 1 口还能正常使用。艾佛萨和他的朋友们曾经那样热忱地想要帮助这些村庄。如今，他们只能满心不甘地放弃了修建更多水井的计划。

类似"贫穷止步"的情况还有很多。"国际环境与发展研究所"的一项研究表明，在整个非洲地区，大约有 5 万口废弃不用的水井。在一些地区，多达 80% 的水井无法使用。[12] 有一次，艾佛萨来到一座村庄勘察，他准备在那里修建水井。艾佛萨发现，在他选定的位置的大约几百米以外，就有一口久已荒废的旧井。那是另一家国际援助机构先前修建的。

这太让艾佛萨灰心了。他曾经那样热心地想要帮助当地穷人过上更好的生活。不过，水井项目的失败也引起了艾佛萨的思考：既然简单地注入资源和单纯的善意无法解决这些令人懊恼的问题，那么，有什么更好的办法能够取而代之吗？为什么有的援助项目能取得成功，有的却做不到？为什么有些国家就是比别的国家发展得更好？这些问题并不容易回答。艾佛萨意识到，只是缓解贫困，或者说，只是抹除那些明摆着的贫困迹象，并不是根治贫困的长久之道。也许这正是最根本的问题所在，因为消除贫穷和创造繁荣根本就是两回事。也许我们都应该换个角度思考这个问题。希望本书能够帮助读者改变关于经济发展问题的思考方式，提出不一样的问题，并为那些迫切需要帮助的人找到新的出路。

*　*　*

"繁荣"一词的含义是什么？关于繁荣，有许多明显的、被广泛使用的衡量指标，例如获得良好教育、医疗保障、人身安全和社会保障的机会，以及所在国家的政府良好的治理工作等等。著名的"全球繁荣指数"涵盖148个[①]国家，上述四项都是它主要的衡量指标，其他指标还包括环境治理方面的作为等。排在"全球繁荣指数"前列的是挪威、新西兰和芬兰等国家，垫底的是苏丹、也门、中非共和国等国家。这个结果丝毫没有超出人们的意料。

在评估一个社会所有成员的福祉时，这些指标当然是非常重要的。但是，我们认为，还应该考虑其他一些更重要的指标，例如获得有报酬的工作的机会、在社会阶层中向上流动的机会等等。因此，本书把繁荣定义为一种过程，通过这个过程，一个地区内越来越多人的经济和社会生活水平得到改善，政治福利得到提高。

在"繁荣"和"富裕"之间，存在着一条非常重要的分界线，我们可以说一些国家是"富裕"的，但无法称其为"繁荣"的。那些天然具有丰富的高价值自然资源的国家就是最好的例子。繁荣一定孕育着日益增长的自由，包括经济自由、社会自由和政治自由。而且，繁荣一定不是建立在对某种自然资源依赖的基础上的，例如石油等。因此，尽管有些国家非常富有，并在一定范围内把国家积累的财富分配给了一部分国民。但是，用繁荣来形容它们是不恰当的，因为这些国家的财富没能孕育出一种探究的、创新的、市场多样化的文化，也没能为所有社会成员带来提升社会地位和经济地位的机会。这些自然资源没能造就一种环境，即某一天这些国家依赖的自然资源枯竭或者失去价值时，它们依然能够保持社会繁荣的持续发展。这一点也阐明了正确理解贫困成因的重要性。

---

① 全球繁荣指数（Legatum Prosperity Index）：也被称为"列格坦全球繁荣指数"，是一项由英国智库列格坦研究所（Legatum Institute）编制的繁荣指数排名，其主要衡量指标包括财富、经济发展、个人幸福等。在最新一期的排名中，挪威、新西兰和芬兰位列前三名。——译者注

出于上述考虑，我和本书的合著者艾佛萨·奥热莫，以及曾在《哈佛商业评论》担任编辑的凯伦·迪伦女士决定开始一段关于贫穷国家如何变得繁荣富强的探究之旅。

为了提高易读性，本书使用第一人称写作（也就是以我的口吻写作）。实际上，书中的多数思想出自三位作者的合作。两位合著者的辛勤付出渗透在每一页的字里行间。他们的合作精神，连同他们致力于让这个世界变得更加美好的热忱，让我心中充满了深深的敬佩和感激之情。我们深信，许许多多的读者也抱着同我们一样的目标，怀着同我们一样的热情。

这本书与四类人的关系最为密切。在整个写作过程中，作者们的心中始终装着他们。

首先，我们要把这本书献给投身经济发展事业，为根治全球贫困问题勤勉奋斗的人们。我们要为他们的付出呐喊助威。希望本书提出的方法能够帮助他们站在新的角度思考问题，最好能帮助他们运用反直觉的方法思考自己致力于解决的各种问题。

其次，这本书要献给那些在新兴市场建功立业的投资者、创新者和企业家。要在中低收入国家开创繁荣局面，他们的工作至关重要，甚至是决定成败的关键。这个世界从未像现在一样迫切地需要他们。同时，无论怎么说，本书倡导的绝不是纯粹出于公民责任感的无私奉献。恰恰相反，我们提倡的是一种以潜在机会为目标的商业投资，而且，这些潜在商机往往是被他人忽视的。

致力于本国经济发展的政策制定者也是我们重要的读者。在资源不足的国家里担任公职人员几乎是全世界难度最高的工作。本书提供了一种从理论出发的发展模型。希望这一模式能够帮助政策制定者把想法变成办法，从而制定出最适合本国国情的因地制宜的发展良策。

最后，也是最重要的，我们要把这本书献给全世界10岁的孩子。你们和前文提到的艾玛瑞琪小姑娘同岁,你们理应过着最幸福的生活。我们还要把这本书献给尼日利亚的村民,他们前不久还能从艾佛萨建造的水井中汲水,接着却发现井已废、水已干。这本书也要献给那些为了养家而不知疲倦地工作的父亲和母亲。他们累弯了腰,却发现只能换来勉强糊口的日子。这本《繁荣的悖论》更是为年轻人写的。我们发现,越来越多的年轻人正在绝望中沉沦。在他们的世界里,似乎根本不存在出人头地的机会。我们由衷地希望,这本书能帮助这些年轻人重新点燃自信和乐观的火种。更美好的未来就在前方不远处向他们招手。它也在向我们每个人招手。

第一部分

开辟式
创新的力量

第一章
什么是繁荣的悖论

> 一本正经的人从不轻易嘲笑别人，但他们嘲笑过我。20年前，我想在非洲修建无线通信网络，他们不仅嘲笑了我，还苦口婆心地劝我。为了证明这行不通，他们讲遍了各种道理。这让我有些费解。凡事都是挑战与机遇并存的，这是大家都懂的道理。为什么我看得到挑战，他们却看不到机遇呢？
>
> ——莫·伊布拉欣（MO IBRAHIM）

简述

饥肠辘辘的孩子蜷缩在街角；缺水又缺卫生设施的贫民窟；越来越多的待业青年和越来越黯淡的就业前景。令人痛苦的贫穷现象就发生在全世界许多贫穷的国家里，令无数人牵肠挂肚。根据世界银行的统计，全球共有7.5亿人生活在绝对贫困里，他们每天赖以度日的收入不足1.9美元。很多人想对他们伸出援手，最顺理成章的办法就是直接的投入：哪里贫穷帮哪里，定点消除贫困国家的贫困现象。然而，这些最显而易见的办法，其效果往往不令人满意，至少不如大多数人预想的那样。以过去几年为例，为了解决贫困国家的贫困问题，各方面直接投入的资金高达数十亿美元。然而，这些资金换来的进展令人大失所望。看到这里，我们就会明白：一定是哪里出了问题。我们付出的努力确实缓解了一些人生活中的贫穷现象。但这并不够，因为根本性的改变太有限了。

假如我们换一个角度思考这个问题，会带来怎样的变化？如果我们不再试图直接消除那些浮在表面的贫穷现象，而是把重点放到创造长期的经济繁荣上，会带来怎样的不同？要做到这一点，可能需要一种反直觉的方法。尽管有违直觉，但它能帮助我们在原本最不可能发现机会的地方找到机会。

＊＊＊

20世纪90年代，莫·伊布拉欣开始构思在非洲建造移动通信公司的计划，人们都说他"脑子进水了"。伊布拉欣回忆说："大家都说非洲是个没有希望的无底洞，他们说，那里是个危险的地方，遍地都是腐败的独裁者和疯子。"总之，每一次伊布拉欣提出个想法，人们准会嘲笑他。

伊布拉欣原来是英国电信公司（British Telecom）的一位技术总监，他还创办过一家非常成功的咨询公司。伊布拉欣的计划是，从零开始，在撒哈拉沙漠以南的非洲地区建造一个无线通信网络。当时，生活在这一地区的人们多数没摸过手机，更不用说拥有手机了。非洲大陆共有54个国家，从最北端摩洛哥的集市，一直绵延到最南端约翰内斯堡的大型商业街区。在这片1 170多万平方英里①、面积超过3个美国之和的广袤土地上生活着10亿多人。在非洲的大部分地区，就连已经过时的有线电话基础设施都很稀缺，更不必说运营一家移动通信企业必不可少的无线铁塔了。在当时的非洲，手机被视为有钱人的专属，穷人根本买不起手机。更要命的是，他

---

① 1平方英里≈2.59平方千米。——编者注

们觉得自己根本用不着手机。曾有很多人评估过非洲的电信市场前景，其中就包括伊布拉欣的客户和他之前在大型电信公司工作时的同事们。引起他们注意的是当地的贫困水平、基础设施的匮乏、政府的脆弱不堪，他们甚至注意到了清洁水源、医疗保障和教育的缺失问题。他们看到的是蔓延在社会每个角落的贫穷。在这些评估者的眼中，非洲是一片创业的盐碱地，那里远远谈不上沃土。

伊布拉欣看问题的角度和他们大不一样。伊布拉欣也看到了贫穷，但他看到的更多是机会，这一点尤其令人钦佩。伊布拉欣是这样形容的："假设你生活的地方离你母亲居住的村庄很远很远，想要和妈妈说说话，你可能需要走上一个星期的路。这时，如果给你一台设备，让你随时随地都能和妈妈说话。那么，它对你的价值有多高？它能为你节省多少路费和多少时间？"这里有一点特别值得注意，伊布拉欣提出的问题并不是"在非洲，数百万人衣食无着，能有多少人买得起手机"，也不是"向一个并不存在的市场投资，建造基础设施。要怎样证明这是合理的"，他关心的重点是"忧患"。忧患指的是人们想要实现一个重要的目标，却苦于没有合适的解决办法时的那种苦恼和挣扎。对伊布拉欣来说，忧患代表着巨大的商机。

这里提到的"忧患"，常常表现为一种"未消费"的情况，也就是说，潜在的消费者迫切地想要改善生活中的某一方面，却苦于没有自己负担得起或者接触得到的解决办法。因为这个原因，这些潜在的消费者只好选择不消费，或者选择替代性的变通方案。但是，无论选择前者还是后者，他们的忧患依然存在。而且，通常情况下，这种未消费的情况是传统商业机会的评估指标探测不到的。对伊布拉欣来说，这个未消费市场蕴藏着开辟一个新市场的大好机会。在几乎没有资金支持的情况下，伊布拉欣带着5名员工建立了Celtel公司[1]，这家公司的目标非常明确：建成无线网，覆盖全非洲。

然而，巨大的阻碍横亘在伊布拉欣面前，比如基础设施建设问题。基础设施是蜂窝移动网络不可或缺的根基。任何一种基础设施的建设都是极为艰苦的工作。如果没有本地政府的支持，或者大型银行的贷款，这项工作就会难上加难。融资问题更是难于上青天。甚至在伊布拉欣证明自己商业模式的可行性，预期现金流达到几百万美元后，银行依然不肯贷款给他。伊布拉欣只好完全采用股权融资的方式来支撑 Celtel 的运转。他回忆说："在通信行业中，在如此规模的企业中，我们是第一家遇到这种情况的。"即便如此，这个困难也没有吓倒伊布拉欣，别的困难也吓不倒他。在没有电的地方，他想办法自己发电；在物流无法到达的地方，他组建了自己的运输团队；在缺少教育和医疗的地方，伊布拉欣为自己的员工提供培训和医疗；在没有路的地方，他会搭建临时道路，或者使用直升机运送设备。支持伊布拉欣这些壮举的，是一种长远的眼光。他坚信，让数百万非洲人民不再为了联系彼此而苦苦挣扎，这件事本身就蕴含着巨大的价值。最终，伊布拉欣收获了成功。

在短短 6 年的时间里，Celtel 公司在 13 个非洲国家正式运营，包括乌干达、马拉维、刚果（布）、刚果（金）、加蓬和塞拉利昂等，用户总数达到 520 万。非常常见的一幕是，每当新的 Celtel 电信营业厅开张时，总会有几百名心情迫切的顾客在门前排起长队。伊布拉欣的 Celtel 公司获得了极大的成功，它在 2004 年的营业收入达到了 6.14 亿美元，净利润为 1.47 亿美元。2005 年，伊布拉欣决定出售 Celtel。34 亿美元！他着实卖了个好价钱。也就是说，在这么短的时间里，伊布拉欣的 Celtel 公司在世界上最贫穷的国家里发掘了价值高达几十亿美元的商机。

Celtel 只是冰山一角。今天的非洲拥有先进的移动通信事业。数量众多的移动通信企业（包括 Globacom、摩洛哥电信、Safaricom、MTN、沃达丰、Telkom 等）为 9.65 亿非洲用户提供着服务。通过贷款和股权融资方式，这些企业筹集了几十亿美元的资金。不仅如此，到 2020 年，通信行业预计将为非洲提供450万个工作岗位和205亿美元的税收，预计为非洲地区的经济发展做出价值2 140亿美元的贡献。[2]此外，移动通信行业还为其他行业的发展提供了契机，金融技术的大发展就是个很好的例子。很多金融企业把移动电话用户的缴费记录当作信用贷款的测算指标。在过去，数以百万计的人无法从银行获得贷款；而现在，只需出示良好的手机缴费记录，他们就能获得银行的信用贷款额度。

移动电话存在于全世界的每个角落，非洲也不例外。这是人人皆知的情况。但是，需要注意的是，伊布拉欣早在20年前就预见到了这一情况，当时很多人都没能做到这一点。

莫·伊布拉欣开辟的新市场，加上他在这个过程中面对的无法预料的困难环境，共同组成了一种解决方案，即在最不可能出现繁荣的地方创造繁荣，我们把它称为繁荣的悖论（Prosperity Paradox）。这听上去似乎违背直觉，其实不然。我们的研究表明，对很多国家来说，简单地消除贫困现象并不能带来持久的繁荣。真正长久的繁荣来自对创新的投入。这里提到的创新，必须是能够在这些国家开辟新市场的创新[3]。我们当前的做法基本是，直接向需要援助的贫穷国家投入海量的资源，简单地抹除贫穷的表象（例如低质量的教育、不合格的医疗、糟糕的政府管理、奇缺的基础设施等）。这样的想法和做法根本无法带来天长日久的繁荣局面。我们认为，只有对特定类型的创新加大投入，也就是大力发展开辟式创新，许多国家才能让繁荣的种子在经济土壤中生根发芽。开辟式创新既是经济可持续发展的立足之本，也是经济加速发展的催化剂。

让我们做一个对比，一边是莫·伊布拉欣建立Celtel公司的做法，另一边是艾佛萨通过非营利组织"贫穷止步"建造水井的努力。虽然"贫穷止步"的规模明显小得多，但它代表了现在许多组织和个人援助贫穷国家的典型思路。举例来说，在ODA项目中，只有18.2%属于"经济基础设施"项目，其余的多数是教育、医疗、社会基础设施项目和其他传统发展项目。[4]大部分的对外援助支出来自经合组织国家的援助款，除此之外，经合组织具体的援助方式也对很多捐助和资助贫穷国家的项目的参与者产生了明显的指向性影响。从某种意义上来说，艾佛萨的水井项目正是这种影响的直接结果。这种思路认为，只要把资源引入穷国，贫困问题自然就会迎刃而解。

假如我们不再把传统的、以发展为中心的方案当作重点，而是以创新和市场为中心，会发生怎样的变化？换句话说，如果我们更少地开展艾佛萨式的项目，更多地投入莫·伊布拉欣式的项目，结果会怎样？为了解决同一个问题，艾佛萨的做法是提供资助、建造更多的水井；而伊布拉欣的办法是创造一个新市场，向那些愿意购买某种产品的人敞开大门。两种方法迥然不同。我们的研究表明，二者的长期影响同样存在着极大的差别。

理解繁荣的悖论

我不是专家，也做不到对所有中低收入国家的情况了如指掌。但是，我拥有一种运用理论解决复杂问题的本领，它能帮助我找到问题的核心所在。好的理论能够帮助我们理解驱动事物发展的潜在机制。

我们可以把人类尝试飞行的历史作为思考这一点的案例。早期的研究者观察到，拥有羽毛和翅膀与拥有飞翔能力之间存在某种很强的关联性。于是，有人为自己绑上翅膀，通过这种办法尝试飞翔。几百年前的人们相信，是羽毛和翅膀帮助鸟儿在天空中自由翱翔，所以，他们需要做的就是研究鸟儿的羽毛和翅膀。

当时的人们认为，拥有了羽毛和翅膀，就等于与飞翔能力建立起高度的关联性。既然鸟儿是最成功的飞行家，人们自然想要模仿它们的"最佳实践"。于是，他们为自己绑上翅膀，从高高的教堂顶上纵身一跃……他们失败了。他们犯的错误是，尽管羽毛和翅膀与飞翔有关，但并非飞上天空的最根本的因果机制，即事实上引发某种情况的根本原因。人类早期的飞行先驱没能认识到这一点。

翅膀和羽毛都是好东西。但是，人类飞行事业真正的突破并不是来自更好的人造翅膀，也不是来自更厚的羽毛。它来自荷兰裔瑞士数学家丹尼尔·伯努利（Daniel Bernoulli）的专著《流体力学》（Hydrodynamica），这是一部流体力学研究的名作。早在1738年，伯努利就勾勒出了一套基本框架，其后来发展成为著名的"伯努利定律"。这一理论阐释了飞行过程中的升力概念。它让人类对飞行的认识从相互关系（翅膀和羽毛）阶段前进到了因果关系（升力）阶段。现代飞行工具的发展可以直接追溯到这一理论的产生和应用。

但是，理解了飞行的动因，并不代表飞行从此变得完全可靠。每当试飞失败时，研究者总会追问："究竟是环境条件中的哪种因素导致了失败？是风？是雾？还是飞行器的角度？"通过这样的追问，研究者制定了飞行员必须遵守的各种规则，从而保证了各种条件下的成功飞行。这就是优秀理论的典型特征，它通过条件判断为人类的实践提出了建议。

我是一名商学院教授，每年有几百名学生向我提出非常相似的要求：对某个商业难题发表看法。这些难题往往来自我不熟悉的行业或单位。即使如此，我依然能够给出一些看法。这主要因为我有一个理论百宝箱。它会告诉我，不要试图解答一个问题中的"什么"（What），而要研究它的"怎么"（How）。想要界定某件事情，提出正确的问题，得到最有用的答案，最有力的工具莫过于好的理论。当然，拥抱理论并不代表要把自己淹没在纯学术的细枝末节当中。恰恰相反，我们要通过理论来聚焦最现实的问题，也就是"什么引发了什么"（What Causes What）的问题，以及"为什么如此引发"的问题。本书通篇贯彻了这一方法。

那么，如何把理论和众多贫困国家的繁荣问题结合起来，从而把世界建设得更美好呢？实际上，与繁荣存在关联的事物有很多，它们往往带有无与伦比的吸引力，同翅膀和羽毛对飞行先驱的吸引力如出一辙。试想一下，在穷苦的社区挖一口井，让那里的人们喝上清水，这是多么感人的场面。但是，在现实生活中，重要的不是我们做出多少爱的奉献，而是能不能更好地理解是什么创造和保持了经济的繁荣。如果做不到这一点，我们只能取得非常缓慢的进步。

在针对繁荣进程的研究中，我们考察了许多国家的经济发展（或者不发展）道路，包括日本、墨西哥、尼日利亚、俄罗斯、新加坡、韩国、美国等。我们发现，就一国长期的发展和繁荣而言，不同类型的创新会形成极为不同的影响。

需要明确的一点是，这里乃至全书中提到的"进程"一词，并不是用来解释每个经济繁荣的国家是如何从贫困中走出来的。有的国家是通过建立一个把经济发展和财富创造放在首位的政府走向繁荣的，例如新加坡；有的国家走向繁荣的道路则开始于很久之前，它们的发展是渐进式的，例如美国。每一种好的理论只能作用于特定的环境。也就是说，只有在某些条件下，理论才能发挥作用。放眼全球，在规模、人口、文化、领导机构和能力方面，各国呈现出千姿百态的多样性。甚至可以说，不同的发展环境直接关系着一国的国运。

我们发现，对创新进行投入，或者更具体地说，对开辟式创新的投入，是一条非常可靠的繁荣路径。它通过了实践的检验，适用于每个国家。通过回顾一些繁荣国家的历史，我们证明了这一理论的关键要素，描述了开创新市场的过程对一个国家的影响。通过这个过程，一些曾经是全球最贫困的国家创造了数以几十亿美元计的巨大价值，为国民带来了数以百万计的工作机会。

被忽视的繁荣之路

我们的思路聚焦于众多国家创造和保持繁荣的关键驱动因素：包括从忧患中发现机会、投资开辟式创新（这种创新的一大作用是创造就业岗位，推动当地经济的发展）、落实"拉动"（Pull）发展策略（这种策略会将必不可少的组织机构和基础设施"拉进"新市场）等等。这些因素是上文定义过的，我们还会在下文详细讨论。这些主题和想法是解决繁荣的悖论不可或缺的。通过本书分享的创新案例，我们将从不同角度审视和检验这些主题和想法，以帮助读者更好地理解它们。

创新并不一定是高新科技产品或者功能丰富的产品。我们对创新的概念常常涉及一些较为具体的事物：创新可以是能为一个组织带来劳动力、资本、原材料和信息等各方面的变化，使它生产出价值更高的产品或服务的流程变革。[5] 开辟式创新能让原本复杂昂贵的产品变得更简单、更便宜，让未消费者用上它们。未消费者是一个全新的细分市场群体。

每个国家的经济都是由消费者和未消费者组成的。在繁荣的经济体中，很多产品的消费者数量往往大于未消费者数量。未消费者是这样一个群体：为了改善生活的某一方面，他们努力奋斗，甚至痛苦挣扎，但是苦于无法实现这一目标。这主要是因为，好的解决方案往往是他们力所不及的，这并不是说市场上没有解决方案，而是这些办法超出了未消费者的负担能力，或者因为未消费者不具备必需的时间或者专业知识。

开辟式创新能够启动一个国家的经济引擎。一项成功的开辟式创新会带来三个明显的结果。

第一，从开辟式创新的根本性质来看，它需要越来越多的人承担与之相关的生产、市场营销、分销等工作，这样，越来越多的工作岗位就会涌现。而就业是一个国家迈入经济繁荣的一项至关重要的因素。

第二，这种创新带来的利润能让绝大部分的人口获益。尽管这些利润常常会被用于社会公共服务领域，例如教育、基础设施、医疗等等。

第三，开辟式创新能改变一个社会的整体文化，我们将在下文讲到这一点。许多繁荣国家都经历过贫穷、腐败和糟糕的政府。但是，随着创新的扩散，一种走向繁荣的过程随之开启了，它帮助曾经的穷国完成了转型。以美国为例，美国很多的新市场来自创新，例如胜家（Singer）缝纫机、柯达胶卷相机、福特 T 型车（Model T）等等。（我们会在后面详细讨论这些创新。）它们在美国培育了一种创新文化，并极大程度地改变了美国社会的面貌。一旦面向未消费者的新市场建立起来，它们就会把必需的要素"拉进来"，包括基础设施、教育、组织，甚至文化变革等等，并持续发展。我们会在后文详细讨论这一点。它同时也是改变一个社会发展轨迹的契机。

在伊布拉欣建立 Celtel 的案例中，我们可以找到这一模式的每一个要素。首先，他的创新是在几乎不可能的条件下完成的，它把原本复杂昂贵的产品变得简单实惠，让几百万非洲人民用上了手机；这一创新同时也帮助伊布拉欣开创了一个欣欣向荣的新市场。这个市场不仅创造了数千个工作岗位，还带动了其他行业的诞生和发展，例如金融服务和移动医疗等。其次，在建立企业的过程中，伊布拉欣引入了必需的资源。这个全新的、庞大的、有利可图的市场迫切需要各种资源，伊布拉欣一一引入了它们。他开创的事业因此得以存续。这一点非常重要，它可以帮助我们做出更聪明的投资决策。在本书的讨论中，我们会经常返回到这个主题上来。最后，Celtel 的发展是以本地人为本的。比如说，伊布拉欣没有选择用户月租的商业模式，因为这适用于发达国家，那里的用户收入能力更强，也更富有。伊布拉欣采用了预付话费（刮刮卡）的商业模式，这种卡片的最低面额为 25 美分，这带动了火爆的销售。除此之外，在伊布拉欣创造的工作岗位中，99% 雇用的是非洲本地员工。

在很多人看来，伊布拉欣是个标新立异的人。这在今天看来尤其明显，这主要是因为，很多伊布拉欣完成的工作本来是人们指望穷国政府来完成的。为什么人们会指望政府？因为在富裕国家里，这些工作都是由政府承担的。我们会看到，伊布拉欣在非洲的作为和很多创新者在本国点燃繁荣火种的做法是一样的。

当然，国家想要长期繁荣，归根结底还是要依靠良好的政府。政府会培育和扶持一种创新文化。如果把开辟式创新比作火种，那么政府的工作就是点燃它。我们相信，更好地理解开辟式创新，理解它如何启动和促进政府更好地开展管理工作，将帮助我们创造出更加长久的、可持续发展的繁荣[6]。这里提到的更好的政府管理工作，指的是许多发达国家的现行模式。

读者指南

实际上，开辟繁荣新市场的良机往往隐藏在表面看来毫无希望的地方。认识到这一点，对所有努力求索的利益相关者是非常重要的，它能帮助利益相关者把世界建设得更美好。这里的利益相关者既包括各国政府和各类非政府组织，也包括所有以经济发展为己任的仁人志士。这一认识对创新者和企业家同等重要，尤其是那些尚未发现商机的创新者和企业家。举例来说，非洲大约有6亿人用不上电。我们应该把它看作一种极端贫穷的表现，还是一个等待我们去开辟新市场的绝佳机会？它当然是呼唤我们创新的冲锋号，而不是令人望而生畏的警示牌。这就是我们想通过本书向读者传递的精神。

我们非常清楚，撰写一部关于经济发展的书意味着大踏步迈入一个极为复杂的专业领域。与此同时，我们更期望书中分享的每一种模型、每一个故事和每一个原因能为读者带来新的视角。为了方便读者抓住本书的思路，并把它们运用到实际工作中去。在此把本书的四个部分概括如下。

第一部分：解释了创新在一个国家走向经济繁荣的进程中发挥的重要作用。第一部分详细论述了一种特定类型的创新：开辟式创新。开辟式创新是创造长久的持续繁荣的坚实基础。

第二部分：论述了创新和创新产生的文化对美国、日本、韩国和墨西哥的影响，通过这些国家的案例证明本书提出的模型。

第三部分：重点论述了发展的感知性障碍，探讨了开辟式创新与良好的组织发展、腐败的防控以及基础设施建设与维护之间的关系。

第四部分：探讨了把繁荣的悖论变为繁荣的进程的重要意义，回顾了本书的一些关键原则。

附录：扼要描述了几种开辟新市场的机会和发展经济的作为，它们来自企业家、政府和非政府组织，旨在带来整个世界范围的改变。我们希望帮助读者用新的方式思考问题：我们应该把宝贵的资源投向何处？通过什么方式投入才能最终实现创造财富，打开繁荣新局面的目标。

我们明白，没有比在贫穷国家创造繁荣更复杂的工作了。从开始写作本书的那一刻起，我们就期望本书的思考能带来新的方法，帮助人们战胜那些令人心碎的顽固问题。究其本质，这本书是一曲创新的颂歌。它歌颂的是开辟式创新和它足以改变世界的巨大力量和无穷潜力。希望拙作能够抛砖引玉，开启一场富有价值的对话。

第二章

创新天生不同

> 市场不是我们（找一下就能）发现的，它是被创造出来的。并不是每个人都明白这一点：所有市场都是被创造出来的。[1]
>
> ——罗纳德·科斯（RONALD COASE）
> 1991年诺贝尔经济学奖得主

简述

很多人都明白建立强有力的组织和开发国家基础设施的价值，但太少人懂得创新的价值。人们都知道创新很重要，但它对不同的人意味着不同的含义。同样的道理，不同类型的创新对一国经济的影响也不尽相同。这一点并没有得到广泛的认识。这一章主要阐述三种类型的创新：持续式创新、效率式创新、开辟式创新。本章解释了它们是如何形成的，以及它们对组织和经济的不同影响。三种类型的创新都在经济的蓬勃发展中发挥着重要的作用。其中，开辟式创新的作用尤为显著，它是经济持续繁荣的坚实基础。如果一个国家发生了大量的经济活动，但该国却并未迎来更大的繁荣。那么，我们认为，它遇到的可能不是发展问题，而是创新问题。

· · · · · ·

＊＊＊

我曾写过《创新者的窘境》一书，它解释了为什么大型企业有时对新兴对手的威胁视而不见。这本书问世以来，我帮助几百家企业解决了类似的问题。这项工作的核心是我提出的颠覆性创新理论。[2] 这一理论的核心内容是，资源极为有限的企业会锁定过度服务或者被忽略的客户细分群体，为他们推出更简单、更方便、更实惠的创新，以此成功地完成对那些资深老牌企业的挑战，并最终重新定义整个行业。

这一思想形成于二十几年前，如今已经深深扎根于商业领域，以及一些其他领域，例如教育和医疗等。我常常要面对人们提出的许多问题，大多是关于颠覆性创新理论的，以及如何把这一理论应用在这个或是那个行业中。我清楚地知道，我无法成为每个行业的专家。但是，我发现自己总是可以在理论百宝箱里找到好办法来帮助他们换一种新眼光看问题，换一种新方法想问题。

几年前，我在 Innosight（我合作创办的一家咨询公司）举办的一次首席执行官高峰论坛上发言。一位公司高管谈到了她在论坛上的观察所得，这给我提了个醒。她的观察是，不要急于尝试解决问题，应该先用正确的眼光来审视问题。她解释说："在我的公司里，与研发部门有关的一切都被归类为'创新'。但是，根据您的发言，创新可以分成很多类型，每种类型的创新用于达成不同的目标。那么，我们就需要重新构建研发部门，把我们真正想做的工作体现出来。如果我们真想通过创新来实现发展，就不能再用千篇一律的眼光看待创新了。"

这位高管是对的。创新并不是生来平等的。我们过去几年的研究表明，创新可以分成三大类型：持续式创新、效率式创新、开辟式创新。没有一种创新天生是好的或者不好的，对于致力于持续发展的企业来说，这几种创新各有各的用处。[3]

我认真思考了那位高管力图通过选择正确类型的创新来保障企业未来的想法。这一认识具有更加广泛的适用性。当我们讨论一个国家整体的创新活动时，也可以运用相同的方法。人们常常把所有的创新活动归为同一个类别，并通过专利申请数量、研发投入、科研单位数量等指标衡量一国的创新实力。[4] 但是，如果不同类型的创新会对组织产生不同的影响，那么，它们对一国经济的影响势必也是各不相同的。这难道不是显而易见的吗？[5]

归根结底，一国经济主要是由一家又一家的本国企业（包括国有企业和私营企业）组成的。[6] 根据上一章的定义，创新是一种变革的过程，每个组织通过创新过程把劳动力、资本、原材料和信息转化成具有更高价值的产品和服务。可以说，多数企业正在做的工作就是创新。我们还应该注意到，创新不等于发明创造。发明指的是创造一种之前并不存在的全新的事物的过程；而创新常常是从模仿开始的，例如一国对另一国的模仿，以及在此基础上的改善和提高，它是一个青出于蓝而胜于蓝的过程。因此，我们把创新的类型、规模以及它对一家企业的影响定义为分析的基本单位，以便在更广泛的范围内更好地理解创新对一国经济的影响。[7]

这是一种毫无现实意义的学术界定吗？完全不是。我的教学始终是围绕现实问题展开的，例如对"什么引发了什么"和"为何如此引发"这类问题的理解和回答。

为了让学生明白这一点，我会在每个学期开始时做同一件事。我会拿着一支钢笔或者一段粉笔走上讲台，假装不小心把它掉在地上，然后捡起来，接着用抱怨的语气说："你们知道吗？我憎恶地心引力。但是地心引力根本不理睬我，它永远把我们拉向地面。"我的意思是，无论我们是否意识到地心引力的存在，它都在一直起作用。但是，如果认真思考地心引力，搞清楚它的工作原理，我们就能驾驭这种力量，实现我们的目标。创新也是一样的道理。只有理解了某种创新会带来什么样的影响，我们才能让创新为我们所用，帮助我们实现目标。想要实现可持续的经济发展，先要理解不同类型创新之间的差别，这是至关重要的第一步。[8]

持续式创新

持续式创新是对市场上现有解决方案的改进。当顾客对现有产品或服务提出更高性能或更好表现的需求时，持续式创新通常是最佳方案。快速消费食品行业的朋友们将这种产品称为"求新单品"。也就是说，当我们推出现有产品的新口味、新颜色或者新功能时，这些产品的消费者的热情会在一定程度上被激发起来。以联合利华的立顿茶饮为例。它的口味实在太多了，我甚至一度认为，地球上有多少人，就有多少种口味的立顿茶。从添加薄荷的抹茶味绿茶到冰绿茶，立顿几乎不停地推出引人注目的新产品，其结果便是从现有的茶饮市场上赢得了越来越多的用户，至少保有了已有的用户群体。这就是持续式创新。它本身不是用来吸引新用户的；它其实是替代性的。无论是对立顿品牌本身来说，还是对消费者来说，它的意义在于让人们知道这家公司并不是一成不变的，例如立顿最近推出的蓝莓木槿茶（Berry Hibiscus），其用意并不在于开创一个全新的茶饮市场。[9]

持续式创新的目的通常是获得更高的销售收入和更高的边际利润。汽车座椅加热功能是个好点子，当然，前提是汽车厂商可以因此多赚钱的话。但是，这一功能的目标用户是已经拥有汽车的用户群体。这类创新并不是人们放弃骑马，改乘汽车的原因。

持续式创新在我们身边随处可见。实际上，它是经济生活中至关重要的组成部分。无论是一家企业还是一个国家，想要持续保持竞争力，都离不开持续式创新。但是，同另外两种类型的创新，也就是效率式创新和开辟式创新相比，持续式创新对一国经济的影响完全不同。当企业在一个成熟稳定的市场上进行持续式创新时，等于通过一种相当稳定的方式向相当熟悉的人群销售相当熟悉的产品，所以几乎用不着建立新的销售、配送、营销和生产团队。因此，相对于开辟式创新，持续式创新对一个地区新增就业岗位、利润，以及文化的改变等方面的影响极为不同。

如图2-1所示，三个同心圆，分别代表由不同社会成员组成的市场。我们希望这个简单的图示能让我们的想法更容易理解。市场A代表的人数最少，但它代表的是最富有、技能最齐备的一部分顾客；市场B代表稍大的人群，它是由比较富有、技能比较纯熟的顾客组成的；市场C，也就是最大的一个圆，它是规模最大的细分市场，其代表的是最缺乏技能和财富的群体。无论哪一个市场，即无论市场的规模是大是小，持续式创新最有代表性的特点都是向特定市场里的同一批顾客卖出更多的产品。

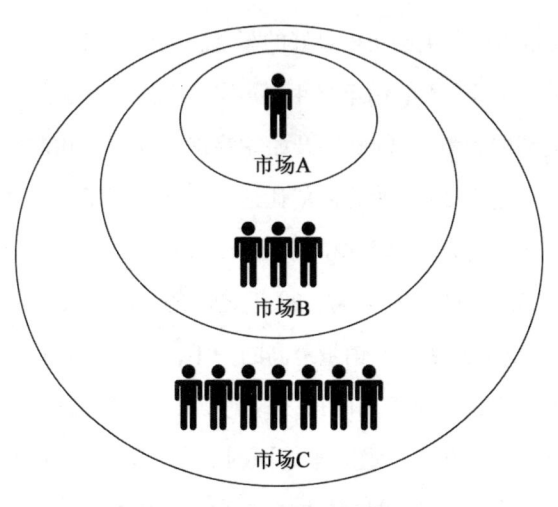

图2-1 简单的市场图示

注：持续式创新旨在改善现有产品，其以一国经济中特定细分市场上有能力购买这些产品的用户群体为目标。当细分市场达到饱和时，持续式创新常常可以发挥消费替代效应。

许多企业无时无刻不在盘算着如何向最富有的用户群体销售更多的产品，它们不断为现有产品（或者服务）增加新的功能和效果，希望可以卖得更多，赚得更多。这是非常容易理解的做法。持续式创新也确实带来了一定的增长，促进了经济的发展。但是，正如读者见到的，因为受制于目标细分市场的用户数量，这种增长的效果非常有限。同时，因为别的企业也在争夺同一批用户，所以，以比较富有人群为目标用户的竞争是非常激烈的。持续式创新有时也能够吸引到新的用户，但这通常属于偶然情况。企业想在不同的市场，或者市场中不同的细分单元中吸引新用户，通常的做法是推出新的策略。[10]

下面来详细分析一个案例。

全美最畅销车型的持续式创新战略

丰田凯美瑞可能是美国卖得最好的车型。截至本书写作时，凯美瑞在过去 20 年里 19 次获得全美畅销车型年度冠军。[11] 但是，尽管取得了如此非凡的成功，凯美瑞的销量从 2000 年开始始终保持在一个相对平缓的水平上。尽管丰田公司在过去 20 年间的创新让这家企业保持了竞争力和赢利能力，但是，这些创新并没有为凯美瑞的销量带来太大的提升。1997 年，丰田公司一共卖出了 394 397 辆凯美瑞。20 年之后的 2017 年，凯美瑞的销量是 387 081 辆（2007 年是凯美瑞销量最高的一年，一共卖出了 473 108 辆）。[12]

对丰田公司来说，凯美瑞的持续式创新是非常重要的；它正是凯美瑞能够在 20 年里取得 19 次销量冠军的原因所在。但是，凯美瑞稳定的销量并不能成为丰田公司新的增长动力，也无法为整体经济带来明显的提高。这是因为，凯美瑞的目标用户是"消费经济"，也就是已经存在于分销渠道之内的，丰田和其他汽车厂商已经看到、计算在内并且接触到的那些用户。

年复一年，凯美瑞的销售带来了稳定的收入，这些收入主要来自那些已经开上汽车、只是需要升级更好车型的已有顾客，丰田做到的只是留住了他们。

即使是为了这样一款经久不衰的销售冠军，每次推出新版本凯美瑞时，丰田也没有必要建造新的生产工厂、雇用新的工人。丰田也不需要聘请新的销售团队、打造新的分销渠道，或者为了开发新车型而招聘新的设计团队。丰田做的只是把现有资源重新整合一下，这和大多数企业做的没什么两样。在这样的情况下，丰田不需要像开发一款全新车型一样多的资金和人手，不需要建造新的工厂，也不需要雇用更多新工人。

成熟市场的持续式创新

凯美瑞的创新轨迹比较常见。从本质上说，大多数创新都属于持续式创新。实际上，对一家企业而言，这种创新是一件不折不扣的好事，对这家企业的顾客，对那些期望用上更好产品或是服务的人来说，它同样是一件好事。持续式创新的例子太多了：从速度更快的电脑处理器，到更大内存的手机。第一代 iPhone 属于开辟式创新的产物，它带来了一个属于智能手机及应用程序（App）的新市场；而 iPhone X 则属于持续式创新的产物。绝大多数 iPhone X 的用户，那些掏出 1 000 美元买一部手机的人，都是升级上来的老用户，手机升级带来的是面容 ID、超级视网膜分辨率和 OLED 屏幕等新玩意。泰勒梅（TaylorMade）新推出的 P790 球杆也是一个好例子。该公司称，这款球杆能让球手体验到"同规格其他球杆所不及的手感、容错性和易打性"。这款球杆的零售价格是 1 299.99 美元。可以肯定地说，泰勒梅的 P790 球杆不会为这项运动带来大量的新玩家，更无法创造大量新的工作机会。但是，就像 iPhone X 一样，它一定会帮助泰勒梅赚更多的钱，帮助这家企业更加蓬勃地发展，使其在行业内占据举足轻重的地位。由此可见，持续式创新的重要性是不言而喻的，怎么强调都不为过。

持续式创新不仅仅是产品的创新，它还常常表现为服务形式的创新。举例来说，我的银行每个月至少向我发一次新信用卡使用邀请，而信用卡是 20 世纪 50 年代的创新。它已经拥有一个极为庞大的市场：就在最近，美国的信用卡账单刚刚突破了一万亿美元。信用卡市场规模之大，已经超过了墨西哥、土耳其和瑞士的 GDP 之和。我的银行想做的并不是开辟一个新市场，相反，它想通过销售更多的额外服务来赚取更多的利润，这些额外服务包括旅行保险、保固延期，以及无论我刷卡买什么都能得到的现金返还，等等。我的移动电话运营商向我推销越来越大的数据流量套餐，道理也是一样的。这些都属于持续式创新，这种创新的设计初衷是向我这样的顾客销售更多的服务，赚取更多的钱。

效率式创新

效率式创新，顾名思义，它旨在帮助企业用更少的资源办成更多的事。换句话说，它能帮助企业在保持根本商业模式和产品目标用户不变的前提下，尽可能地从现有的和新获得的资源中"挤"出更多效益。一个行业变得越拥挤，竞争越激烈，效率式创新对一家企业的生存能力的作用就越关键。典型的效率式创新属于流程创新，其关注的是如何把产品造出来。效率式创新让企业变得更具赢利性，更重要的是，效率式创新能释放出更多的现金流。

效率式创新存在于每个行业中，它是一个组织用来管理杠杆工具、提升赢利能力、留住用户的工作的一部分。但是，尽管效率式创新对一个组织的生产力大有裨益，但它对现有雇员并不是始终有利的。想想那些因为外包而关停或是迁移新址的工厂，这是效率式创新发挥作用的标志。就其本身而言，效率式创新趋向于不产生工作岗位（确实如此，除非效率式创新释放出来的资本回流，并被投到开辟式创新中。这一点稍后详述）。

资源开采行业的发展繁荣离不开对效率式创新的投入。[13] 由于石油、天然气、黄金、钻石和许多经过开采加工的自然资源都成了商品，所以，这一行业的管理者永远都在寻求提高效率、降低成本，并通过这一过程释放现金流，提高利润。关于这一点，读者可以自己动手，随意挑选一个拥有大规模资源开采行业的国家，评估一下，即使在资源开采越来越频繁的情况下，该国的开采行业是否持续不断地创造出越来越多的工作机会。比如美国。

1980 年，美国石油和天然气开采行业大约有 22 万名雇员，他们生产了大约 860 万桶石油。[14] 到了 2017 年，该行业的雇员人数大约下降了 1/3，降到 14.6 万人左右，但是石油产量剧增到了每天 930 万桶以上。[15] 作为全球最大的产油国之一，尼日利亚的数字更加糟糕。尼日利亚国家统计局的数据显示，尼日利亚石油和天然气行业贡献了该国 90% 以上的出口收入和 70% 以上的政府收入[16]，然而，这两个行业的雇员人数仅占全国劳动力的大约 0.01%。效率式创新会释放现金流，但是，它几乎不会带来新的就业机会。大多数情况下，这种创新消除的就业岗位要多于它创造的就业机会。因为资源开采行业本质上是效率驱动的，所以，所有高度依赖资源开采的国家，例如尼日利亚、委内瑞拉、沙特阿拉伯、南非、卡塔尔等都无法通过油气行业为本国国民创造就业机会。

需要重申一点，无论是效率式创新还是持续式创新，它们并不是天生对国家不利的。实际上，它们对各国经济的发展居功至伟。但是，从促进可持续经济发展和创造就业机会角度来说，它们的作用是相当有限的。虽然这两种创新能够帮助各国经济保持竞争力和活力，并释放现金流，但是，它们都无法在业已成熟的市场中播下新的经济增长点。我们认为，新的经济增长点是由另外一种截然不同的事物带来的，我们称之为开辟式创新（Market-creating Innovation）。

开辟式创新

开辟式创新是能够开创出新市场的创新。需要注意的是，这里提到的新市场并不是任何一种新的市场，它的目标用户必须是这样一种类型的用户：由于各种各样的原因，他们苦于找不到可以满足自己需求的产品，或者，他们负担不起或无法获得现有的产品和服务。开辟式创新把原本复杂昂贵的产品变得更实惠、更容易获得，让更多的人买得起，用得上。这种创新有时甚至会创造出前所未有的新产品类型。莫·伊布拉欣的 Celtel 公司把极为昂贵的解决方案，即移动通信，变得简单实惠，从而为自己赢得了几百万名新用户。从某种意义上说，开辟式创新实现了专有产品和服务的大众化。

新市场的影响大小取决于大众化创新本身的特点，例如，并不是所有的创新都能带来汽车的大众化。尽管如此，与其他类型的创新相比，开辟式创新的影响依然是最显著的。就其整体而言，开辟式创新是今天许多富有国家的立足之本，在开辟式创新的实现过程中，数以百万计的人摆脱了贫困。[17]

这种创新不仅能开辟新市场，还能促进就业。当面向新用户的新市场建立之后，企业必然需要雇用更多的人手承担制造、营销、配送、销售，以及售后服务等工作。开辟式创新拥有巨大的潜力，既能创造本地就业，又能创造全球就业。

本地就业和全球就业

本地就业指的是服务本地市场必不可少的工作岗位。这些工作岗位是无法轻易外包或者向其他国家转移的。例如,设计、广告、市场营销、销售和售后服务这些工作通常属于本地就业。同全球就业相比,这些工作岗位的薪酬通常更高一些。全球就业也很重要,但是,它更容易转移到其他国家,因为其他国家更低的工资水平更具优势。其中最大的诱因应该是生产和原材料采购。随着全球供应链管理的进步,全球就业岗位常常处于跨国境转移的风险当中,它们会被迁移到另一个所谓"最有效率的",或者说,劳动力价格最低的市场中去。相比之下,对开辟式创新而言,本地就业更加重要;它们比较不容易受到其他国家低工资的吸引。[18]

当创新者开辟一个新市场时,他们面对的是一个规模巨大的新用户群体。这些人过去负担不起这种商品,所以被称为未消费者。这时,创新者必须雇用许多人来生产这种产品或者服务,还要把这种产品和服务交付到新用户的手上。未消费市场的规模越大,市场潜力就越大;市场越大,它的影响力就越大。这种对开辟式创新的投入通常还会带来根本性的基础设施,包括教育、交通、通信、制度等。其中的制度指的是政府的政策法规等。它还会带来今天的繁荣国家所具有的其他要素。这一活动会产生经济生活的良性循环,并进一步孕育出更多的新市场。

从事开辟式创新的另一个好处在于,当一个地区的企业家推出某种创新措施,并从其成功中获得回报时,这些回报很有可能会被投到当地,并培育出未来的创新。全球受管理的资产总和约为 70 万亿美元,其中只有不到 2 万亿用作外国直接投资(Foreign Direct Investments,以下简称 FDI)[19],绝大部分留在了本地。

市场A

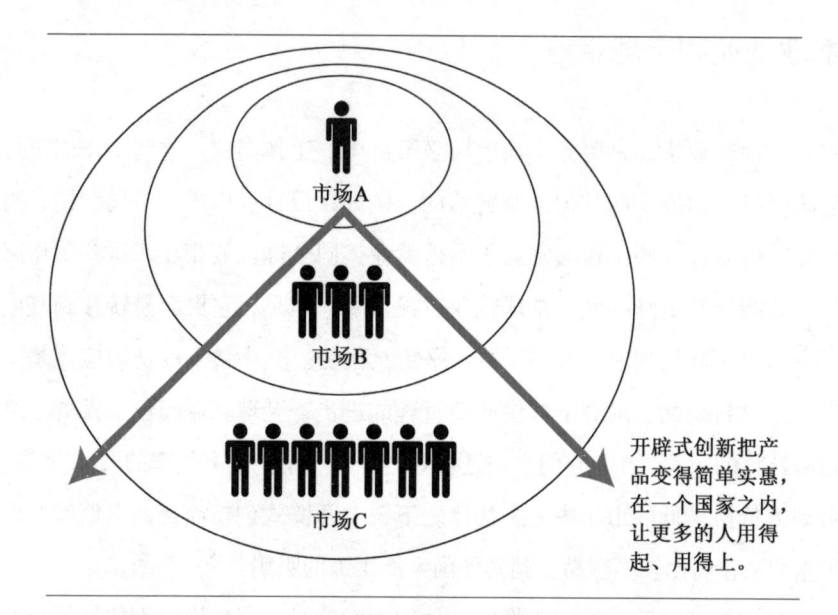

市场B

市场C

开辟式创新把产品变得简单实惠，在一个国家之内，让更多的人用得起、用得上。

图 2-2　开辟式创新带来的大众化效果

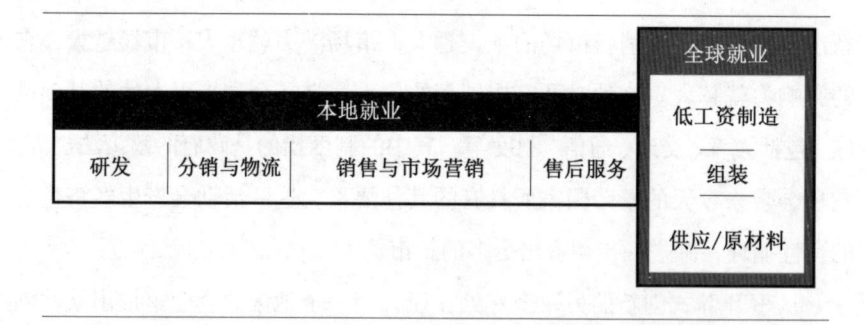

本地就业				全球就业
研发	分销与物流	销售与市场营销	售后服务	低工资制造
				组装
				供应/原材料

图 2-3　开辟式创新会创造更具可持续性的本地就业

我们在第一章阐述过，开辟式创新的投入无法描述今天发达国家变得繁荣的过程。这主要是因为，无论规模、能力还是其他参数，国家和国家之间都存在着巨大的差异。因此，提出一种放之四海而皆准的发展策略是不切实际的。但是，开辟式创新确实可以成为一种最切实可行的办法，帮助今天的贫困国家创造繁荣的新局面。

锁定开辟式创新的五大关键

做个开辟式创新的事后诸葛亮总是比拥有开辟式创新的先见之明容易得多，开辟式创新离不开前瞻眼光，一定要看得比别人远才行。以汽车、电脑和银行账户为例，企业家为这些产品和服务开辟新市场后，它们才慢慢地融入了人们的生活，成为常规生活的一部分。我发现，多数新市场在形成的初期都不大行得通，在某些行业的专家眼里尤其如此。举例来说，一位《纽约时报》的记者在一则关于1939年纽约世界博览会的报道中称："电视机永远无法成为广播的强劲对手，它要求人们老老实实坐在一个地方，目不转睛地盯着屏幕；正常的美国家庭可没空这么干。"[20] 这一预言错得让人发笑（或者绝望地叹气）。但是，如果我们生活在那个年代，多半也会同意这种说法。20年前，我们多半会预言手机无法在非洲普及，因为只有富人才用得起手机。

那么，应该如何识别开辟式创新呢？有的创业者看到了某种潜力，想要开发这一潜力，从无到有地建起一项事业；有的组织想要进行开辟式创新，把它变成自身创新组合的一部分。无论是对创业者来说，还是对组织而言，正确的视角是最重要的。有了它，我们才能看见开辟式创新。下面的框架带有五项特征，寻求开辟式创新的创业者和管理者可以多多留意这些特征。

1. 以未消费市场为目标的商业模式——如今的多数创新和商业模式都是以既有消费者为目标用户的，也就是市场上已经在消费这些商品的人们。那些研究"崛起的中产阶层"、"日益提高的可支配收入"和"人口红利"的市场分析和消费者报告，常常都是针对已有消费模式的。而未消费市场与此不同，它代表着潜在消费者没有能力购买和使用（消费）某种产品或者服务的情况。莫·伊布拉欣的 Celtel 从成立之初就把商业模式的重心放在非洲移动电话的未消费市场上，而不是更富有的那一部分人身上。

2. 使能技术——使能技术指的是一种能够以越来越低的成本带来越来越高的绩效的技术。对组织而言，这种技术是一个过程，它能把价值较低的投入转化为价值较高的产出。使能技术，例如互联网、智能手机、丰田生产方式（Toyota Production System），甚至可以是一种效率更高的分销和物流操作，它们能够在企业开创新市场时带来竞争优势。例如，借助快速演进的无线蜂窝通信技术网络，Celtel 让许许多多从前只能依靠有线通信的人用上了无线网络服务。

3. 新价值网络——价值网络决定了一家企业的成本结构。例如，一个农产品在从农场走进菜市场之前，首先要经历收获、加工、存储、运输、包装和销售等许多环节。这一系列的活动所组成的就是我们口中的价值网络。价值网络的每个环节都会为这项产品的最终售价增加一点点成本。因为大多数商业部门的目标用户都是已有用户，所以，创建一套新的价值网络可以让一些企业重新定义自己的成本结构。这样，它们的解决方案可能既是未消费者承担得起的，又是有利可图的。以 Celtel 采用的改变购买通话时长方式的措施为例。这家公司不仅推出了"刮刮卡"（一种用来购买通话时长的卡片），还在整个非洲范围内发挥了非正式零售网络的力量。这帮助 Celtel 完成了成本结构的重塑。

4. 应急策略——在开创新市场的过程中，创新者常常会采用应急策略（或称灵活策略），因为他们追逐的市场还未成熟，所以需要向潜在顾客多多请教。相对来说，预定策略（或称固定策略）通常用于企业已经知晓市场需求的情况，而采用应急策略的管理者和企业家必须根据他们为之服务的新客户的反馈意见虚心学习、修正意向策略，Celtel 公司在很多国家就是这样做的。

5. 高层支持——力图开创新市场的种种努力常常是不受欢迎的,这不仅因为它们的目标市场实际上尚未出现,还因为它们通常需要比持续式创新和效率式创新更多的资源。这也是银行一开始拒绝贷款给莫·伊布拉欣的原因。所以,开辟式创新离不开首席执行官和高层管理者的支持,只有这样它们才可能存活下来。

T 型车效应

T 型车的创新也许是说明开辟式创新潜力最好的例子。大约一个世纪以前,美国的汽车只是有钱人的玩具和社会地位的象征。1900 年,全美登记注册的汽车数量不足一万辆。这些汽车都是私人订制的,它们对拥有者社会地位的象征意义与其实用价值几乎相等(这和现在的私人飞机很相似)。美国当时几乎没有适合汽车行驶的柏油路,也几乎没有加油站,只有很少的一部分美国人能够买得起汽车。是亨利·福特(Henry Ford)改变了这一切。

实际上,福特把汽车变成了大众商品,美国的汽车产量从 1909 年的两万辆一跃飙升到 1922 年的两百万辆。购买汽车的人太多了,汽车消费热潮在美国引发了一场轰轰烈烈的文化革新。美国人改变了居住、工作和休闲的方式和地点;学校和郊区开始快速发展。工业产品的运输变得更加高效,新企业和新行业纷纷涌现,例如旅游业、旅馆业、快餐业、汽车修理和汽车保险行业等。为了直接向汽车厂商提供原材料,很多产业应运而生,例如钢铁、石油、油漆、木材、水泥、玻璃和橡胶等。学校推出了汽车制造和汽车服务课程。公共管理机构开始修建道路,出台新法规,以保障美国人更加安全地驾驶。这一切都是福特开辟的新市场带来的。

除了开创了一个全新的市场,从而促进了就业并提高了税收收入,T

型车这项创新还为美国经济带来了极大的下游效应。随着越来越多的人购买 T 型车，福特的竞争对手出现了。竞争让这个行业变得更加高效、繁荣和主流化。美国人喜爱自己的汽车，为了响应民众的热爱，政府不得不修建更多的道路。一切都在延续着福特一手开启的良性循环发展，从 1909 年到 1927 年，这家公司一共生产了 1 500 万辆 T 型车。越来越多的汽车带来了更多的道路，道路形成了更大的郊区，郊区创造了更多的就业机会。研究表明，更高的就业率意味着更低的犯罪率。[21]

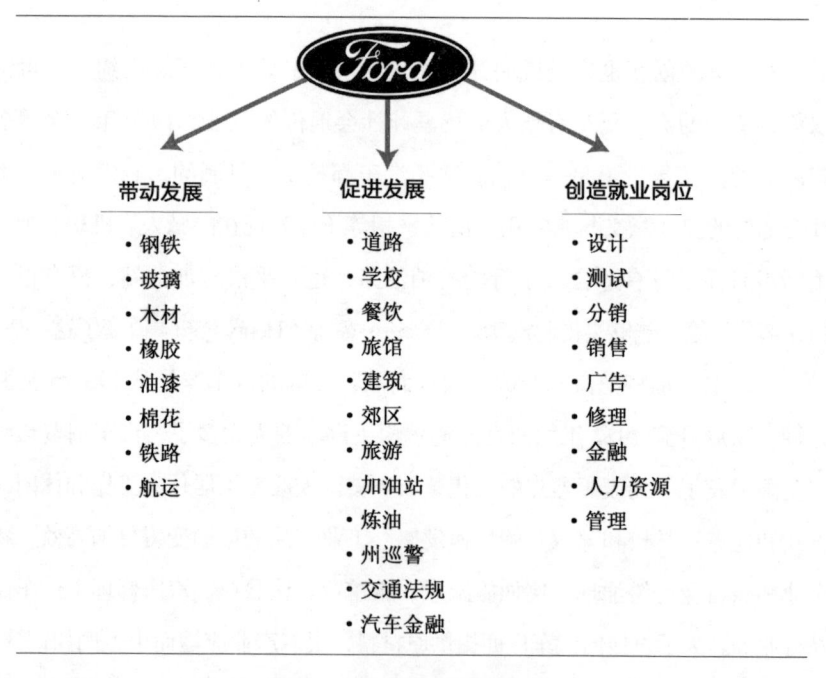

```
                    ┌─────────┐
                    │  Ford   │
                    └────┬────┘
          ┌──────────────┼──────────────┐
          ▼              ▼              ▼
      带动发展         促进发展        创造就业岗位
      ·钢铁           ·道路           ·设计
      ·玻璃           ·学校           ·测试
      ·木材           ·餐饮           ·分销
      ·橡胶           ·旅馆           ·销售
      ·油漆           ·建筑           ·广告
      ·棉花           ·郊区           ·修理
      ·铁路           ·旅游           ·金融
      ·航运           ·加油站         ·人力资源
                      ·炼油           ·管理
                      ·州巡警
                      ·交通法规
                      ·汽车金融
```

图 2-4　福特 T 型车的影响

然而，福特的创新不仅是一辆汽车那么简单，它是商业模式的整体创新，这种创新来自亨利·福特开辟汽车新市场的远见。开辟式创新更多地关乎创新者推出的价值网络和商业模式，而不是所销售的产品本身，这一点同样适用于T型车。福特想把T型车卖给数以百万计的用户，他不仅要制造出一款简单实惠的产品，还要投资建设很多汽车以外的设施，例如加油站和服务站等，甚至还包括能够更快捷地运输他的产品的铁路。他还要向那些从来没买过汽车的美国人进行声势浩大的广告宣传。

T型车和它开辟的新市场非常成功，然而，福特在持续式创新上的投入过于缓慢。下面这个案例充分说明了持续式创新的重要性。

1921年，福特公司的T型车雄踞美国汽车市场，市场份额达到了60%。但是，这家企业对持续式创新投入的迟缓让它损失了相当一部分市场占有率。1936年，福特下滑到美国汽车市场的第三位。作为对比，通用汽车（General Motor，简称GM）每年都会向消费者推出新的车型、汽车信贷和选择多样的车身颜色，这让通用一跃成为美国汽车市场的霸主，其市场份额达到了43%。与此同时，克莱斯勒（Chrysler）也拿下25%的市场份额，占据了第二的位置。正如前文提到的，持续式创新和效率式创新对于保持企业效益和国家经济的繁荣与生机非常重要，而开辟式创新主要负责打造未来发展的基础平台。

开辟式创新的力量

对于经济发展而言，各种类型的创新都很重要。它们或者开创了市场，或者保持了市场的生机活力。其中，开辟式创新的力量尤其强大。它通常以数量巨大的人群为目标用户，提供办法，帮助这些人摆脱忧患、取得进步。一个市场的成功与否取决于所售商品的价值和数量。因此，以未消费者为目标的市场拥有一种巨大的潜力，能为投资者、创新者乃至整个社会创造极大的收益。可以这样理解这一点：每个成功的新市场，无论其出售的产品或者服务是什么，都会带来三种明显的结果：利润、就业，第三种是最难追踪，但可能也是其中最重要的一点，那就是文化变迁。三种结果结合起来，共同构筑了未来经济增长的坚实基础。

第一个结果是利润。想要开创并维持一个市场，就必须创造利润，或者至少拥有创造利润的未来前景。利润是未来增长的燃料。

新市场带来的第二个结果是就业。新市场致力于生产、配送、销售、改善产品，这需要大量的劳动力。我始终认为，工作机会的意义远远不只是于此，对一个社会来说，产生新工作岗位的意义远不只是经济价值的简单累加。工作带给人尊严，帮助人们建立自尊，工作帮助人们养活自己和家人。很多研究不止一次地告诉我们，有工作的人没有时间（也没有意愿）从事犯罪活动。[22]

第三点，可能也是最重要的一点，就是新市场引发并巩固的文化变迁。开辟式创新带给社会的不仅是产品和服务的大众化，即让更多的人用上它们，开辟式创新还能实现利益的民主化，这些利益不仅包括工作机会，还包括投资者和雇员可能获得的所有权机会。如果多数人能意识到，有一种富有成效的方式可以帮助他们解决很多问题（例如为自己和家人谋生，获得社会地位和社会尊严等），那就是以投资人、生产者或用户的身份投身于一个新市场，那么他们很有可能改变自己对社会的看法。这正是新市场改变社会文化的开始，对一个向往繁荣的国家来说，这个开始能够带来所有可能的改变。

归根结底

已故诺贝尔奖得主米尔顿·弗里德曼（Milton Friedman）说过："自由市场最大的美德在于，它让人们……实现了经济上的合作。"[23] 我们发现，市场是一种无比强大的力量，它能把很多要素拉入社会中，这些要素能让社会变得更安全，更有保障，更繁荣昌盛。不同类型的创新具有各不相同的重要作用，明白这一点是发展经济的必要前提。

通过对开辟式创新的投入，投资者和企业家在不经意间参与了国家建设。开辟式创新带来行之有效的新市场，这些市场是面向未消费者的。在贫困国家里，未消费者通常数量巨大。新市场带来的就业和利润还会支持社会发展的其他关键要素。这些要素与创新形成了良性循环，反过来保证了创新的成功。

开辟式创新带来了更加方便实惠的产品，并让更多的人用上它们，同时，开辟式创新也为一国经济的建设打下了必不可少的基础。新市场一旦建立，就会带来越来越多的收入，支持学校、道路、医院的建设，甚至会改善政府的工作，国家经济因此变得更富韧性，我们会在下文详细阐述这个过程。当然，并非所有的开辟式创新都能产生福特 T 型车一样的影响力。但是，我们的研究表明，即便再小的开辟式创新，也能从经济和文化层面改变一个国家的面貌。

第三章
生于忧患

真正的探索之旅并不在于寻找新的风景,而是要有新的眼光。

——马塞尔·普鲁斯特(Marcel Proust)

简述

也许有人会这样想,开辟式创新能够创造繁荣,这固然非常重要,但是,要如何发现创新机会,更不必说如何抓住创新机会?这完全是两回事。当然是这样,如果创新很容易做到,岂不是人人都可以创新?真正的问题在于,任何事物,如果你没有在寻找它,就很难"看见"它。想发现开辟式创新的机会,依赖现在的经济预测是毫无帮助的。因为它们通常关注的对象是我们所说的"消费经济",也就是依据传统衡量指标,一国经济中最明显的那一部分,它们忽略了那些不太明显的部分,而这一部分也许正是经济发展矿藏中储量最丰富的那支矿脉,这就是"未消费经济"。[1] 想发现未消费经济中的机会,先要改变寻找的目标。

* * *

理查德·莱弗雷(Richard Leftley)最初就职于伦敦一家保险公司。工作期间，莱弗雷读到了当时全球领先的再保险公司瑞士再保险公司（Swiss Re）公布的一份年度统计分析，其中有两份表格让他大惑不解。第一份表格是死于自然灾害的人数和地区分布情况。第二份表格是各个地区保险理赔的总成本。莱弗雷后来回忆说："这两张表格完全对不上。在孟加拉国、巴基斯坦和印度这样的地方，死亡人数极为庞大，但是，这些国家甚至没有在'总理赔额'的榜单上出现过。"莱弗雷认为这不科学：世界上最需要保险的人们反而最没有机会获得保险。

几年之后，莱弗雷利用两个星期的休假时间去赞比亚做志愿者，他在赞比亚发现了改变这一切的机会。作为志愿者，莱弗雷被安排到一个贫困村庄，住在一个带着孩子的寡妇家里。莱弗雷完全想不到她的生活会如此痛苦，那是一种只能勉强糊口的日子。莱弗雷了解到，这个寡妇的日子原本不是如此凄惨。她之前住在赞比亚的首都卢萨卡，在一所小学里教书，丈夫是一名保安。他们都出身于贫寒家庭，凭借勤劳过上了相对舒适的生活，有一个像样的家，还有一台摩托车作为日常交通工具。后来，在艾滋病肆虐赞比亚的高峰时期，她的丈夫不幸感染了艾滋病，这个家庭的生活从此一落千丈。家里所有的积蓄都用来买药了，包括合法的药，也包括那些巫蛊偏方，家里最后一点儿积蓄花在了她丈夫的葬礼上。送走了丈夫之后，破产的女人只好带着孩子回到老家的村子，一切从零开始。

莱弗雷被这个故事深深震撼了。返回伦敦之后，他下定决心一定要找到办法，用自己的专业知识帮助那些贫穷国家里的可怜人，因为他们才是最需要保险的人。他把自己关于新型保险的想法说给同事听，换来的是一阵哄笑，这简直和10年前莫·伊布拉欣的遭遇如出一辙。莱弗雷说："我告诉他们，我要去赞比亚，把保险卖给那些感染艾滋病的人。他们都嘲笑我，大家都觉得我疯了。"

那些人现在笑不出来了。到我们写这本书时，莱弗雷创办的MicroEnsure

公司抓住了未消费市场中的商机，极大程度地创新了保险的商业模式，并在发展中国家市场获得了 5 600 万名保险客户（仅在 2017 年就获得了 1 800 多万名新客户）。这家企业目前支付的理赔金额达到了 3 000 万美元。近年来，MicroEnsure 四次荣获"金融时报/国际金融公司变革商业奖"。在 MicroEnsure 进入的市场中，有 80% 实现了赢利。在它的客户中，有 85% 之前从来没有购买过保险，直到 MicroEnsure 的出现。

正是这一点让开辟式创新与众不同：在看上去不存在客户的地方捕获商机。莱弗雷坦承："于无声处听惊雷，这确实很难做到。"莱弗雷和他的团队如有神助地彻底改变了他们的创新方式。莱弗雷说："我们突然意识到，和我们竞争的并不是什么保险巨头，我们真正的对手是冷漠。"事实证明，冷漠是一个极其可怕的竞争对手。莱弗雷最终通过一种深思熟虑的以解决潜在客户的忧患为目标的创新战胜了冷漠。这一做法蕴藏着一种开创新市场的巨大潜力，它会带来繁荣，先是带给一家企业，假以时日，它终将把繁荣带给整个地区。

两种经济的故事

我时常在想，有没有一种方法可以更好地描述经济的增长和发展潜力？对很多人来说，"经济"像是一锅抽象概念的大杂烩，装着货币和商业、产品和广告、法律和法规、买家和卖家等等，它们通过这样或那样的方式相互作用着。在我们的分类中，国家和经济是一个一个的单一体。这样一来，许多预测和分析，例如 GDP 增长、人均国民收入的增长，甚至具体到行业的统计，都可以对一国经济的整体情况给出某种一览众山小式的概括。尽管这些分析比较有用，信息量也非常大，但是，它们可能无法展现事物的全貌。

从创新的角度出发，我们看到的世界有所不同：国家是由消费者和未消费者组成的，也就是由消费经济和未消费经济组成的，二者的区别可以帮助人们找到开辟式创新的沃土。从这个角度来看经济，可以帮助我们屏蔽 GDP 等一系列指标的干扰。这些指标是评判一国经济是否健康，是否具有潜力最常用的指标。对我们来说，它们都是无用的噪声。

消费经济是由消费者组成的，他们拥有购买和使用市场现有产品或者服务的收入、时间和专业知识。消费经济是国家经济的一部分，也就是经济学家、预测者和市场营销经理通常用来预测产品或地区未来发展的那一部分。[2] 最常见的一种创新，也就是持续式创新，也是以消费经济为目标的。这是因为消费经济的增长潜力相对比较容易看到。如果我们知道用户是谁，就可以有的放矢地把产品或者服务做得更好，这些用户也会更多地消费。[3]

资本，就其核心本质而言，是要规避风险的。所以，它很自然地倾向于追逐持续式创新，获得可以预期的投资回报（ROI）。这主要是因为，持续式创新的潜力可以通过现有的金融工具和理论相对容易地看到和理解。通过全球 FDI 的流动情况，便可看到资本对消费经济的追捧程度。2016 年，全球 FDI 总额约为 1.5 万亿美元，其中有 1.1 万亿流向了经合组织[4] 的富裕国家。也就是说，全球 196 个国家中的区区 35 个国家吸引了全球 73% 的 FDI。另一个例子是，莫·伊布拉欣在非洲开辟了通信市场，把数以百万计的未消费者转变成了消费者，几十亿美元的投资如影随形地涌入了非洲通信行业。

我们注意到，即使和最有活力的效率式创新或者持续式创新相比较，开辟式创新的潜力依然非常显著。但是，为了一个并不存在的市场而创新，这无论如何也会让人感觉冒险。想象一下传统的产品开发过程，它们关注的是细分市场：先找出相似度较高的用户群体，这种相似度可以保证相同的产品或服务能对所有人同时产生吸引力。投资是产品开发和营销的前提条件，所以投资决策通常也会依据类似的细分方式做出。"甲国人拥有多少可支配收入"和"乙国人用于休闲娱乐的平均开支是多少，这一数字是正在增长还是正在缩减"这样的问题通常驱动着投资决策的最终形成。营销人员、研究分析人员和投资者对市场的细分通常是根据产品类型、价格等信息做出的。这些工作针对的对象都是消费市场。

然而，这样的做法把几十亿人抛下了，因为这些人看上去过于贫穷、没受过良好的教育，或者他们根本无法引起企业为之开发产品的兴趣。历史曾经一次又一次地告诉我们，这样的想法未免太过偏狭了。

以 AT&T（美国电话电报公司）为例，这家企业曾有机会引领移动通信的大变革，但是它白白错过了这个机会。短短几十年前，AT&T 曾经聘请一家重要的咨询公司对世纪之交的手机销售量进行预估。那家咨询公司给出的答案是不到 100 万台。AT&T 因此放弃了投资手机行业的想法，因为市场太小了，不足以成为投资的正当理由。[5]AT&T 当时收集到的所有数据都显示出"机会渺茫"这四个字。这主要是因为，当时的手机像砖头一样又笨又重，而且极其昂贵。多数人买不起手机。投资这一行业是说不通的，至少在理论上是说不通的。

时间跳转到今天，无论身在世界什么地方，人们都很难想象没有手机的生活。2001 年，全球共有 10 亿台手机。到了今天，全球在网手机数量达到了 75 亿台以上。[6]你有没有试过在纽约，或者新德里的地铁里和同行旅客来一次"眼神接触"？你会发现那根本不可能。因为所有乘客，不分年龄或者其他人口统计特征，统统低着头，他们的眼神就像被锁在手机屏幕上一样。

未消费市场指向巨大的创新潜力。不过，想要发现未消费市场，我们需要换一副新眼镜，也就是不一样的眼光。只有这样，才能看到别人视而不见的东西。

识别阻碍

高潜力的未消费市场在哪里？我的同事斯科特·安东尼（Scott Anthony）

和他的合著者们在《创新者增长手册：颠覆式创新的应用》一书中用整整一章论述了未消费市场的识别方法。有些方法原本是可以帮助人们进步的，阻碍或者限制它们发挥作用的原因主要有四点，分别是技能、财富、机会和时间。市场上现有的办法有时也会遇到类似的束缚。下面简要探讨这四点。[7]

技能：很多情况下，因为不具备必要的技能，未消费者无法采用市场上已有的解决方案，即便他们知道自己会从中受益，却依然无力采用。例如，50 年前，个人电脑需要大量的技能才能操控，当时的使用者大多是大学或者大企业里的技术人员，这些人有能力操作这种极大、极复杂的机器。这就相当于在高昂的价格之外又加了额外的消费阻碍。

财富：它通常是最容易识别的一种束缚。也就是说，市场上已有的某些解决方案确实可以帮助人们改善生活，但是，即使它们就摆在眼前，未消费者也无力在经济上负担它们。例如，大多数美国人曾经买不起个人电脑，直到苹果公司、IBM、微软和英特尔逐年创新，让电脑变得越来越实惠，使普通消费者也能承担得起，这种情况才算结束。到了今天，大部分人都用上了袋装电脑——手机。

机会：这里的机会指的是未消费者本来能从某种解决方案中获益，但是，在他们所在的地区中，这些方案是接触不到的。还记得当年许多大型组织里的复印中心吗？那些庞大、复杂、难用的机器摆放在公用区域里，如果附近没有这样的复印中心，人们就没有办法打印。后来，佳能和理光开发了小巧易用、经济实惠的桌面打印机，我们在办公室和家中也能打印了。这一创新清除了进入壁垒。今天，我们可以用手机连接家里的无线打印机，轻松完成几千页文档的打印。

时间：与时间有关的束缚指的是未消费者本可以从某项已有的解决方案中获益，但是由于没有必需的时间，只得作罢。在过去 65 年的人生道路上，我从未遇见过喜欢等待，或者喜欢浪费时间的人。阿苏卡诊所是一家墨西哥连锁医院，提供糖尿病诊疗的一体化解决方案（我们会在第七章详细讨论这家医院）。在开发解决方案时，它非常重视时间束缚这一因素。墨西哥现在的糖尿病诊疗方案要求患者跑上好几个医院或者私人诊所，拜访不同的专家，这会耗费大量的时间。阿苏卡诊所的治疗模式不大一样，患者只需要走访一家诊所，就可以见到几位专家。由于诊所接收的患者越多，创造的收入就会越高，所以，这家诊所有足够的动力提高诊疗效率。

忧患是真实存在的

阻碍是通向未消费市场必不可少的线索，但它并不是创新者唯一需要留心寻找的。之所以会存在未消费者，是因为有些人一直想要做到某事，却苦于现有方案中没有足够好的选择。

我们认为，创新之所以表现得过于漫无目的，是因为它依赖的是消费经济中的现成数据，也就是说，它依靠消费者做过事情的信息来预测他们将会做什么。这一数据缺少了一种根本性的信息：它没有解释人们为什么做出了这样或者那样的选择。因此，它无法准确预测这些人未来会做什么。而且，它也无法找到为什么有的人选择不购买某种商品或者服务的真实原因——而这正是未消费经济的所在。

这一现象可以用"用户目标达成理论"来解释。这一理论揭示了人们所做的购买决策背后的原因。[8] 很多营销人员把注意力放在人口统计特征的识别上，或者把潜在用户归类到不同的细分市场中。我们认为，这样的做法忽略了引发一个人购买某种商品或服务的根本原因。这个原因是人口统计学特征无法解释的。

人们每天都要处理日常事务，一些纯属琐碎小事，另一些算是大事。

有些事情来得出乎意料，有些则是日复一日的琐事。当我们意识到自己有工作需要处理时，就会寻找生活中的某些事物，把它们"拉"进自己的生活，协助我们完成这些待办工作。实际上，当我们购买一件商品时，我们是在"雇用"这种商品来帮助我们解决问题。如果我们这次雇用的对象很好地完成了任务，当再次面对同样的问题时，我们同样还会求助于它。但是，如果这件商品的表现不令人满意，我们就会"解雇"它，另找可能帮助我们解决问题的其他商品。

让我们通过例子说明这一点。我可能会在上班的路上买上一份《纽约时报》（New York Times）。我今年 65 岁，身高 6 英尺[①]8 英寸[②]，穿 16 码的鞋子，我和爱人把家里所有的孩子都供上了大学，我平时开一辆 SUV 上下班。我还有很多诸如此类的特征和属性，但是，它们中没有一个能够解释为什么我会买这份《纽约时报》。理由其实非常具体，可能是为了在飞机上阅读消遣，或者因为我不想硬着头皮和邻座的话痨聊天，又或者因为我是个球迷，我要知道体育版上的最新消息，这样就可以调侃我那个喜欢篮球的儿子，谈谈他喜欢的主队打进季后赛的机会到底有多大。营销人员能够收集关于我的人口统计数据和心理统计信息，并试图从中找出我与某些细分市场之间的关联。但是，这样的做法根本抓不住我上文提到的那些原因。他们无从得知我当天"雇用"这张报纸完成的任务。假如某一天我很忙，没买报纸，实际上，我依然做出了选择，但是这个选择没有留下任何数据。

创新具有极端的复杂性和微妙的差异性，如果不能理解用户"雇用"你的产品或服务来完成什么任务，你将无法确知自己的创新能否成功。成功的开辟式创新来自未完成的任务；开辟式创新之所以有效，是因为它解

[①] 1 英尺 =0.304 8 米。——编者注
[②] 1 英寸 =0.025 4 米。——编者注

决了原本不存在完美解决方案的问题，或者解决了根本不存在解决方案的问题。Celtel 公司的莫·伊布拉欣知道，有人想和自己住在偏远山村的母亲说说话，但他不得不为此跋涉几天的山路，对大多数人来说，这肯定不是好的解决方案。MicroEnsure 公司的理查德·莱弗雷明白，有人极力想要保护自己的家人，让他们免遭生活中难以预料的打击，却苦于没有可供选择的好办法。这其中蕴藏的种种机会，用打量消费经济的旧眼光是看不到的。

人们宁愿保持未消费者的身份，什么都不买，也不愿意"雇用"那些无法帮助他们完美解决问题的产品或服务。正是出于这个原因，莱弗雷认识到，他的保险产品不是在与市场上其他保险产品竞争，他真正的竞争对手其实是"漠然"，实际上，就是有为与无为之间的竞争。面对未消费市场，也就是当人们宁愿什么都不买，也不愿意通过现有的无法令人满意的方案来解决问题的情况时，只要我们真正理解了人们想要的是什么，就会发现市场中蕴藏的巨大潜力。这样一来，未消费市场就成了我们的线索，按图索骥，我们就能挖掘出通过创新来解决难题时迸发出的巨大的商业潜力。

"没有人清早起床就想买份保险"

创新者要设身处地地站在潜在用户的角度开展产品创新，这项产品将被消费者"雇用"，用来取代现有的解决方案，即便他们现在什么都没选，道理也是一样的。只有创新者充分理解了用户的目标是什么，他们才有可能创造出一项产品，促使未消费者"解雇"漠视或者权宜之计。表面上看来，这似乎并不难（难道有办法不比没办法更好吗？），其实不然，消费者决定解雇什么、雇用什么来解决问题的决策过程是极为复杂的。在我们做出选择的时刻，总是会存在一对彼此相反的作用力，为了取得对我们决策的控制权，这一对力量会一决高下。对于我们"雇用"谁的这一决定，它们发挥着同等重要的影响力。

支持新方案的作用力。首先,环境的"推力"要足够强,也就是消费者想要解决的那个问题带来的挫败感要足够强,强到能够迫使他们下定决心采取行动。令人烦恼或者困扰的小问题可能不足以促使人们改变自己习惯的行为方式。其次,一项充满吸引力的新产品或者新服务本身具有的"拉力"要足够强。一项针对某一问题的新解决方案一定要能帮助用户取得某种进展,能让他们的生活变得更好才行。

阻碍新方案的作用力。有两种看不见摸不着,但是极为强大的力量阻碍着人们选择新产品,它们也是创新者经常忽略的两种力量。第一种叫作"既有习惯",它们对消费者的影响非常大。我过去是这样解决这一问题的,或者,我过去就是这样把问题放着不理的。它确实令我不快,但至少目前的处理方式我可以接受。这通常是未消费者倾向于选择的方式,他们会固守眼前的习惯。对他们来说,转向一种新的解决方案可能属于太极端的大动作。与其适应新魔鬼,不如继续同旧魔鬼周旋,至少后者尚可以忍受(在这里指的是继续生活在忧患里)。我曾经好几年没换过手机,我的助理吹得天花乱坠的新手机的神奇功能都无法打动我。这是因为,我觉得旧手机很好用。其中主要的原因在于,用诺贝尔奖获得者丹尼尔·卡尼曼(Daniel Kahneman)教授的话说,旧物品的主要吸引力在于它不需要我们动脑子。损失规避指的是人们想要避免损失的倾向性。规避损失的心理力量是获得回报的吸引力量的两倍。这是卡尼曼和阿莫斯·特韦尔斯基(Amos Tversky)首先发现的。[9]

除此之外,当人们采用新方案时,随之而来的往往是巨大的焦虑感:对成本的焦虑、对学习新知识的焦虑、对未知的焦虑等等。这些焦虑感累积起来,可能会将人压垮。让我猜猜看,你可能至少有一部旧手机躺在存放杂物的抽屉或者柜子里落灰。如果确实如此,你并不是一个人。许多消费者都保留着自己的旧手机，即使可以在购买新手机时折价，他们依然会选择保留旧手机。为什么？因为对新方案感到焦虑。万一新手机坏了怎么办？万一在意想不到的时候需要备用手机怎么办？万一……创新者往往只注意到推动变革的力量，并尽可能地保证新解决方案能更好地解决用户的难题，保证新解决方案具有足够的吸引力，以此推动用户转投新方案。但是，他们往往忽略了阻碍变革的力量，这一力量十分强大，不容忽视。

在经历了几番失败之后，MicroEnsure 公司的莱弗雷看清了阻碍变革的力量。一开始，莱弗雷和他团队的几次尝试都失败了。MicroEnsure 先是向用户直接兜售保险，但他们没有为所售的保险提供良好的资金支持，而是花大力气充当移动电话公司和主流保险公司之间的中间人。MicroEnsure 当时的盈利来自移动用户的抽成，除此之外，大保险公司想要获取新用户，有时会把一部分咨询和产品开发服务外包给 MicroEnsure 公司。这就意味着，理解潜在用户，想办法吸引这些潜在用户的责任落在了 MicroEnsure 肩上。MicroEnsure 最初成立了许多项目，帮助移动电话公司向用户提供保险服务。只要在正常的话费之上多付一点点的费用，即可获得近乎免费的保险。用户需要做的就是提供姓名、年龄和直系亲属的信息。也就是说，在潜在用户和这种"免费"保险之间，只隔着三个问题的距离。这个方案几乎是稳操胜券的。

事实并非如此。在一年多的时间里，尽管投入了大量广告费用，这一免费产品的签约用户只有一万人（MicroEnsure 原本的计划是，通过免费产品吸引新用户，然后开展追加销售）。一万人只是整个市场的九牛一毛而已。MicroEnsure 尽力简化保险签约流程，但它的产品让许多当地的用户觉得意义不大。因为它没有达成他们的目标。它实际上仍然是传统意义上的保险产品，只不过定价较低，针对新兴市场做出了些许调整而已。莱弗雷回忆当时的保险条款时说，他非常具体地把从事一些昂贵运动项目的人排除在外，因为作为 MicroEnsure 目标用户的未消费者们根本不可能考虑这些运动。"我不得不印制一些小册子,上面写着'不包括跳伞和水球运动'之类的话。那简直太疯狂了。"

莱弗雷和他的团队换了个眼光看问题,他们把工作重点放在这些未消费者真正想达成的目标上面。他们不仅重新思考了销售什么的问题,还重新思考了如何销售的问题。莱弗雷指出:"没有谁早上一起床就想买上一份保险。"但是,他们会在早上一起床就担心,可能会出现什么问题毁了自己的生活。例如生病失去工作能力的风险、自己的市场摊位失火的风险、遭遇抢劫的风险、被洪水冲走贮存物资的风险,或者被无常的命运彻底从人间抹除的风险,等等。所以,用户的目标不是"卖保险给我",而是"帮助我继续为家人的幸福而奋斗,消除那些我无法控制的事情引起的担忧"。这时,莱弗雷的策略必须是争分夺秒的,而不是谋定而后动的。先想方设法地抢滩,第一个开辟市场,再考虑如何让方案上规模。

为了呼应这一新的认识,MicroEnsure 不得不改变传统保险模式中的所有做法。于是,签约前的三个简单问题也显得多余了。莱弗雷回忆:"我们追踪了此前签约的情况,看看用户是在哪个阶段放弃签约的。结果发现,那三个问题让 80% 的潜在用户选择了放弃。"实际上,在许多低收入国家里,类似年龄和直系亲属这样的信息并不像我们认为的那样简单,那里的人们并不太注意和关心自己的年龄,而想从一个极其庞杂的家族系统里找出谁是自己的直系亲属也不是一件容易的事。因此,MicroEnsure 不得不大刀阔斧地创新自己的商业模式,从潜在用户的心中消除那些阻碍变化的负面力量。

不问任何问题,如何?什么都不问。MicroEnsure 与合作的保险公司只要求用户提供一项信息:他们的手机号码。只要用户提供了手机号码,保险公司就会提供保险,并在用户不提供任何书面材料,不回答任何问题,也不提供任何证明材料的情况下,把理赔金额直接打到这个手机号码上。莱弗雷说:"对保险公司来说,这种操作简直是疯狂的。"用户的年龄是一个行业建立数据、开展推测和完成预测性精算的基本依据。在不知道用户年龄的情况下提供保险服务,这确实是非常激进的做法。但是,在这一创新的支持下,用莱弗雷的话来形容,"买保险变得像换手机铃声一样轻松愉快"。如今,免费保险成了一件强有力的市场营销利器,只要顾客接受过保险基本概念的普及,针对他们的追加销售和其他保险产品的跨市场销售就变得容易多了。

莱弗雷说:"我们终于找到了通关秘籍。"的确如此,在印度推出这一新寿险产品的第一天,MicroEnsure 就签约了 100 万名用户。这种新寿险不设年龄限制,也没有任何排除条款,只需提供手机号码。如此成功的突破甚至超出了 MicroEnsure 的预料。在接下来的三个月里,又有 1 900 万名新用户蜂拥而至。莱弗雷说:"我们甚至没有搭建能处理如此大量数据的系统!我们不得不临时在机器上插些硬盘和拇指驱动器来应对。即使如此,我们的系统依然接近了物理极限。"

这并不是说 MicroEnsure 的成功来得多么轻松。在新兴经济体中开辟新市场从来不是什么易事。实际上,MicroEnsure 刚起步时是一家非营利组织。很快,莱弗雷和他的团队发现,他们不可能依靠捐助和政府拨款保持发展。因为他们主要依靠的捐助和拨款的到位过程就像冰川的形成一样缓慢。在等待拨款批复的漫长过程中,MicroEnsure 曾经几次濒临破产。到 MicroEnsure 终于签下几百万名用户时,这家公司明显已经无法继续依靠捐助作为长期增长和可持续发展的策略了。莱弗雷说:"我们曾经想过挂靠一家大型基金会来完成所有的流程。如果运气好的话,大约半年之后我们便可以拿到支票。但我们等不了那么久,可能撑不到半年我们就关门大吉了。"

凭借清晰的市场前景和无限的商业潜力,莱弗雷和他的团队最终吸引了银行财团,包括安盛保险公司(AXA)、桑勒姆保险公司(Sanlam)、国际金融公司(IFC)和挪威电信(Telenor)等,MicroEnsure 成功地转型为营利性企业。它现在可以试验和打造新的产品和服务,并将其投放到其他保险公司熟视无睹的市场中去。每到一处，MicroEnsure 都会雇用和建立本地化团队来负责当地的产品运营工作，由此创造了一连串的本地就业机会。

需要澄清一点，这并不是说，现有的企业没有积极寻求发展机会。它们确实在这样做，但是，很不幸的是，它们常常会被既定商业模式和正在使用的市场分析工具蒙蔽双眼，从而对数以百万计的老百姓正在经历的忧患和其中蕴藏的商机视而不见。在全世界的许多地区，未消费经济只是一种表象，严重的忧患实实在在地存在于数以亿计的老百姓的生活中，却还没有一个企业家拿出一套切实可行的商业模式来解决它们。推出新商业模式的有趣之处在于发现人们的忧患，这是山重水复的阶段。如果这件工作完成得好，商机就会变得很明显，"路转溪头忽见"了。

让我们通过家电厂商格兰仕（Galanz）的案例说明这一点。

未发现不代表不存在

梁昭贤是格兰仕的创始人①，他一手创办的企业如今已经成为全球最大的家电巨头之一。25 年前，几乎没人听说过这家公司，而现在，全世界出售的微波炉有一半是格兰仕生产的。这是一个庞大的数字。最初成立格兰仕时，梁昭贤没有利用中国的低工资优势发展出口业务，为全世界生产微波炉。恰恰相反，他首先看到的是中国国内消费者的忧患。

格兰仕的竞争对手最初没有看到这一机会。例如，格兰仕在 1992 年只

---

① 实际上，格兰仕的创始人是梁昭贤的父亲梁庆德。1978 年 9 月 28 日，梁庆德在广东顺德创办了顺德桂洲羽绒厂。公司 1992 年更名为广东格兰仕企业（集团）有限公司，2003 年更名为广东格兰仕集团有限公司。2000 年，梁昭贤担任格兰仕集团执行总裁，实际接管格兰仕。——译者注

卖出了两万台微波炉，大多卖到了中国各个大城市。一台微波炉的平均价格大约为 3 000 元（当时约合 500 美元），这远远超出了中国普通老百姓的消费能力。当时大多数中国人把微波炉看作一种根本用不上的奢侈品。实际上，当时有许多微波炉厂商也抱着类似的看法，他们认为中国的未消费者"太穷了"，因而不会考虑购买微波炉。当时中国国内市场所占份额最大的微波炉厂商的年销售量只有大约 12 万台。

格兰仕的创始人不这么看。他看到的是，人们住在拥挤不堪的公寓楼里，很多家庭没有炉灶，或者只有非常笨重的炉灶。很多人选择使用电炉，因此常常引发火灾，使狭小拥挤的公寓陷入火海。他看到越来越多的中国人每天都在赶时间。中国人似乎从来没有这样步履匆忙过。他还看到，住在公寓房里的人们最不情愿做的事情就是做饭。在没有空调的狭小公寓里，对于那些赶时间的人来说，生火做饭会让房间变得更热，这实在令人难以忍受。梁昭贤从这些忧患中看到了开辟新市场的巨大机遇。

格兰仕选择集中力量经营国内微波炉市场。格兰仕选择国内市场的理由和其他全球微波炉品牌选择放弃这个市场的理由完全相同：现有需求极低，微波炉对中国人来说太贵了，普通中国老百姓买不起微波炉。

格兰仕为此推出了新的商业模式，它的重点是在中国开辟一个新市场。中国本地劳动力成本较低，这是格兰仕能够发挥的优势，但它同样也是其他微波炉厂商的优势。因此，简单地把格兰仕视为一家低成本微波炉厂商是错误的。格兰仕从零做起，从一开始就把中国的普通老百姓放在心里。

为普通中国消费者服务。为了这个目标，格兰仕管理者的想法必须和中国其他微波炉厂商的想法不同。例如，20 世纪 90 年代中期，多数微波炉厂商的产能利用率为 40% 左右，而格兰仕让自己的工厂每周 7 天、每天 24 小时运转，把资产利用率发挥到极致[10]。其他厂商纷纷在电视上投放广告时，格兰仕选择在报纸上开展"知识型营销"。通过这一营销手段，企业可以向顾客提供产品使用知识，介绍新型号产品的详细信息。这种营销策略为格兰仕极大地节省了广告费用和营销成本。当时有些厂家同格兰仕销量持平，但是它们的广告费用高达格兰仕的10倍之多。

《中国日报》(*China Daily*)是一份中国出版的英文报纸，它在中国拥有广大的读者群。在这家报纸看来，是格兰仕教会了广大中国消费者如何使用微波炉："1995年，这家公司在全国普及了微波炉的使用常识。它还在150多家报纸上刊登了许多特别策划的文章，例如'微波炉使用指南''专家谈微波炉''微波炉食谱'等等。格兰仕还投入将近100万元（相当于120 481美元）出版了诸如《如何选购优质微波炉？》等图书。"[11]格兰仕的这些投入不仅帮助中国人了解了微波炉，还为自己带来了广泛的品牌知名度。

格兰仕还完成了新能力建设。这些能力是依靠低工资成本做出口的合约制造厂商用不到的。当格兰仕需要聘请工程师、销售团队和营销专家时，它会自己动手培训他们；当需要新的分销渠道时，它会自己建立它们；当需要新的办公室、厂房和展厅时，它会自己建造它们。为了服务中国市场，格兰仕创造了大量的本地就业机会。从开始生产微波炉算起，短短两年时间，格兰仕就建立起了覆盖全国的销售网络，并拥有近5 000家门店。[12]

如今，格兰仕拥有全球最大的微波炉研发中心。除此之外，这家公司还在许多国家积极寻求与研究机构和研发中心建立合作伙伴关系的机会，包括美国、日本和韩国等。格兰仕在近200个国家和地区拥有配送中心。假如格兰仕最初仅仅专注于低成本微波炉的出口，它不可能做出如此巨大的投入。[13]

我们能够从格兰仕身上看到，以未消费市场为目标能够为经济发展带来多么巨大的影响力。比方说，1993年，格兰仕只有20名员工，到2003年，它的员工数量达到了10万人。从生产的角度来看，1993年时，格兰仕只有一条生产线，产能大约是每天400台，到2003年，格兰仕建成了24条生产线，每天能生产5万台微波炉。大约10年之后，也就是2013年左右，格兰仕的产能翻了一番,达到了每天 10 万台。

格兰仕收获了巨大的成功。2013 年,格兰仕的营业收入为 45 亿美元,员工数量达到了 5 万人。全球微波炉市场 40% 以上的份额属于格兰仕,它的创始人梁昭贤以惊人的 10.1 亿美元的身家稳坐福布斯富豪榜。然而,无论是梁昭贤的身家还是格兰仕的成功,都离不开开辟式创新这个基础。格兰仕扎根中国,服务中国。格兰仕在中国成功地开发了未消费市场,站稳了脚跟,随后才向全球市场进军。

未消费市场随处可见

表 3-1 列举了一些企业家成功的开辟式创新。如果能像他们一样理解未消费市场蕴藏的巨大商机,并以此为目标开展创业,你我一样能做到开辟式创新。在我们生活的世界里,许多创新者选择通过创业的方式解决数百万人生活中的难题,并通过这个过程为本地经济带来变革。

表 3-1 未消费市场概况

组织/创新	未消费市场及影响
Safaricom/M-PESA 移动支付平台,支持无银行账户的存款、转账和储蓄业务。	**未消费市场:** 在 M-PESA 上线之前,肯尼亚 85% 的人口从未享受过银行服务。肯尼亚的银行系统用了 100 多年的时间才在全国建立了区区 1 200 家银行分支机构。 **影响:** 从 2007 年 M-PESA 上线以来,共有超过 2 200 万肯尼亚人把它引入了自己的生活。该业务现在每月的交易额高达 45 亿美元。整个肯尼亚大约有 4 万家 M-PESA 代理商,它们的收入每天都在增加。数以百万计的肯尼亚人因此有机会接触其他类型的金融服务产品,例如贷款和保险等。这些产品曾经是他们可望而不可即的。

续表

组织/创新	未消费市场及影响
托拉姆（Tolaram）/营多方便面（Indomie noodles） 一种廉价可口、方便煮食的食物，3分钟即可上桌。	**未消费市场：** 数以千万计的尼日利亚人每天赖以生存的收入不足2美元。许多人很难做到每日三餐吃饱饭。 **影响：** 托拉姆每年在尼日利亚卖出超过45亿包方便面。这家企业在尼日利亚创办了13家加工厂，雇用了数万名尼日利亚人。托拉姆在尼日利亚的投资超过3.5亿美元，每年为尼日利亚经济带来几千万美元的收入。在这家公司在尼日利亚销售方便面之前，当地人几乎没有听说过这种食物。
Celtel/移动电话服务 一种预付费移动电话服务，支持用户预购通话时长，最低面值电话卡低至25美分。	**未消费市场：** 2000年，在整个非洲的8亿人口中，只有大约2.5%的人口拥有手机，总数不到2 000万人。以刚果民主共和国为例，在它5 500多万的人口中，只有少得可怜的3 000部电话，而在尼日利亚的1.26亿人口中，电话线路还不到100万条。 **影响：** 如今的电信行业每年为非洲经济带来超过1 500亿美元的收入。到2020年，该行业预计创造450万个工作机会和205亿美元的税收，并为非洲经济贡献2 140亿美元以上的收入。[14] 手机的普遍使用也催生了其他技术的发展，例如M-PESA移动支付平台和MicroEnsure的保险服务等。如今，手机也正在成为教育平台，还被用来向使用者提供移动医疗服务。
格兰仕/微波炉 面向普通中国消费者的平价微波炉（售价不到45美元）。	**未消费市场：** 20世纪90年代初期，中国人口超过11亿，而全国微波炉总数不到100万台。 **影响：** 中国国内的微波炉销量从20世纪90年代的不足100万台发展到现在的1 300多万台。其中，格兰仕占据了43%的市场份额。这家公司雇用了4万多名员工，目前已进军空调、冰箱、洗衣机、洗碗机等家电领域。作为微波炉在中国普及的结果之一，冷冻食品在中国开始大行其道。有人预计，这个市场将达到100亿美元的规模。想象一下，这会带来多少的工作机会、多大的产能、多高的收入？

续表

组织 / 创新	未消费市场及影响
费奥多生物技术公司（Fyodor Biotechnologies）/ 尿液疟疾检测（Urine Malaria Test，简称 UMT） 一种不需要验血的疟疾检测方法，费用不到 2 美元，20 分钟之内出结果。	**未消费市场：** 全球每年有超过 2 000 万人感染疟疾，在疟疾泛滥的地区，很多人只要一发热，就会怀疑自己患上了疟疾并开始服用抗疟疾药物。想要更加合理地诊断这一疾病，患者必须就医并且进行血液检测，许多人无法负担这一费用。全球每年完成超过 5 亿次的实验室血液检测。 **影响：** 费奥多尿液疟疾检测解决了这一问题。它通过简便无创的方法完成疟疾的诊断，帮助人们避免因为非疟疾发热而盲目服用抗疟疾药物的情况。尽管费奥多是一家新公司，UMT 也是最近刚刚推出的一项业务，但是这家公司已经提升了产能和分销能力，帮助了数以百万计的人。对于这些人来说，即使一次简单的疟疾检测也曾是一种奢望。
福特汽车公司 / 福特 T 型车 面向普通美国消费者的平价汽车。	**未消费市场：** 1900 年，全美国登记注册的汽车只有 8 000 辆。当时常见的汽车非常难开，而且只有富人才养得起汽车。 **影响：** 从 1909 年到 1924 年，福特总计卖出了超过 1 000 万辆汽车，这从根本上改变了美国的社会面貌。福特创造了数万个工作岗位，支付了比竞争对手更高的工资，为员工开创了各种社会性项目。T 型车还促进了其他行业的发展，例如保险和运输等，随着人们可以方便地搬到郊区居住，住宅和道路建设事业也得到了长足的发展。T 型车改变了许多行业的游戏规则。
EarthEnable/ 硬化地面 平价硬化地面，成本只有水泥地面的 20%。	**未消费市场：** 卢旺达大约 80% 的家庭还在使用泥土地面。这种泥土地面是蚊虫和很多其他寄生虫滋生的温床。水泥地面能够解决这个问题，但是绝大多数卢旺达家庭负担不起水泥地面的费用。卢旺达的人均 GDP 只有 703 美元。 **影响：** 尽管 EarthEnable 只成立了几年，但它已经在卢旺达的 300 多个村庄完成了 50 多万平方英尺的地面施工。

续表

组织／创新	未消费市场及影响
阿苏卡诊所／糖尿病治疗 在墨西哥提供方便实惠的糖尿病诊疗服务。	**未消费市场：** 糖尿病是墨西哥如今导致死亡或截肢手术的第一健康杀手。墨西哥每年因糖尿病致死的人数超过8万人。1990年至今，罹患糖尿病的墨西哥人从560万人增加到了1600万人，患者增加了足足两倍。然而，对大多数墨西哥人来说，每年1000美元的治疗费用太高了。除此之外，墨西哥的医疗系统对病人非常不友好。 **影响：** 阿苏卡诊所把糖尿病的治疗费用从每年1000美元降到了大约250美元。这家诊所的一体化解决方案还减少了60%的糖尿病并发症，例如致盲、截肢、肾功能衰竭等。在阿苏卡诊所接受过治疗的5万多名患者中，有95%的人不再需要特别的糖尿病护理。阿苏卡的发展速度是每3个月开2家新诊所。
宾堡集团（Grupo Bimbo）／面包 价格公道的优质面包。	**未消费市场：** 在宾堡集团成立之前，人们很难在墨西哥买到价格实在的优质面包。作为全球最大的烘焙食品生产企业，宾堡决定面向普通墨西哥消费者开辟一个新市场，提供不同种类的面包产品。 **影响：** 宾堡集团现在的年收入约为140亿美元，在22个国家开设了165个工厂，全球雇员总数超过12.8万人。这家集团的市值高达110亿美元，拥有超过110个品牌，产品销往厄瓜多尔、哥伦比亚、秘鲁、美国、英国和中国。在墨西哥，宾堡集团支付的最低工资是墨西哥最低工资的两倍。
Ver De Verdad／处方镜片 为普通墨西哥消费者提供处方镜片和眼科护理服务。	**未消费市场：** 大约43%的墨西哥人存在一定程度的视力缺陷，需要佩戴装有矫正镜片的眼镜。市场上现有的眼镜过于昂贵，平均售价约为75美元。这导致许多墨西哥人选择不戴眼镜，生活在视线朦胧的世界里。 **影响：** 2011年12月，Ver De Verdad设立了第一家门店。从此以后，这家企业完成了超过24万次眼科检查，售出了超过15万副眼镜。Ver De Verdad眼镜的平均售价约为17美元，其让墨西哥人彻底告别了视线模糊的状态。这家企业计划在2020年前在墨西哥建立330家门店。

续表

组织／创新	未消费市场及影响
MicroEnsure／保险 平价保险服务，目标用户是那些每天依靠不足3美元过活的数以百万计的贫困人口。	**未消费市场：** 对于很多低收入国家里的普通人来说，保险消费似乎遥不可及。北美、西欧、日本和中国（占全球人口的34%左右）占据了全球保险费的81%，而中东和非洲只占1.6%，亚洲（不包括中国和日本）只占11%。对低收入国家来说，保险公司根本没有设计服务于它们的现代形式的保险产品。 **影响：** MicroEnsure是一家"名不副实"的企业，对于一家成立只有10年，但是通过创新为5 000多万人提供保险服务的企业来说，MicroEnsure（字面意思是"微保险"）这个名字确实太有误导性了。它的服务范围覆盖了孟加拉国、加纳、肯尼亚、印度、尼日利亚等国家。在它的用户中，85%以上的人从未在MicroEnsure成立之前购买过任何保险产品。

"闻"所未闻、"见"所未见

传统经验告诉我们，要在消费经济中寻求繁荣和发展。这理所当然地成了大多数资本耗费最多时间的战场，它们在消费经济中追求新的、激动人心的增长机会。这可以理解为，凭借早已形成依赖的市场研究工具，企业可以较为容易地抓住这些增长机会。但是，我们认为，只有聚焦未消费市场，企业才能获取新增长的最好机会。这些新增长机会可以成为引擎，为企业所在的社区带来工作机会，最终帮助人们过上更好的生活。

许多贫穷国家里存在着广阔的未消费市场，在这些未消费市场里开展开辟式创新虽然有违直觉，但潜力巨大。这通常需要通过创新者艰辛的工作才能完成。创新者能够看到未消费市场中隐藏的商机，感受到未消费者的忧患，构思出一个不一样的未来，繁荣富强的种子就埋藏在这种构思中。

这正是莱弗雷和他的团队MicroEnsure正在耕耘的事业。莱弗雷曾在孟加拉国首都达卡的贫困社区住过一段时间，他在那里发现了开发另一种产品的机会（在别人看来，这可能是匪夷所思的），那就是非常基本的住院保险。任何免费签约的投保人，只要住院两晚或者两晚以上，就可以得到50美元的理赔。无论投保人年龄大小，无论投保人是否存在任何潜在的健康问题，保单一经受理，50美元的理赔款就会直接汇到投保人的手机账户上。同样，这家保险公司不会问投保人任何问题。

这个产品的最初设想来自莱弗雷和一位母亲令人心碎的谈话。这位母亲被疾病夺走了自己的孩子。当时，她带着患病的孩子赶到了医院，但是没钱支付私人医护的费用，孩子就那样苦苦等待了整整两天，也没能见到任何一位医务工作者。这位母亲终于发觉自己的孩子不可能在那所医院得到任何救助，于是她跑到不远处的一家私人诊所，她问那里的医生能不能救救孩子。她得到了肯定的答复，但是，她需要先支付5美元的费用——总费用的一半。这位母亲把孩子一个人留在医院里，近乎疯狂地冲回家。她卖掉了家当，凑够了钱。可是，当她第二天攥着钱回到医院时，孩子已经永远离开了她。

莱弗雷回忆说：“哀莫大于心死，她的伤心是旁人无法慰藉的，我能感受到她的心痛。回国之后，我对团队说，我们一定要想方设法解决这种问题。我们无论如何也要开发出一种产品来解决这种市场失灵的问题。”这位母亲的苦难是无法用语言形容的，但这并不是无法克服的。

莱弗雷指出，在印度，无论出于什么样的原因，在去医院就诊的人当中，有24%的人在离开医院时跌落到了贫困线以下，这通常是由因病丢失工作和支付医药费引起的。为了推出这款看似简单的产品，MicroEnsure进行了很多次试错，这一产品最初非常笨拙，需要依靠医院完成纸质申请材料和理赔材料的收集工作。如今，它完全不需要患者用现金预付住院费用。MicroEnsure很清楚，即使要求患者预付费用，很多患者也无法筹措到足够的钱。莱弗雷说:"人们根本想象不到,为了推出这样一款行得通的产品,我们经历了怎样的过程。"莱弗雷常常希望有机会告诉那位母亲,那次谈话改变了很多可能和她有着同样悲惨遭遇的人的命运。莱弗雷说:"好几年了,我一直在寻找她。我想告诉那位母亲,她的经历让我们推出了这样一款产品,有几百万人正在使用它,它挽救了许多人的生命。我特别希望,有一天我能亲口告诉她这一切。"

* * *

我们生活在一个多灾多难的世界里。对于很多人,关于很多难题,我们并没有现成的办法。但是,我们都清楚地知道一点:无论什么问题的答案,如果我们不去寻找,就不大可能发现它。通过人们每天都要应对的难题,换个视角,按图索骥地找到未消费市场中蕴藏的机会,遵循"用户目标达成理论"打造更好的解决方案,我们就能循序渐进地解决这些难题。对此,我们充满了信心。不仅如此,我们还可以开辟新市场,帮助正在困境中苦苦奋斗的国家和地区走向繁荣。

第四章

推动与拉动：两种策略的故事

> 我经营的是食品公司，但我对发电比对食品懂得多一点儿。
> ——迪帕克·辛格哈尔（Deepak Singhal）
> 托拉拉姆（TOLARAM）非洲公司首席执行官

简述

为了帮助中低收入国家实现发展，全世界每年投入的资金高达几十亿美元。这些资金主要被用来向贫穷国家输送资源，以此帮助这些国家走向繁荣。然而，即使在过去的70年里累计输送了价值几万亿美元的资源，许多国家依然处于贫困之中，有的国家甚至比之前更贫困了。为什么实现和保持发展这么难？

我们认为，主要原因在于这些努力和尝试中缺少了一项极为重要的发展因素：创新。有些创新能把必需的资源吸纳到一个社会中来，只有出现这种类型的创新时，发展和繁荣才能真正扎下根来。当一项让利益相关者（包括投资者、企业家、消费者和政府）有利可图的创新被引入一国经济中时，利益相关者通常会获得动力，帮助维持这项创新吸引进来的那些资源，例如基础设施、教育，甚至是政府的政策。拉动策略能够确保市场做好准备。我们认为，这是长期可持续繁荣必不可少的。

* * *

2017年，印度最卖座的电影既不是大制作的好莱坞大片，也不是闪闪发光的宝莱坞歌舞电影，而是《厕所英雄》（*Toilet: A Love Story*）这部作品脱颖而出。影片讲述了一位新婚妇女经历的考验和抗争。当得知新郎家没有厕所时，她感到极为震惊和不安。村里的人分成了两派，一派理解这位新娘的感受，另一派完全不能接受。由此产生了大量的争吵和笑料。最后，这位新郎为自己的爱人修建了厕所，他们从此幸福地生活在一起。

"厕所英雄"这个名字听上去似乎与票房黑马毫无关联。但是，它的故事情节确实戳中了印度观众内心的痛处。印度有一半以上的家庭真的没有厕所。在现实生活中，没有厕所这件事并不像电影里那么好笑。根据世界银行的数据，印度每10例死亡中就有一例与糟糕的卫生条件有关。儿童会因为接触到污染的地下水而患上慢性感染病。痢疾是夺走印度儿童生命的头号杀手，印度每年因痢疾死亡的儿童人数超过30万。水源的污染导致几百万名儿童生长萎缩。很多人会等到天黑之后去公共区域方便，这带来了一系列的问题，包括强奸和针对妇女的暴力事件。对印度来说，努力创造更好的卫生条件具有极为深远的重要意义。圣雄甘地曾经说过，卫生是极为崇高和重要的，甚至"比政治自由还要重要"。这足以说明它的重要性。

解决办法看起来再简单不过：修建更多的厕所。这确实是最显而易见的办法，就连印度现任总理纳伦德拉·莫迪（Narendra Modi）也是这样看的。莫迪推行了"洁净印度"（Clean India）计划，把修厕所的重要性放在了修庙的前面。为了这一目标，印度政府在2014年和2015年一共修建了1 000多万间厕所，并计划在2019年之前再建6 000万座厕所。考虑到印度如此糟糕的卫生情况，这无论如何都是一件好事。不是吗？[1]

这件事的结果告诉我们，只是修建厕所是远远不够的。2015年年中，印度政府发现，大半建好的厕所遭到了闲置，没有人用。印度乡村发展、卫生及饮用水部部长乔杜里·比伦德·辛格（Chaudhary Birender Singh）指出："我们在加紧建造厕所。比这更重要的是，要说服人们使用这些厕所。"印度政府的"说服工作"可谓花样百出。在一些农村地区，政府派出了工作组和志愿"宣传员"，他们游走于各个村庄，公开羞辱那些露天方便，不肯使用新建公共厕所或者家用厕所的人。在一些村庄里，孩子们被发动起来，他们尾随那些看上去要去田地里方便的人。一旦发现，"儿童团员"们会立即吹响警哨。为了鼓励各个村庄的人们使用厕所，政府还采用了物质激励的办法。辛格部长说："很长时间以来，我们以为只要厕所建好了，人们自然就会使用。实际并非如此，我们不得不在很长一段时间内孜孜不倦地监督厕所的使用情况，还要逐步对表现优异的村委会给予现金奖励。只有这样，才能让使用厕所成为乡亲们的日常习惯。"[2]

"宣传员"？吹哨的孩子？盯梢、驱赶和羞辱？使用免费厕所可以拿到现金奖励？拜托！这里的问题太大了。无论这些做法的出发点有多好，如果全然不去理解人们做出某种特别选择的深层原因，只是一味地"强推"解决方案，一定会使方案痛苦变形和扭曲。一些村庄里的人因为畏惧羞辱而选择了顺从。实际上，这些村庄正在发生旱灾，这使得保持厕所的清洁成为完全不可能的事情。宝贵的清水先要用来饮用和洗澡，用来冲厕所实在太浪费了。在别的地方，厕所的建造太过草率敷衍，既没有上水也没有下水。很自然，这些厕所迅速变成了蚊蝇肆虐的场所，没人愿意使用这样臭气熏天的厕所。

卡玛尔·加（Kamal Kar）是一位经济发展顾问。他曾多年致力于卫生问题的研究，调研了许多存在类似问题的社区。卡玛尔率先推出了"社区主导的整体卫生方法"（Community-Led Total Sanitation，简称CLTS）。

CLTS 官方网站指出："仅仅是提供厕所，既无法保证人们的使用，也无法确保清洁和卫生状况得到改善。从前的卫生方法规定的起点很高，还提供补贴作为激励手段。但是，它常常会导致使用不均衡的问题，从短期来看，只有部分厕所得到利用；从长期来看，所有厕所都存在可持续使用的问题。另外，补贴不是长久之计，而且会使人们产生依赖。"CLTS 不相信简单地提供硬件设施就能解决卫生问题。[3] 我们同样不相信。但是这项工作说起来容易做起来难。原因如下。

贫穷是件痛苦的事，它通常表现为资源的缺乏，例如贫困社区缺乏食物、卫生保障、放心水、教育、医疗和公共服务等。正因为如此，贫困问题主要被当作资源问题来看待，这看上去似乎是顺理成章的。基于这样的假设，人们在过去的几十年里采用了极为昂贵的"推动"策略来促进发展，这种策略所推动的对象几乎完全以资源为主。为了解决某种贫困问题，人们满怀好意地把各种资源从富国输送到穷国。但是，就像印度加速建造厕所的例子展现的那样，推动策略往往无法奏效，被输送的资源也不一定能落地生根。能够实现短期的成功已经算是最好的结果了。投入本身是好的，无论修建的是学校、医院还是道路、机场，抑或是厕所。但是，如果颠倒了先后次序，不但无法带来益处，甚至会在无意中带来害处。在《富国陷阱：发达国家为何踢开梯子？》一书[4]中，剑桥大学的经济学家张夏准论述过在穷国建立各类富国式的组织这一现象。

需要说明一点，向缺乏资源的人们提供资源的行为可以是富含价值的。但是，在很多情况下，如果只是为了把资源推送到一地，所需的成本常常大于所得的价值。这个问题也可以这样看：推送策略把贫困问题看成一种非治不可的慢性疾病，而这种慢性病看上去似乎是没有解药的。而且，推送策略是一种极其昂贵的手段。提到慢性疾病，以美国为例，该国 2.7 万亿美元的医疗开支中超过 80% 是用于慢性疾病治疗的。[5] 这些慢性病因此得到了缓解，但是并未得到根治。对一些人来说，这意味着终生的痛苦折磨。我们不相信，人们对此没有更好的办法。同样的道理，贫穷问题的情况与此非常相似。人们推送大量的资源来医治贫穷带来的痛苦，但贫穷本身依然存在。对于病人来说，止疼就会感觉好受。所以，治标的办法成了最立竿见影的扶贫手段，人们反而因此忽略了治本的办法。现在的一些做法蒙蔽了人们的双眼，让其看不见更好的可能性。所谓一叶障目，不见泰山。

推拉之间

通常来说，推动策略主要受到其提出者偏好的驱动。它主要的提出者是发展领域的专家。推动策略会形成相应的解决方案，这些解决方案又被推荐给低收入国家。这里有一点很重要，需要特别注意，这些被输送的资源多数是极好的资源，它们是穷国民众翘首以待的。然而，不幸的是，这些资源往往被匆忙地输送到一个还没有准备好吸纳它们的环境中。这会把原本的好事变得让人大失所望。而且，这一转变来得非常快。

比方说，国际足联世界杯是全球最负盛名的体育赛事之一。每隔几年，申办国之间就会上演一次主办权的激烈角逐。各国足联纷纷推出雄心勃勃的宣传方案，力图让自己的国民相信，耗资数百万，甚至几十亿美元来主办一届世界杯比赛是大有裨益的。一旦主办权敲定，国际足联一定会举办一场哗众取宠的媒体活动来宣布结果。获胜国举国欢庆，上下一派喜气洋洋。为了准备一场声势浩大的国际赛事，新的资源和基础设施必定会大量涌入，海外游客和资金同样也会大量涌入，它们将带来大量的就业机会，推动主办城市的经济发展。人们是如此设想的。

然而，现实告诉我们，这些美丽的诺言从未实现过。

以南非为例。2010年，南非成功举办了一届极为精彩的世界杯。它打碎了批评者关于南非不可能如期建好必要的基础设施,也无法按时完成安保措施改进工作的预言。但是,即便如此,南非也仅仅收回了它投入交通、通信和场馆建设的 31.2 亿美元巨资的 10%。[6] 世界杯结束后,这一巨额投入的标志在南非随处可见。其中最醒目的可能是开普敦附近的一座世界杯专用场馆,用《纽约时报》的报道来描述,这是"世界杯留给南非最糟糕的遗产":"这是一座多余的超级建筑,当地的富裕居民看不上它,而对真正的球迷来说,它又实在太远了。这座体育馆给当地政府财政带来了极大的压力,2010 年以来,投到这座体育馆的资金至少达到了 3 200 万美元。这些资金本来可以用在其他方面,例如为穷人提供住所等。这些基本公共服务措施的缺失一直是激发矛盾的导火索,每隔一段时间就会引发群众的示威抗议。"世界杯没有为南非带来像样的发展,或者说,世界杯为南非带来的发展是远远不够的。将近 10 年的时间过去了,南非依然位居世界银行"收入最不平等国家"的榜首,半数以上的国民生活在国家贫困线以下。

相比之下,"拉动"策略与"推动"策略几乎处处不同。以教育为例,或者说得更具体一些,以人力资本的投资为例。当一个国家意识到自己需要高质量的教育,并积极为其创造适宜的社会环境时,一定会取得比采用"推动"策略更好的效果。社会的发展离不开教育。

在我加入塔塔咨询服务公司(Tata Consultancy Services,简称 TCS)董事会时,我非常强烈地感受到了这一点。塔塔咨询服务公司是全球最大的信息技术企业之一,拥有将近 40 万名员工。它也是印度最大的私营雇主之一。过去几年间,为了满足众多用户日益高涨的数字化业务需求,例如数据分析、云计算和物联网等,这家公司在自身的商业模式中加入了一项"数字化教育"。它对 20 万名雇员进行了大量有关数字技术的职业能力培训,而且,这项工作根本没有慢下来的迹象。无论是面向新员工还是老员工,塔塔咨询服务公司的培训工作通常是从市场需求或者项目要求出发的。

这种方式可以保证教育工作最快地与实际工作联系起来。员工明白自己为什么接受培训，企业也很清楚自己为什么对教育投资。[7]

我们的研究表明，假以时日，拉动策略一定能够更加高效地带来可持续的繁荣。

首先，拉动策略通常是由创新者发起的，而创新者是具体市场需求和消费者面临的日常难题的直接回应者。其次，就解决问题而言，拉动策略更偏重调查研究，也更寻根究底。它不是大手一挥，更不是武断专行。创新者站在第一线，最了解情况，也最明白如何通过可持续方式解决问题，他们不会盲目地把自认为最好的答案强加给别人，并一厢情愿地以为它们会自动解决具体的发展难题。每个季度，塔塔咨询服务公司都会收集、整理企业所需技能的信息，它是该公司对教育进行投资的依据。最后，拉动策略首要的重点是市场的开辟，或者说是对市场的需求做出回应。市场一旦建立起来，它就会拉动其生存所需的资源。从本质上说，拉动策略来自把事办成的迫切需要。拉动策略催生的方案最初可能极不完美，不过这根本不重要。重要的是，它们对于开辟和维系一个新市场而言是必不可少的。开辟市场的需求必定会为拉动式解决方案注入生机，帮助它们生根发芽，逐步走向完善。在下面的例子中，这家方便面公司为尼日利亚的经济带来了非比寻常的影响。

45亿包方便面，而且这一数字还在继续增长

有这样一种消费产品，它可能是尼日利亚最不起眼，同时也是人民群众最喜闻乐见的一种商品。它就是营多方便面（Indomie instant noodles）。这种速食面采用一人份包装，每包售价不到20美分。营多品牌在尼日利亚几乎达到了家喻户晓的程度，还拥有一个15万人的粉丝俱乐部，俱乐部覆

盖了尼日利亚3 000多所小学。营多方便面还是"尼日利亚独立日英雄奖章"的赞助商，该奖项主要表彰尼日利亚模范儿童的成就。

你也许没有听说过营多方便面，但它在尼日利亚堪称妇孺皆知。

2016年，我有幸在哈佛商学院的"非洲商业俱乐部"年会上发表讲话。它是哈佛学生主办的、世界上最大的非洲商业发展主题活动，大约有1 500名代表出席。我在演讲中提到了我和我的团队一直在研究的托拉拉姆这家令人着迷的企业，我的听众一片茫然。[8] 接下来，当我说到"托拉拉姆的产品是营多方便面"时，观众席立刻沸腾了。为什么一家经营方便面的企业能够引发山呼海啸一般的喝彩？更重要的问题是，这和发展与繁荣有什么关系？

托拉拉姆公司通过营多方便面对尼日利亚带来的影响令人惊叹。1988年，当时的尼日利亚仍然处于军管时期，托拉拉姆开始进入这个国家。这家企业投入了3.5亿美元的资金，创造了数万个工作岗位。它成立了自营的物流公司，还修建了包括发电厂和污水厂在内的基础设施。除此之外，托拉拉姆还成立了各式教育机构，资助社区组织项目，还为尼日利亚政府贡献了几百万美元的税款。最引人注目的，也许是托拉拉姆主导修建和运营的新莱基深水港，这个公私合营的港口位于尼日利亚的经济之都拉各斯，耗资15亿美元。可以毫不夸张地说，营多方便面本身就代表了经济发展。

托拉拉姆的例子告诉我们，无论从多小的事业出发，都有可能开辟出新的市场。伴随新市场而来的种种益处最终将会促进经济的发展。

营多方便面深深地渗透到了尼日利亚人的生活当中。当人们意识到它并不是尼日利亚传统食品时，或多或少会有些讶异。托拉拉姆在尼日利亚销售这种产品的历史只有短短30年。这家企业的成长历程完全颠覆了那些关于发展的传统智慧。

1988年，托拉拉姆开始在尼日利亚销售营多方便面，当时尼日利亚处于军管时期，远远谈不上什么投资热土。这个9 100万人口的非洲大国里，居民的平均预期寿命只有46岁；人均国民收入不到257美元（按今日美元计算，大约为535美元）；拥有手机的人口比例不足1%；只有一半的居民喝得上放心水；只有37%的人口用得上合格的卫生设施；高达78%的人口每天依靠不到2美元的收入度日。然而，就是在这样惨淡的环境里，哈里斯·阿斯瓦尼（Haresh Aswani）和萨金·阿斯瓦尼（Sajen Aswani）兄弟看到了巨大的商机：用价格实在、食用方便的食品喂饱一个国家的好机会。对他们来说，这是个开辟新市场的绝佳机会。

营多方便面的煮制只需要不到3分钟，再配上个鸡蛋，就是营养又便宜的一餐。但是，在1988年，绝大多数的尼日利亚人从来没吃过这种面条，甚至连见都没见过。托拉拉姆非洲公司现任首席执行官迪帕克·辛格哈尔回忆起当时的情景："一开始，许多人以为我们卖的是虫子。"但是，阿斯瓦尼兄弟相信，他们能在尼日利亚开辟出一个新市场，他们的信心来自尼日利亚快速增长、日益城市化的人口，以及营多产品本身具有的便利性。他们并没有把注意力放在不利的人口统计数据上面。相反，他们关注的是一种独特商业模式的开发，这种商业模式能够帮助他们开辟出一个全新的方便面市场。

托拉拉姆把普通尼日利亚居民当作目标用户，这个决定推动这家公司在尼日利亚做出了各种长期投资。1995年，为了更好地控制成本，托拉拉姆决定把方便面加工厂搬到尼日利亚。为了做到这一点，托拉拉姆把基础设施纳入自身的经营范畴，例如发电厂、垃圾处理厂和水处理厂等。谈到这一点时辛格哈尔表示："我经营的是食品企业，但我似乎对发电比对食品懂得更多一点儿。"

同塔塔咨询服务公司一样，托拉拉姆也涉足了"教育"领域。托拉拉姆出资开展各类培训项目，主要涉及电气工程、机械工程、金融和其他与业务相关的学科。托拉拉姆不得不做出这项具体投资，因为尼日利亚的基础设施严重缺乏，已有的也质量堪忧。托拉拉姆不得不把必不可少的基础设施"拉"进尼日利亚。

托拉拉姆的这一做法反过来创造了新的机会，让繁荣之花在尼日利亚盛开。例如，托拉拉姆会招聘当地大学的应届毕业生，并为这些新员工提供岗位培训。这会带来什么？首先，这家企业因此提高了自身的生产能力，从而促进了所在地区整体生产力的提高。其次，这降低了当地的失业率，从而间接地降低了犯罪率。对于有工作的人来说，通过从事犯罪活动满足生存所需的必要性大大降低了。[9] 最后，这会带来额外的收入所得税和消费性开支。如此种种，看上去像不像区域经济发展的核心目标？对于托拉拉姆的管理者来说，它们只是蒸蒸日上的业务带来的自然结果。

连续 17 年高达 36% 的增长率

与许多新兴市场或者前沿市场一样，尼日利亚几乎不存在兴旺的"正规"超市行业，产品从工厂出发，到达消费者手里的整个过程中存在着许多可能的"故障点"，或者叫"渗漏点"（这里指商品在到达销售点之前被盗或者消失）。鉴于这一情况，托拉拉姆的管理者建立了自营的超市供应链。这并不是件简单的事，这需要托拉拉姆建造一整套配送和物流体系。它意味着托拉拉姆要建立配送仓库和店面，要购买几百辆卡车建立自己的车队，还要雇用数千名司机把成箱的营多方便面送到大街小巷的零售点和托拉拉姆的自营商店。

托拉拉姆对配送网络的投资也许显得有些用力过猛，但是，它的管理层清楚地知道，如果不能把产品交到消费者手上，公司就永远不可能成功。在许多贫困国家里，许多公司花费了过多的时间思考如何让产品变得更实惠，但是，太少的公司肯花足够的时间思考如何让产品更容易到达消费者手中。部分原因在于，后者没有把配送看作自身商业模式的核心部分。但是，在贫困国家当前所处的发展阶段，配送必须成为核心部分。实际上，一项开辟新市场的业务要想成功，对可获得性的投资与对实惠性的投资同样至关重要。

这一过程让产品变得买得起、够得到、用得上，通过这个过程，创新者为新市场提供了恰当的解决方案。实际上，开辟式创新并不是一项简单的产品或者服务，而是一套完整的解决方案：它是由产品或者服务加上一整套为创新企业带来盈利的商业模式组成的。企业必须完成所有必需的工作，才能创造出这一解决方案。必需的工作包括建设基础设施、工厂、配送和物流网络、销售网络，以及该商业模式的其他组成部分。反过来，这一切又为当地的基础设施事业打下了基础。这就是托拉姆在尼日利亚完成的，并将继续做下去的事业。

托拉姆控制了生产营多方便面的必需物资中的92%，并在尼日利亚运营着13家生产工厂。和福特汽车、Celtel和格兰仕一样，托拉姆在尼日利亚的行为也是对客观环境号召的响应。

这既是一段艰辛的旅程，也属于题中应有之义。从本质上说，经济发展本身就是披荆斩棘的过程。尽管如此，无论用什么标准来衡量，托拉姆的投资都收获了相当可观的回报，尼日利亚也收获了显著的发展成就。托拉姆营多方便面每年在尼日利亚的销售量高达45亿包，它让尼日利亚变成了全球第十一大方便面消费国。短短30年前，这个国家还不知道方便面为何物。托拉姆直接雇用的员工有8 500人，在它一手创建的价值链上，共有1 000家独家分销商和60万家零售商。托拉姆的年营业收入将近10亿美元，为尼日利亚政府贡献的税款高达几千万美元。托拉姆还建立了自营物流公司，其拥有1 000多台车辆。如今，这家物流公司既为托拉姆服务，也为尼日利亚其他企业提供服务，来自外部企业客户的收入占比

65%。托拉姆的物流公司是尼日利亚最大的运输公司之一。[10]

假如托拉姆最初没有这样做，而是采取平常的方式，也就是等到当地环境改善之后投资，不见兔子不撒鹰，那么，它也许不会达到惊人的36%的年度同比增长率，而且是在自己开创的市场中连续17年达到36%的年增长率！托拉姆开辟的方便面市场吸引了16家同类企业加入，此外还有数量众多的供应商和原材料企业，领域覆盖包装、面粉、棕榈油、食盐、糖、辣椒，以及配送、广告、销售和零售。这些企业为尼日利亚直接创造了数以万计的工作岗位。

为了在尼日利亚建设新市场（在其他类似的环境也是一样），托拉姆不得不把风险内部化，它过去是这样做的，现在和将来依然会这样做。其他企业只是感知到这些风险而没有进行内化工作。这正是托拉姆能够在拉各斯州建成并运营价值高达15亿美元、公私合营的新莱基深水港背后的原因之一。成功建成这一港口之后，托拉姆的经营成本进一步降低，并将有能力为其他企业提供港口服务。

假如托拉姆等待尼日利亚政府来解决"基础设施"和"组织制度"的各种挑战，然后再投资，它可能现在还在等待着，可能现在还没开始在尼日利亚做生意。

2016年2月，托拉姆前任非洲企业战略主管安库·莎玛（Ankur Sharma）这样总结该公司自力更生的做法："既然这个市场是我们开辟的，我们就有义务做好成功所需的一切工作。在有的国家里，我们需要建立发电厂；在有的国家里，我们投资几百万美元修建交通基础设施；这都是为了顺利地把产品从工厂运送到零售市场，它和我们通过控制成本来把握命运的主旨如出一辙。无论选择进入哪个市场，我们都会坚定地投入其中，无论这个市场的成功需要我们做什么，我们都会做好。"

营多方便面，一包售价仅20美分的方便面，为什么如此重要？因为它代表一种过程，一种通过创新把贫穷变为繁荣的过程。

托拉拉姆在尼日利亚的各项投资很好地说明了一项根本原则，在未消费经济和贫困环境中，这项原则对经济发展和繁荣产生了极为强大的影响。它体现了开辟式创新为一国经济引入众多资源的无穷潜力。此外，它还说明，在有些环境下，要想实现成功，首先要实现创新的本地化。阿斯瓦尼兄弟不是尼日利亚人，胜似尼日利亚人。实际上，因为对尼日利亚经济发展的突出贡献，哈里斯·阿斯瓦尼这位尼日利亚人民的老朋友获得了奥贡州的酋长头衔，这是尼日利亚授予个人的最高荣誉之一。

托拉拉姆在尼日利亚的投资和成功为这个国家吸引了来自主流企业高达数亿美元的投资。2015年，美国跨国食品企业家乐氏（Kellogg's）斥资4.59亿美元购入了托拉拉姆在尼日利亚的配送网络一半的股权。2017年12月，两家企业合作建立了一座价值为60亿奈拉（折合约1 700万美元）的谷物加工厂。

托拉拉姆对尼日利亚经济的影响（以尼日利亚奈拉[11]计）

- 为尼日利亚经济贡献的总价值：每年2 410亿奈拉
- 员工收入：每年76亿奈拉
- 政府收入：每年45亿奈拉
- 对制造行业的投资：700亿奈拉
- 创造直接就业岗位：8 570个
- 创造就业岗位总数：42 850个
- 生产工厂：13座
- 仓库：13座
- 分销商：2 500家

- 子分销商：30 000 家
- 网络商店及便利店：290 家
- 卡车及其他车辆：1 000 多辆
- 其他面条企业：16 家

具体来说，托拉拉姆为尼日利亚经济拉入了：

- 发电厂
- 水处理厂、污水处理厂
- 一座价值 15 亿美元的深水港
- 教育——主要为自身员工提供有关金融、工程和市场营销方面的专业技术培训
- 物流服务——托拉拉姆已经成为尼日利亚最大的物流企业之一
- FDI——家乐氏花 4.5 亿美元收购了托拉拉姆配送业务的半壁江山
- 可持续性社会发展项目——托拉拉姆基金会拥有托拉拉姆集团 25% 的股份，这家基金会投资了大量造福尼日利亚社会的项目，涉及范围非常广泛，包括为四肢受损的尼日利亚人提供假肢、救济孤儿、为贫困学生提供助学金等，这些只是众多例子中的少数几个。

"拉动"的力量和必要性

托拉拉姆能够拉动很多要素进入尼日利亚经济，如果没有这家企业创造的方便面市场，这些要素是不可能出现的，至少也是难以为继的。在某种程度上，托拉拉姆开创的方便面市场发挥着一种类似磁场的作用，它确保受到教育的毕业生能够找到工作，确保政府获得收入并有能力资助其他项目，确保新技术得到开发并被富有成效地应用。这一切都是为了托拉拉姆开辟的市场的发展而被拉入经济生活中来的。如果我们也能开创一个为

持续增长的未消费人口提供服务的市场,那么其同样能够拉动经济发展必需的其他资源。这就是拉动策略发挥作用的机制,简单而强大。

有个问题还未得到解答:为了卖一包方便面给普通尼日利亚群众,托拉拉姆为什么需要投资发电厂、水厂、教育机构和物流公司?可以确定的是,假如它在美国开展同样的业务,一定不需要进行这些投资。这个问题也就变成了:一家企业是否应当,以及何时,把某些成本内在化并进行整合,即便它们看上去并不属于这家企业的核心业务?我在课堂上讲过的一个管理理论可以解释这一点。

一家企业应该整合其商业模式的某些方面(使之内部化,并由企业自主完成),还是应该把它们外包出去?这取决于一种被我们称为"交互式与模块化"的理论。如果一家企业无法依靠供应商获得可指定、可验证、可预期的输入资源,它就应该开发一种相互依存的(一体化的)商业模式。在某些情况下,这意味着获得持续不间断的电力供应、优质的原材料,甚至是受过良好教育的雇员等。当用户"雇用"一家企业的产品来完成自己的任务时,为了恰当地完成这件任务,该企业所需的一切都属于"输入资源"的范畴。

换句话说,为了完成用户"未达成的目标",如果一家企业无法依靠供应商可靠地获取某种资源,那么这家企业就必须开展运营整合,自己创造和管理这些"输入资源"。比方说,托拉拉姆刚开始在尼日利亚开展业务时,曾与几家企业建立过合作伙伴关系,提供包装和物流服务,它还把小麦、面粉和食用油的供应交给了外部供应商。但是,这些合作伙伴和供应商都没有达到可靠的水平,因此,托拉拉姆把这些工作整合到了自己的商业模式中。[12] 它不得不自力更生地完成这些工作。

假如有可靠的供应商提供这些物资,也许托拉拉姆可以放心地把这些工作外包给它们。在这种情况下,托拉拉姆可能不会把如此多的工作整合到自己的商业模式中来，其可能会开发出一些更加模块化的业务。这家企业原本可能与可靠的供应商合作，就像许多美国企业把物流运输服务外包给美国联合包裹运送服务公司（UPS）或者联邦快递公司（FedEx）一样，就像许多美国公司通过供应商提供电力、水、原材料一样。

托拉拉姆之所以选择把这些工作纳入自己的商业模式，完全是出于不得已的原因，它根本找不到可以依赖的外包企业。在托拉拉姆完成商业模式整合之后，包括物流、包装和供电等，有趣的事情发生了，实际上，很多别的企业同样需要物流、包装和供电，它们同样找不到可靠的来源，于是它们纷纷找到托拉拉姆，试图从托拉拉姆那里购买这些服务。就这样，托拉拉姆原本的成本中心摇身一变，变成了利润中心。

这就是拉动策略的力量。

托拉拉姆的基础设施就是尼日利亚的基础设施

为了开创一个新市场，为曾经无力购买某种产品的人提供服务，开辟式创新者会承担起所有的必要工作，无论这些工作能否提升自身的核心竞争力。因此，创新企业投资建设的基础设施不仅属于企业自身，它们也可能成为所在国家的基础设施。可能更重要的一点是，开辟式创新会为民众传递一种文化，让他们相信创新是可能实现的，即便在困境中，创新依然是可能的。这一点至关重要，因为在进行开辟式创新的过程中，也就是一家创新企业向更大规模的人群提供更简单、更实惠、更多人买得起的产品的过程中，很多资源常常会被创新企业拉入一个国家的经济生活中，而这些资源可能正是我们极力向这些贫困国家推送的资源。开辟式创新完成了我们一直想要完成却没有做到的工作。

很不幸的是，如果不存在一个需要或者愿意吸纳这些资源的市场，就算有人把这些资源推送过去，接收国也往往会准备不足。正因如此，我们才会看到，在推动策略下，有那么多崭新的学校失去了存在的价值，或者只能提供不合格的教育；我们看到，新建的道路无法得到良好的维护和保养；我们看到很多"组织机构"将富裕国家中的经验简单粗暴地照搬到贫困国家。那么，有人考虑过贫困国家人民的感受吗？项目来了又走，没有什么会天长地久。这些项目本来是为了援助贫困国家而设立的，最终却只能惨淡收场。与此相反，如果这些资源是被拉进来的，它们通常都会扎下根来。

方便面经济？

20美分一包的方便面，无论卖出多少包，都无法凭借一己之力带动整个尼日利亚的经济发展。对于这一点，我们不抱任何幻想。托拉拉姆的方便面做不到这一点，但是托拉拉姆巨大成功背后的原则做得到。

例如，用发现开辟新市场机会的眼光审视印度的卫生问题。这正是"全球厕所联盟"（Toilet Board Coalition，以下简称TBC）采用的方法。这家联盟由企业、社会投资者和卫生专家组成，力图通过促进开辟新市场的办法解决印度的卫生问题。这个联盟聚焦于"卫生经济"，并宣称仅在印度一国就发掘了620亿美元的"卫生"商机。表4-1描述了"全球厕所联盟"发现的三个卫生经济子领域。

表4-1 三个卫生经济子领域

卫生经济	描述	业务类型
厕所经济	通过产品和服务创新，推出适用于各种环境和收入人群的厕所。	家用和公共厕所的安装、维护、维修；卫生用品。

续表

卫生经济	描述	业务类型
循环卫生经济	把厕所资源（人类排泄物）注入一套新系统，以取代传统的废物处理方式。	人类排泄物的收集、运输和处理，主要是将其转化为可用产品，例如有机肥料和蛋白质油脂等。
智能卫生经济	数字化系统，用来确保运行效率并维护数字化系统。	用户数据和健康数据的收集、分析和分发；传感器、数据传输等。

资料来源：TBC，2018年。

TBC执行总裁谢丽尔·希克斯（Cheryl Hicks）认为："这是21世纪最大的机会，它会把卫生系统变革为智能的、可持续发展的、能够创收的经济。"希克斯指出，人类每年产生的排泄物约为3.8万亿升，企业可以利用这些不可斗量的废物生产净化水、可再生能源、有机肥料和蛋白质制品等等。希克斯指出："创新能够真正影响转型变革。只要看看人们如何从这一系统创造'产品'，例如生物资源、能源、肥料、塑料、蛋白质，甚至包括数据，来帮助我们用数字化方式理解一个社区的健康情况，你就会明白这一点。"她还提到一个例子：创新促进了数据的产生，追踪人员因此能够提前发现一个社区里的疫情并发出预警，防患于未然，从而避免医院和诊所发生人满为患的情况。同样，智能技术还能帮人们做出更好的商业和医疗决策，影响政府的政策等。除此之外，很多其他行业也能参与到方兴未艾的卫生经济中来。根据希克斯的预测，新市场开创成功之后，它会反过来带动其他相关市场的形成。找到机会，围绕开辟市场的解决方案进行创新，可以帮助印度获得其迫切需要的卫生基础设施。

没有银行的银行业，无需电视的电影业

拉动策略是长期变革的催化剂，我们已经见证了它的巨大力量。想象一下，当 M-PESA 移动支付平台在肯尼亚的用户达到 2 000 万时，它拥有的力量是多么巨大？在此之前，肯尼亚传统银行只能覆盖不到 15% 的人口。2007 年，也就是 M-PESA 成立的那一年，肯尼亚只有 1 000 家银行分支机构，而当时该国的人口数量为 3 800 万。M-PESA 是一项立足于移动电话的创新，它走进了几百万肯尼亚普通人的生活。该平台每月的交易额超过了 45 亿美元。[13] 假如换成传统式的推动策略，则意味着要在肯尼亚建造更多的银行分支机构，推动更多的肯尼亚人进入银行经济。然而，这可能昂贵得多，其效果可能也远远不如 M-PESA 那样显著。要想形成类似 M-PESA 的影响力，需要长得多的时间。

尼日利亚的"诺莱坞"也是一个很好的例子。也许很多读者根本不知道尼日利亚拥有一个兴旺发达的电影产业，这可能是因为尼日利亚电影是面向未消费市场制作的，其主要观众是租赁光碟在家里观看的非洲和美洲观众。单就电影产量而言，诺莱坞仅次于印度的宝莱坞：每年 1 500 部，全球第二名。对一个只有 60% 人口用得上电，只有 40% 家庭拥有电视机的国家来说，这个统计数字令人称奇。[14] 诺莱坞之所以能够蓬勃发展，完全是因为它以未消费市场为目标。在尼日利亚电影出现并流行之前，非洲人消费的主要是好莱坞电影和宝莱坞电影。这些电影的制作人不可能考虑到非洲的文化和生活经验，市场上根本没有讲述非洲老百姓自己的故事的电影。西方人和印度人的电影固然有趣，可是不够贴近非洲生活。诺莱坞的出现改变了这一切。

再从收入角度做一对比，2019 年，诺莱坞的收入大约是 10 亿美元，而好莱坞的收入高达 350 亿美元。尽管如此，这并不代表诺莱坞对尼日利

亚经济的影响不够大。尼日利亚电影产业为100多万人提供了就业岗位，贡献仅次于农业。[15] 另外，由于盗版和版权保护法律与诺莱坞的命运紧密相连，尼日利亚的政府治理工作得到了极大改善。鉴于这一产业的重要性，尤其是其拉动就业的能力，以及电影销售和出口带来的收入潜力，尼日利亚出口促进委员会、尼日利亚版权委员会和尼日利亚国家电影与视频审查委员会正在合作打击该国的盗版行为。

没人因为挖井而丢掉工作

既然拉动策略远远比推动策略有效，那么为什么不把更多的资源投到前者中？这里存在着多种原因，其中之一是没人会因为实施推动策略而丢掉工作。这句话也可以这样理解：没人会因为替贫困社区修建水井而遭到解雇。清澈的井水、穿着崭新校服的学生、明亮的新教室、漂亮的新路……世界上很少有比这些更加令人心满意足的东西了。

相比之下，废弃的水井、在街上游荡的学龄儿童、荒废的基础设施……世界上同样很少有比这些更加令人心灰意冷的东西了。

如果我们把重点从推动转向拉动，会发生什么？假如把2016年用于ODA项目的1 430亿美元中的大部分投在了贫困国家开辟市场的努力中，就算看上去没什么希望，依然坚定地投进去，会发生什么？想想这些资金将会开辟出多少个新市场；想想它可能会使多少个托拉拉姆、诺莱坞、M-PESA以及其他开辟式创新者涌现出来；想想这会创造多少新的就业机会。

每当想到这个问题时，我总会情不自禁地想象，会有多少为人父母的人将因此得到工作的尊严，有机会为自己和家人提供简单却重要的食物、医疗和优质教育资源？会有多少人的难题迎刃而解？又会有多少人重燃希望，重新明确生活的目标？

世界银行前行长金墉经常挂在嘴边的一句话是："我们是人类历史上有能力彻底终结极度贫困的第一代人。"金行长说的或许是对的，但是，如果我们依然把努力的重点放在终结贫困上，我们可能永远无法终结贫困。[16] 这就是我们提到的悖论之所在。

第二部分

创新如何为大众
带来繁荣

第五章

美国创新故事

> 美国内战之后的革命性世纪不是关于政治的,而是关于经济的,它使美国家庭摆脱了痛苦而又永无休止的体力劳动、烦琐的家务劳动、黑暗、隔离和早逝。仅仅一百年之后,日常生活已经发生了翻天覆地的变化。[1]
>
> ——罗伯特·戈登(Robert Gordon)
>
> 《美国增长的起落》

简述

想象一下,有这样一个国家,它的国民平均预期寿命只有44岁,婴儿死亡率达到惊人的20%,开通自来水的家庭不到5%。在这个国家里,普通居民要把每天辛苦所得的52%收入花在食物上。人们无法从政府得到任何帮助,腐败渗透在社会的各个层面——从地区政府到联邦政府,概莫能外;公务员岗位专属于拥有裙带关系的人,而不是有能力的人。你能猜出这是哪个贫困国家吗?

它是美国,19世纪的美国。虽然很令人意外,但美国确实曾是个极度贫困的国家，比现在一些最贫困的国家还要贫困。想一想美国曾经多么贫困，我们就会意识到，帮助这个国家成为全球经济强国的转变是多么非凡。我们还会发现，在美国经济发展的过程中存在一种力量，这种力量同样帮助很多国家完成了从贫困到繁荣的转变，它就是开辟式创新。

无论曾经多么贫穷，多么缺乏监管，也无论它的基础设施曾经多么匮乏，美国最终变成了一片繁荣的沃土。这要归功于创新和企业家，是他们在别人熟视无睹的地方发现了商机。本章将扼要介绍美国历史上最伟大的几项开辟式创新以及它们背后的创新者，包括艾萨克·梅里特·辛格（Isaac Merritt Singer）、乔治·伊斯曼（George Eastman）、亨利·福特（Henry Ford）和阿马德奥·詹尼尼（Amadeo Giannini）。当然，这些创新无法凭借一己之力推动美国的经济发展，然而，美国从不断涌现的企业家创新中获益匪浅，这些企业家的工作极大改善了人们的生活。就其整体而言，这些企业家展现了一种创新文化和它巨大的变革力量，这种文化让繁荣生根发芽，并且长成参天大树。

* * *

我家地下室里放着一台老式胜家缝纫机。那是我的邻居当成垃圾丢掉的，我忍不住把它捡了回来。虽然这台缝纫机已经老旧不堪、锈迹斑斑，但它仍然是一台漂亮的好物件。其踏板就堪称艺术品。我试着修理它，复原它，帮它恢复往日的荣光，这成了我茶余饭后的消遣。

从这台缝纫机身上，我看到的不仅是上乘的手艺，它还让我想起辛格这个人。艾萨克·梅里特·辛格也许算不上美国最著名的创新者，这位缝纫机事实上的发明者甚至没有得到足够的认可，但是，其对美国文化的影响十分巨大。

现代人早已淡忘了这一点，但是，在辛格生活的年代，美国并不是一个多么富裕的国家。大多数美国人十分贫穷，许多人，尤其是生活在城市里的人，简直是生活在一片污秽之中。[2] 在许多大城市的公寓楼里，污水在走廊里横流，垃圾被随意丢到公寓外，街道上到处都是马粪。在当时的北卡罗来纳州，为了保证家庭日常用水，妇女们平均每人每年要走上 148 英里的路，打回 36 吨的水。[3] 现在的人们也许都在感叹和恐惧美国一些城市里日益增长的犯罪率，其实，对我们中的很多人来说，我们祖父辈当时的生活不仅贫困得多，也危险得多。1900 年的谋杀率是 2016 年谋杀率的两倍。[4]

19 世纪的美国政府有着现在贫困国家政府的许多特征。在当时的美国政府里，无论是地区政府、州政府还是联邦政府，腐败甚嚣尘上，官员收受回扣和贿赂，无论合法商人还是违法分子，一律来者不拒。"老板"们控制了大城市的政治组织，并间接地控制着城市里的各项公共事业，例如市政设施、警察和治安、垃圾回收和公共交通等。有些"老板"甚至会从穷人手里买选票。[5]

大多数工作环境悲惨恶劣、事故频发。仅在 1907 年 12 月，美国的矿难死亡人数就将近 700 人。[6] 儿童走进工厂和矿山，早早地开始了自己的"职业生涯"，他们中最小的只有 11 岁，这些童工得到的报酬极其微薄。美国甚至在 1904 年成立了专门负责童工权利游说工作的"全国儿童劳工委员会"。当时煤矿里（合法的）童工多达 1.4 万人。妇女的工资略微高于童工。当时的工资水平过低，工资最高的成年男性的工资也不足以帮助自己和家人摆脱贫困。[7] 因此，工人的游行示威频发。为了平息这些示威，州政府有时会动用民兵，富有的产业主有时也会独立招募民兵，甚至因此闹出人命。当时的美国没有如今的和平与相对稳定。当时的美国更多的是混乱和无序，这个国家甚至一度设立了 80 多个时区，芝加哥的正午是奥马哈的 11 点 27 分，是匹兹堡的 12 点 31 分。[8]

是整整一代的美国创新者和企业家改变了美国的面貌（包括这个国家

的计时方式，这一改变来自铁路的普及），尽管成功的概率小之又小，但是他们首创了开辟式创新，借助新的商业模式把产品变得简单实惠，最终获得了成功。本章介绍了那个时代的几位创新者，包括艾萨克·梅里特·辛格、乔治·伊斯曼、亨利·福特和阿马德奥·詹尼尼，他们本来只是试图使自己的产品取得市场主导权的创新者和企业家。但是，他们为美国式繁荣带来的影响是极为深远的。我们无法精确地测算这些创新先驱为美国繁荣带来的具体影响，但是，可以肯定的是，无论采用什么标准来衡量，这些影响都是极为巨大的。如果我们不只看到他们建成了什么，还能看到他们激发的创新文化，就会清楚地意识到，内战之后的美国，真正的变革并不是政治变革，而是经济变革。在这些创新者的生存故事中，我们能看到美国的非比寻常的大转型。

艾萨克·梅里特·辛格的故事说明了开辟式创新的无穷力量；乔治·伊斯曼，这位创建了柯达公司的穷苦高中辍学生的故事是以未消费市场为目标并取得成功的最好例证；我们将再次回到亨利·福特的故事中，回顾T型车给美国社会带来了怎样的改变，从加油站到路网，再到人们赚钱和消费的方式，福特改变了人们生活、工作以及休闲娱乐的方式；最后，我们会重温阿马德奥·詹尼尼的故事，看看他是如何彻底改变当时银行业的主流商业模式，并在此后的几十年里改变人们的生活的，他在当时开了家借钱给贫苦移民的小银行，这家银行如今已经成长为举世闻名的美国银行（Bank of America），詹尼尼当时开创的一些做法，如今已经成为人人依赖、不可或缺的基本银行实务。这四位（以及许多其他的）创新者的成功为整个美国的经济，甚至全球经济，带来了极为重大的连锁反应。一种创新文化在美国出现了，身处其中的企业家想方设法地为更多的未消费者提供服务，一种创造繁荣的良性循环由此转动起来了。

一个产业的诞生

在辛格还是个年轻人时,没人能预料到有一天他会为全世界带来如此巨大的影响。辛格 1811 年出生在纽约一个贫穷的德国移民家庭,少年时代的辛格没有受过教育,他的梦想是成为一名演员。[9] 19 岁时,他曾在一家机械师的店铺里做过很短一段时间的学徒,这本来可以成为辛格赖以谋生的职业道路,可是他不想一辈子吃机械师这碗饭。他尝试在舞台上实现人生的飞跃,但是没有成功。有一天,他发现自己对完善缝纫机的设计非常感兴趣,那是一种已经存在的,但远算不上完美的设计。那个设计在纸面上是行得通的。当时手艺熟练的女缝纫师每分钟的针数最多不超过 40 针,还没人能生产出一种针数更高的机器。

辛格看到了改良这种缝纫机的好机会。他改进了机械,使缝纫机变得更好用、更便宜也更可靠了。辛格的缝纫机可以帮助一个手艺不熟练的人一分钟缝出 900 针。这意味着,缝制一件衬衫的时间从大约 14 个小时缩短到了 1 小时。[10]

裁缝和成衣专家这些对缝纫更加熟悉的人,纷纷预测辛格会失败。[11] 谁会买这样一种机器?很多美国家庭连一件衬衫所需的布料都负担不起,哪里有钱购买一台华而不实的缝纫机呢?这太令人难以置信了。怀疑他的人说:"妇女们能学会操作一台这样的机器吗?"

辛格并没有因此退缩。他和一位名叫爱德华·克拉克(Edward Clark)的律师合作成立了"I. M. 胜家公司"(I. M. Singer & Company),这为他带来了期待已久的成功。他们一起创新了产品和商业模式,这确保了公司在充满挑战的商业和法律环境中生存了下来。[12] 这些创新包括成立分公司、派遣销售和服务团队上门、为消费者提供使用产品的免费培训等,他们还为手头拮据的消费者提供信贷服务。当时一台普通胜家缝纫机的零售价格是

100美元（约等于2017年的1 400美元），用户只需首付5美元，每月还款3美元，就能把缝纫机搬回家。这样一来，年收入只有500美元的家庭也能拥有自己的缝纫机了。

现代美国人对这种商业模式再熟悉不过，但是，在辛格生活的年代，这是一种史无前例的创新，其为胜家公司带来了非比寻常的增长。这家公司1858年的销量是3 000台。到了1863年，一位名叫埃比尼泽·巴特里克（Ebenezer Butterick）的裁缝开始销售标准尺寸的服装纸样，它让每个人都能轻松地在家依样裁衣。胜家缝纫机因此一跃成为美国最受欢迎的缝纫机，胜家公司也很快成了全球缝纫机的垄断巨头。到1873年时，由于需求太过旺盛，胜家不得不修建了美国最大的缝纫机制造厂，把生产能力提高到了每星期7 000台。10年之后，胜家公司建成了欧洲最大的缝纫机制造厂，每星期产能为1万台。[13] 胜家最终成为一家跨国企业，[14] 每年在欧洲生产50万台缝纫机，在美国生产将近40万台。[15] 这带来了数量巨大的工作机会，包括销售、分销、维护、生产、广告、培训、簿记等许多岗位。

胜家带来的直接经济影响令人印象深刻，而它的间接影响可能更大，包括带动其他创新和其他产业，还包括促进新的基础设施建设。例如，一些人在纽约和芝加哥最贫穷的社区里开起了小店铺，他们是大型服装厂的分包商，这些大厂使用的是标准化、接单生产的制造体系，这种体系可以被看作现代供应链的前身。大厂的工作是剪裁布料，依据特定的设计在布料上做好标记，然后打包交给小型分包商，并告知后者如何把这些布料缝制起来。分包商通常全家一齐上阵，各管一段，更高的收入和更好的日子就是这样得来的。[16] 胜家缝纫机还为壁橱行业和衣柜行业带来了意料之外的福音。人们的新衣服越来越多，存放在哪里才好？家庭主妇们先是需要一个衣柜，接下来，她们需要更大的衣柜。就这样，一个新产业诞生了。

胜家缝纫机彻底改变了服装行业的面貌，这也许是最引人注意的。从1860年到1870年的短短10年间，服装产业的规模翻了一番，并于1890年达到了10亿美元的巨大规模（相当于2018年的260亿美元）。任何一位顾客，只要知道自己的尺码，就能在百货商店为自己挑选新衣服（百货商店是19世纪末兴起的）。[17]对缝纫机日益增长的需求还带动了钢铁、木材和棉花产业的蓬勃发展，促进了一系列新产业的诞生。制鞋产业也从中受益颇丰，因为鞋子和服装是一起摆在百货商场里出售的。

新产业和新市场诞生后便立即开始把其生存所需的基础设施和组织机构拉入美国经济之中。为了更高效地运送缝纫机产品，胜家公司专门修建了铁路；胜家还为位于俄罗斯波多利斯克的工厂建造了汽轮机发电厂，这家发电厂后来成了整座波多利斯克城的电力来源；在莫斯科，胜家的铸造厂为附近的几家纺织厂供应生铁；胜家在苏格兰修建了一座火车站，它到现在还在使用。[18]这些工作都是在没有政府直接支持的情况下完成的。实际上，是胜家公司反过来支持着政府，胜家的经营为政府带来了税收收入，政府用这些收入发展了公共事业。

例如，美国人在1890年时并没有对联邦政府抱有多高的期望。当时的美国联邦政府只负责管理军队、对外政策、土地、国库和关税，其他的统统不管。

例如，当时没有劳工部（1913年成立），没有住房和城市发展部（1965年成立），也没有交通部（1967年成立）、能源部（1977年成立）和教育部（1979年成立），这些独立的联邦政府部门后来才进入美国人的生活。它们的形成和演进是一个漫长的过程，或者是公众强烈呼吁的结果，或者是为了管理蓬勃发展的新市场的各项事务而成立的。以美国交通部为例，这个部门是在亨利·福特推出T型车将近60年之后成立的。在很多情况下，这些联邦政府部门的雏形很早就存在了，但是要小得多，也不具备太大的优先权，所以没有形成太大的影响力。但是，这对辛格这些创新者没有多大的影响。

这对乔治·伊斯曼同样没什么影响，他的创新帮助了数以百万计的人，给了他们保存珍贵记忆的好办法，帮助人们通过图片彼此沟通、彼此联系。

乔治·伊斯曼和他的柯达公司——拍摄未来

今天的人们早已习惯了通过拍照来记录生活的瞬间。从难忘的家庭旅行照片，到人们从千里之外分享的也许我们永远都不会去的地方的照片，我们每天都生活在海量图片的包围当中。有人估算，人类每年上传的照片多达6 570亿张。一位作者这样形容："全世界两分钟之内拍摄的照片数量超过了150年前照片数量的总和。"[19]

然而，拍照并不是一直如此触手可及的。摄影技术发明于19世纪30年代，在此后的半个世纪里，这项技术一直专属于技能高度熟练的专业人员，或者极少数负担得起高昂摄影费用的富裕的爱好者。这主要是因为摄影需要化学知识和湿版冲洗的专业技能。[20] 除了照相机之外，摄影师还需要许多其他装备，包括化学制剂、玻璃箱、负重型版盒和三脚架等。在乔治·伊斯曼成立柯达公司之前，摄影是一项既昂贵又不实用的技术。现在回头看，柯达公司当时的目标用户实际上是广大的摄影未消费者。

乔治·伊斯曼出生于1854年7月12日，高中辍学。按照学校当时的衡量标准，小乔治算不上特别聪明的孩子。更糟糕的是，他出生在一个穷苦家庭，很小就要帮助寡居的母亲照顾两个妹妹，其中一位患有小儿麻痹症。为了养家，伊斯曼成了一名银行职员。这位小职员凭借银行工作的经验，加上本人的天赋，开创了一个全新的市场。他的消费者数以百万计，他们是回忆、照片和摄影技术的未消费者。伊斯曼的创新，加上这种创新打开的广阔市场，带来了巨大的经济繁荣和数不清的工作机会，它们还带来了多个几十亿美元规模的新产业的形成、发展和扩张，例如广告产业和电影产业等。

伊斯曼23岁时，一位同事建议他为即将到来的旅行带上一台相机，这个建议让伊斯曼非常着迷。但他很快发现，相机又笨重又昂贵，想要冲洗照片，还要另外购买一整套价格不菲的设备。于是，伊斯曼开始钻研更好的拍照和冲洗技术，他把母亲厨房的桌子当作试验台，一口气做了3年的试验，终于获得了成功。伊斯曼认为，人们的经历是最宝贵的资源，应当得到更加方便的保存，应该让作为未消费者的普通美国人在需要时更容易、更实惠地拍摄照片。

这个想法促使他建立了柯达公司。伊斯曼指出："我慢慢地想明白了，我做的并不是干版制作那么简单的事，我要把拍照变成一件日常小事……要把相机变得像铅笔一样便于使用。"²¹伊斯曼把未消费经济当作服务对象，这个决定让他设计了一整套截然不同的商业模式。伊斯曼天生对"未达成的用户目标"非常敏感。他注意到，人们想要捕捉生活中的宝贵瞬间，这就是他要帮助用户达成的目标。人们也许不会花很多的时间端详一张照片，但是，停下来、拍下来、某天回头翻翻这些照片这个打算足够推动人们成为摄影消费者。

1888年，柯达推出了第一款小型照相机，它为柯达颠覆整个摄影行业铺平了道路。这台方便易用的小相机的售价仅为25美元，预装的胶卷足够拍摄100张照片。胶卷用完后，顾客可以把相机送回柯达公司，并得到一卷新胶卷，以便随后拍摄新照片。顾客要为这一服务支付10美元，柯达公司帮助顾客冲洗照片、重装胶卷。为此，乔治·伊斯曼提出了一句家喻户晓的宣传口号："你只需按动快门，剩下的交给我们来做。"伊斯曼迎来了业务的大发展。

实际上，拍照得到了极为广泛的应用，12年后，柯达推出了布朗尼相机，其售价仅为 1 美元（相当于现在的 27 美元），胶卷售价 15 美分。为了配合布朗尼的销售，柯达推出了相应的广告宣传，很快，"柯达一刻"（A Kodak Moment）成了家喻户晓的热门口号。[22]

伊斯曼曾经是个穷小子，每天的生活费不足 1 美元。建立柯达之后，他收获了前所未有的成功和繁荣。在接下来的几十年里，柯达公司销售了数以亿计的相机和胶卷，从此改变了这个曾经专属于有钱人的行业。

为了做到这一切，伊斯曼推出了一种商业模式，它主要关注以下几项核心原则：顾客、低成本大规模生产、全球分销、大规模广告宣传。19 世纪 90 年代，只有不到 1/10 的美国人上过中学，90% 以上的美国公路还没有建成（那要等到亨利·福特推出 T 型车之后），船运集装箱还没有得到广泛使用。但是，这并没有阻碍伊斯曼把柯达建成一个价值几十亿美元的商业帝国，柯达成了当时美国最成功的企业之一。

到了 1966 年，柯达公司的雇员人数超过了 10 万人，柯达全球业务单位的合并销售额超过了 40 亿美元（相当于现在的 300 多亿美元）。伊斯曼为美国经济的发展带来了极大的影响，从相机开发必不可少的投入和技术，到作为其结果的价值数十亿美元的产业规模，当时没人预料得到伊斯曼的影响。[23] 但这通常正是服务未消费市场带来的结果。

今天，拍上一张照片，甚至录制一段视频，也许是件极其平常的事，但 150 年前可不是这样。伊斯曼的创新和他服务未消费者的选择带来了一个全新的市场，这个市场吸引了更多的创新者，他们改进并进一步开发了这一市场。这样一来，伊斯曼不仅为自己创造了海量财富，而且开辟出了一个新市场，这个市场在世界各地拉动了就业，创造了商机，帮助了很多人。

亨利·福特的 T 型车

到本书写作时，福特汽车公司已有 115 年的历史了。这家企业每年的产值超过 1 500 亿美元，全球雇员人数超过 20 万人，资产价值高达 2 000 多亿美元。一开始，当亨利·福特大胆地决定为普通美国人造车时，他遭遇的是铺天盖地的质疑。批评他的人扬言，福特将在半年之内破产。[24] 亨利·福特并没有退缩，他的宣言是："我将造出一款适合大众的汽车，它会足够大，足以容纳全家人乘坐；同时，它会足够小，方便驾驶和保养。我会使用最好的原材料，采用现代工程能做到的最简约的设计，雇用最好的工人来制造它。不仅如此，它的售价将会足够实惠，每个上班族都买得起一辆。他们会和家人一起开车到郊外，尽情享受大自然馈赠的美妙的休闲时光。"

要实现变革性发展，创新者首先需要构思一个完全不同的世界，这个世界里充满了做梦都想不到的可能性。批评者认为，福特的预言是丧失理智的梦呓，这不难理解。想想福特为之造车的美国就明白了。[25] 20 世纪初，美国的人均国民收入约为 7 800 美元（按照 2018 年的美元计算），几乎追上了英国（8 800 美元）。尽管如此，普通美国人的生活依然穷困。多数家庭没有通电；只有很少的儿童有机会读中学；居民预期寿命只有 47 岁；道路基础设施尚未开发，至少为汽车服务的还未开发。当时，普通美国人并不认为自己需要汽车，也不可能预见汽车会对美国社会带来怎样的影响。多数人住在自己工作和休闲娱乐的场所附近。这同现在很多发展中国家的情况非常相似。当时只有富裕的美国人养得起汽车。亨利·福特改变了这一切。

亨利·福特出生于 1863 年，从小爱好创新。亨利的父亲在密歇根州的迪尔伯恩有一座农场，小亨利在那里制作了一些奇巧的小发明，帮助农场完成了一些非常耗费体力的农活。亨利和我们提到的其他创新者一样，都没有接受过正规的学校教育。[26]自从当上技工学徒之后，他对建造一辆不需要马拉的四轮车越来越着迷。亨利利用业余时间开展研究，12年如一日。后来，他辞去了在爱迪生照明公司的全职工作，加入了一家刚刚起步的初创公司——底特律汽车公司。这家公司遭遇了挫败，福特被迫离开了那里。但是，他创办一家成功汽车公司的决心没有动摇。

1903年，亨利·福特赢得了一场汽车竞速比赛，他用自己设计的汽车击败了名噪一时的俄亥俄州著名汽车制造商亚历山大·温顿（Alexander Winton）。随后，福特和几位投资人共同创办了福特汽车公司，从此播下了美国"汽车平民化"的种子。[27]

为了打造一个成功的、以未消费市场为目标的商业模式，福特完成了许多在今天的汽车厂商看来非"核心"的工作。也就是说，福特公司不得不拉动许多资源和要素进入市场，在今天看来，它们完全是没有必要的开支。但是，在某些情况下，尤其是在一个新市场的初创期，拉动"非核心资源"，保障"用户目标达成"是非常有必要的。我们今天称之为垂直整合，当时的创新者为了保障新市场的成功建立，需要完成一切必须完成的工作，他们当时就理解并且做到了垂直整合。福特当时就是这样做的。当时，绝大多数的汽车制造商关注的都是消费市场，他们的目标用户是有钱人，这些汽车厂商规模不大，为用户量身造车，这样的企业根本不需要拉动大规模的资源。

相比之下，福特不得不想方设法地让很多事情运转起来。到了20世纪20年代，为了赢得未消费市场，福特公司大举投资，汽车组装工厂只是其中的一项而已。福特公司还经营着炼钢所需的高炉、林地、煤矿、橡胶种植园、铁路、货轮、加油站、锯木厂和玻璃工厂等等。[28]这在整个汽车行业里绝无仅有，人们从来没见过一家汽车厂商如此行事。然而，这些投资不仅为福特公司带来了基础设施，也成就了美国的基础设施。

福特 T 型车改变了美国的社会图景，这里提到的"图景"，按照字面意思理解也是对的。1900 年，美国登记在册的机动车只有 8 000 辆；短短 10 年后的 1910 年，这一数量达到了 45.8 万辆；1920 年，800 万辆；1929 年，全美登记在册的机动车多达 2 300 万辆。[29] T 型车是美国以及世界各地大规模使用汽车的主要原因之一。例如，1922 年登记的 250 万辆新车中，有大约 200 万辆是福特公司的 T 型车。

随着汽车变得越来越实惠，无论是城市交通还是农场劳动，马匹的使用越来越少了。很多农场主改用福特 T 型车来进行农场的工作，这进一步降低了对骡马的需求。20 世纪初期，美国每年用来养马的费用是 20 亿美元，约等于当时用于铁路养护的费用。纽约的城市管理者每个月需要清理 4.5 万吨马粪。当时，马匹引发的问题非常普遍，而且极为严重。当时的一位汽车支持者宣称："历史上所有战争加在一起造成的死亡人数还不及马造成的一半。"这个说法未免夸张，但是，它准确地表达了当时人们的紧张情绪。另一位批评者的说法更加夸张：到 1930 年，纽约的马粪将会堆到"曼哈顿 3 楼的窗子"那么高。住在曼哈顿的人很幸运，亨利·福特的汽车及时拯救了他们。[30]

福特立志服务未消费经济，在美国开辟了一个全新的汽车市场，这一新市场的发展需求拉动了众多新资源，成为美国经济发展和社会繁荣的关键因素，其中包括美国交通的大发展。厄尔·斯威夫特在他的著作《大路》（*The Big Roads*: *The Untold Story of the Engineers*, *Visionaries*, *and Trailblazers Who Created the American Superhighways*）中提及，1909 年，美国的道路总长度为 220 万英里，其中只有 8% 属于"改良道路"。在这些所谓的改良道路中，有一半的"改良"只是铺上碎石而已。美国当时只有少得可怜的 9 英里硬面公路。然而，随着汽车变得无处不在，真正的改良发生了，这极大程度地造福了美国。

美国道路建设的经济影响和社会影响是无法估量的。斯威夫特指出："路桥建设每花出 10 亿美元，就相当于创造了 4.8 万个工作岗位，并消耗了数量惊人的资源：1 600 万桶水泥、50 万吨钢材、1 800 万磅炸药、1.23 亿加仑的石油制品。这些物资堆在一起会形成一座超乎想象的高山。10 亿美元工程的土方量更是惊人：它足够覆盖整个新泽西州，土深过膝。它消耗的混凝土集料高达 7 600 万吨。"[31]

道路的重要性不言而喻，更重要的是道路促成了什么。在良好的路况出现之前，美国乡村学校入学率一直徘徊在 57% 左右。路况改善之后，这一数字跃升到了 77%。修路前，一吨货物的运费约为 22 美分每英里，修路后，运费直降到了 12 美分每英里。交通成本的下降促进了旅游，城市内与城市间的贸易也迅速繁荣起来。[32]

福特的创新为美国拉动的资源远远不止道路和随之而来的种种好处，它还极大地影响了美国人的工资和收入。收入是经济发展、繁荣和民主最重要的决定因素之一。[33] 福特为工厂引入流水线之后，工人的劳动变得单调起来。不具备太高技能的工人，每周 6 天，每天 24 小时一遍又一遍地重复着同样的动作，每天的工资大约是 2.34 美元（约等于今天的 60 美元）。由于单调的重复，福特汽车制造厂每年的人员流动率蹿升到了令人惊诧的 370%。这意味着福特公司要为每个岗位聘用 4 名工人，才能保证工厂的正常运转。这绝不是长久之计。为了解决这个问题，福特在 1914 年推出了 5 美元最低日工资制度，实际是把工厂工人的薪水提高了一倍。批评者和竞争对手认为，福特这种提高工资的做法是一种丧失理智的表现。《华尔街日报》当时的一篇评论文章暗示，福特的这一做法不仅背叛了同业，还危害了美国的整个企业界。《华尔街日报》是这样评价的："无视工作时长，盲目地把最低工资提高一倍，这是宗教家和慈善家的做法，完全不是企业家该做的事。"该报补充说:"福特的种种社会工作,就算不是犯罪,也是愚蠢的错误。这些错误不仅会反噬福特和他代表的产业,还会给社会带来祸患。"[34]

幸运的是,福特并不认同甚嚣尘上的种种情绪。还有一种说法认为,福特之所以提高员工的工资,是因为他想把员工变成自己的用户。这一说法的逻辑是:员工的工资增长了,他们就买得起福特的汽车了。实际上,亨利·福特当时唯一关心的是如何让工厂运转下去。福特后来这样评价提高工资的决定:"那是(一家企业)能做的最明智的控制成本的好办法。"其他汽车厂商逐渐认识到这一做法的益处,纷纷效法福特,开出了更高的工资。[35]

从每周6天工作制到5天工作制,这一转变很大程度上也要归功于亨利·福特。批评他的人担心福特危害整个经济。不知何故,福特看问题的角度和批评者们大不一样。他认为,每周少工作一天是保持(甚至提高)工人生产效率的必要条件,对于这一改变对整个经济可能带来的连锁反应,福特显得胸有成竹。他说:"曾经有人说,工人的休闲就是'浪费时间',也有人说,休闲是一种阶级特权……现在是时候抛弃这些说法了。相比每周工作6天的人,每周工作5天的人有更多的时间消费更多的商品。休闲时间更长的人必定需要更多的衣服,更多种类的食物。他们还需要更多的交通设施。这些增加出来的消费需要更多的生产力来支撑,我们现在拥有的生产能力甚至还不够……这将带来更多的工作机会和更高的工资。"[36]

这些措施帮助福特提高了工厂的效率。在这些措施的支持下,福特把T型车的价格从1909年的950美元/辆(约等于2018年的2.5万美元)降到了1927年的260美元(约等于2018年的3 700美元),这样一来,普通美国人更容易负担得起福特T型车,其中也包括福特工厂的工人们。T型车的销量随之大幅提高。[37]

截至 1923 年，美国机动车登记数量刚刚超过 1 500 万辆，相当于每 1 000 人拥有 135 辆汽车。当时的经济学家纷纷预测，汽车工业的增长已经难以为继了。他们看不到美国人继续买车的理由。这些专家认为，大多数买得起汽车的人已经拥有了至少一辆汽车，有的家庭甚至有两辆汽车。事实证明，他们的预测严重失误。2014 年，每 1 000 名美国人拥有 816 辆汽车。[38] 现在有 2.6 亿辆汽车行驶在美国的高速公路、大街小巷和乡间小路上。

每当想到亨利·福特或者 T 型车时，我都会思考一个问题：这一项创新改变了多少美国人的生活？我会想到福特培育的创新文化，想到他为千千万万和我们一样的人过上更好生活所创造的多种可能性。这样的影响力通常是今天的经济工具无法预测的，这同样适用于接下来提到的美国银行的故事。

从意大利银行到美国银行

与许多诞生在 19 世纪末、20 世纪初的产品一样，金融服务，例如贷款和银行账户，最初几乎是富裕人群的专属品。当阿马德奥·詹尼尼向他工作的银行建议，应该借钱给信用良好的美国工薪阶层时，他遭到了非常粗鲁的反对。[39] 詹尼尼下定决心改变这种情况。1904 年，他在旧金山成立了意大利银行（Bank of Italy）。这家银行专门服务"小人物"，也就是被别的银行拒之门外的普通民众。[40] 美国银行就是这样诞生的，并且一度发展成为全球最大的商业银行。

有些历史学家把詹尼尼称为"现代银行业最了不起的创新者"，因为他"对银行业大众化和普及化的贡献可能比任何人都要大"。[41] 从美国银行辉煌的成功，以及詹尼尼的银行实施的新商业模式来看，我们很难对这一说法提出异议。阿马德奥·詹尼尼让数以百万计的美国人从金融服务的未消费者变成了消费者。为了做到这一点，他不得不改变当时银行业的主流商业模式。

开辟式创新不限于产品或者服务本身。任何一项开辟式创新的核心都是一种商业模式，它会通过一种有利可图的方式实现某项创新的大众化，让数量众多的未消费者用上这项创新，并使他们获益。开辟式创新的变革力量就是这样发挥作用的。

詹尼尼高中辍学，15岁进入继父的农产品公司工作。传统银行业嫌贫爱富的做法让他深恶痛绝，这让他下定决心进军银行业。当时的银行主要为富裕阶层提供服务（詹尼尼坚决排斥这个阶层）。我们不该因此过分责怪当时的银行家，因为当时的美国远远不如现在富有，也不存在行之有效的为非富裕阶层服务的商业模式。当时的银行家把钱借给修建铁路和摩天大楼的大企业，而不是一贫如洗的人，无论这些普通市民多么勤劳肯干，这在当时是说得通的。这也和现在很多贫困国家的情况非常类似。总之，对当时的普通美国百姓来说，获得银行贷款简直难于上青天。他们被看作高风险人群，谁能保证他们一定能还清贷款？实际上，当时的银行业使尽了浑身解数，尽力打消美国穷人走进银行的念头。穷人最好免开尊口，连打听都不要打听。即使偶尔有穷人获得银行贷款，他们往往也要承担高昂的两位数利率。

詹尼尼从这个"被人嫌弃"的群体中看到了机会。他是这样分析的："对银行来说，'小人物'是它们可能获得的最好客户，他们认识你后会陪伴着你，不离不弃。"[42] 詹尼尼相信自己能开发出一种有利可图的银行业务，为普通加利福尼亚人提供利息更低的贷款。他为中央山谷地区客户提供的贷款利率只有7%，是其他银行利率的零头（如果中央山谷的居民选择从"灰色市场"上获得贷款，利率更是高得离谱）。只要有固定工作，人人都能从詹尼尼的银行申请到贷款，数额从10美元到300美元不等。詹尼尼还成功说服了未消费者，不再把辛苦钱塞到床垫下或是锡罐里，而是存进银行。这样既能得到银行很好的保护，又能赚到利息。

但是，詹尼尼想要一直这样做下去，就必须打破银行业传统保守的操作规则。于是，他"向因循守旧、墨守成规的银行业发起了挑战"。这是《旧金山纪事报》事后的观察和评价。

詹尼尼走上街头，拦住行人，说服这些潜在客户到自己的银行开立账户。这种发小广告式的做法遭到了其他银行和银行家的强烈鄙视。那些人通常坐在富丽堂皇的大楼里，通过私人财富管家与客户一对一见面，这才是他们惯常用来拉拢有钱人的手段。詹尼尼不仅为客户提供银行服务，还必须为客户提供关于银行服务种种益处的扫盲教育。他在自己的银行里成立了本地咨询委员会，为客户提供购买银行股票的咨询服务，他还成立了覆盖全美的银行分支机构网络，专门为贫穷的工薪阶层客户服务。今天的人们对各种分行、支行早已司空见惯。它出现在100年前，是詹尼尼首创了这一商业模式。

在詹尼尼眼中，美国银行不仅仅是一家银行。为了满足客户需求，他整合了银行的各项业务。例如，1906年，旧金山发生大地震，当时詹尼尼的意大利银行刚刚成立两年，即将被地震造成的大火吞噬。在两位机灵的员工的帮助下，詹尼尼从金库中抢救了价值8万美元的黄金，他们把这些黄金装进了一辆马车，并在上面盖满了蔬菜作为伪装。其他银行的反应没有这么快，在接下来的几个星期中，由于大火引起的高温，这些银行无法打开自己的金库。就在地震摧毁城市的第二天，同行们提议实行长达半年的银行延期偿付措施，以保证各家银行有足够的时间恢复元气。詹尼尼打破了这一常规做法，他据理力争："等到11月再开业？那时我们既没了城市，也没了客户，为谁服务？"[43]詹尼尼第二天就开张营业了，他在旧金山北滩搭建了一个临时柜台。那些急于用钱重建家园的小业主和个人，只要"露个面，签个字"，就可以获得贷款。詹尼尼用自己的行动支持了旧金山的重建和复苏。

詹尼尼的行动反映了他的理念：金库里的钱不是为银行服务的，而是为了服务客户的。20世纪20年代中期，詹尼尼的意大利银行发展成了一家最不像银行的银行：他开始向移民社区的"小人物"提供贷款，无论他们是南斯拉夫人、俄罗斯人、墨西哥人、葡萄牙人、中国人、希腊人，还是别的什么地方来的人。20世纪30年代，意大利银行改名为美国银行。1945年，美国银行发展成为全世界最大的商业银行。

詹尼尼还通过贷款扶持了当时刚刚兴起、尚未发达的新兴行业，包括加利福尼亚州的葡萄酒业、好莱坞、高科技行业等。当时，沃尔特·迪士尼（Walt Disney）的第一部动画长片《白雪公主与七个小矮人》的制作超出了预算，詹尼尼站了出来，为他提供了200万美元的贷款。威廉·休利特（William Hewlett）和戴维·帕卡德（David Packard）成立惠普公司，詹尼尼为他们提供了启动资金。这些企业如今已经成长为价值几十亿美元的巨头，每年能够吸引几十亿美元的投资。但在当时，没人能够预见它们的成功。詹尼尼还帮助过卓别林（Charlie Chaplin），卓别林就是那位曾经说过"电影不过是一时的潮流。它是装在罐子里的戏剧。观众真正想要看到的是舞台上有血有肉的表演"的世界上最负盛名的演员、导演和制片人。[44]

詹尼尼为普通美国百姓开创市场，帮助他们获得资本，这固然非常重要，比这更重要的是该市场带来的组织制度和基础设施。当银行只为社会上的少数人提供贷款时，它们当然不需要投资基础设施来保证收回这些贷款。然而，当银行借钱给几十万普通人时，基础设施系统就不仅仅是重要的，而且是必不可少的了。詹尼尼专门派员工查看贷款企业的经营情况，确认这些企业是否正在正常运营。一些银行高级职员发现，对众多从事农产品行业的贷款人来说，要想成功地把产品卖到更远的市场，必须建立合作社。[45] 美国银行支持建立了供销合作社，1919年，加利福尼亚农民通过合作社获得了 1.27 亿美元的销售收入（排在第二位的是明尼苏达州农民，其销售收入为 8 200 万美元）。

詹尼尼对"小人物"的奉献带来了美国银行，也改变了我们的生活。我的父辈和祖父辈都能理解储蓄、复利和投资选择的价值。整整几代美国人从这些知识中获益。如果有人告诉我，现在贫困国家里的"小人物"们没有获得类似的变革机会，我会非常惊讶。感谢詹尼尼和千千万万沿着他的步伐前进的人们，他们用行动告诉我们，这是完全有可能的。

创新已成为美国的新常态

对我们来说，要选出几项开辟式创新来代表美国太难了。这并不是因为创新太少，而是因为太多而无从取舍。美国的历史写满了创新者的故事，美国今天的繁荣局面来自每个创新者的贡献。当然，并不是每位创新者都能在开辟新市场的事业中取得成功，也不是每位创新者都能保证自己的商业模式行之有效。历史上痛苦的失败案例俯拾皆是。托马斯·爱迪生失败的次数远远多于成功的，还有人记得爱迪生发明电灯的故事吗？爱迪生说过："我不是失败了一万次，而是成功地发现了一万种行不通的方法。"不管怎么说，爱迪生有几项创新获得了伟大的成功，包括白炽灯泡、电报、电影摄影机等等。爱迪生不断发明创新的过程为我们带来了一个伟大的企业：通用电气（General Electric，简称 GE）。同样优秀的创新者还有很多。

塞缪尔·英萨尔（Samuel Insull），其是托马斯·爱迪生的同事。他开发了一种将廉价电力输送到全美国的方法，从而把美国的电力未消费者变成了消费者。英萨尔成立的联邦爱迪生公司（Commonwealth Edison Company，简称 ComEd）融合了技术创新和商业模式创新，它的计费模式以使用时间和用电量为基准，初装费用低廉，还向用户家庭赠送家用电器，以提高用户对电力的需求。1892 年，英萨尔的公司刚成立时，只有芝加哥的 5 000 名用户。到了 20 世纪 20 年代，其用户达到了 400 万，遍及美国的 32 个州。

莎拉·布里德洛夫·沃克（Sarah Breedlove Walker），通常被称为"CJ 夫人"，她的创新精神体现在她对化妆品行业带来的改变上。CJ 夫人成立了自己的公司，为非洲裔美国社区的化妆品非消费者提供服务。在 20 世纪初，几乎没人看好非洲裔美国社区的生意，然而 CJ 夫人看到了商机。她为自己，也为别人抓住了这次机会。就像她在 1914 年说的："我不会仅仅满足于为自己赚钱，我还在为几百位像我一样的姐妹提供工作。"[46] 不管怎么说，CJ 夫人还是赚了很多钱，她成了第一位非洲裔美国女性百万富翁。远比这更重要的是，她实现了为几千名妇女创造就业机会的雄心壮志。CJ 夫人从未受过正规的学校教育，一度每天只能赚 1.5 美元的工钱。

查尔斯·古德伊尔（Charles Goodyear），他经历过几年挨饿受苦的日子，靠在纽约斯塔顿岛海湾里捕鱼果腹，曾因无力偿还债务而被捕入狱。就是这样一位经历坎坷的人，为人类带来了硫化橡胶。曾几何时，人们警告古德伊尔"橡胶已死"。他们看到，橡胶制品会在夏天融化，散发难闻的气味，到了冬天，橡胶制品又会冻得像坚硬的石头。然而，古德伊尔没有放弃，为了造出更加耐用、更加实惠的橡胶，他反复开展试验。经历了几年的失败之后，他终于获得了成功。2018 年，全球工业橡胶制品的需求总量达到了 1 500 亿美元。

乔治·多里特（George Doriot）创办了"美国研究与发展公司"（American Research and Development Corporation，简称 ARDC），它是全球第一家风险投资上市企业。ARDC 帮助多里特实现了美国创新文化的制度化。ARDC 支持过很多初创企业，包括迪吉多（Digital Equipment Corporation，简称 DEC）。这家公司曾经极为成功，拥有 14 万名员工，销售额达到140亿美元。多里特曾经担任美国联邦快递公司创始人弗雷德·史密斯（Fred Smith）的顾问。

没有一位创新者能够单枪匹马地改变美国的命运，但是，他们通过工作带来的连锁反应能够实现这一点。

危房颂歌

当我和妻子买下人生第一座房子时，我乐观地叫它"待修房屋"，这太文绉绉了，我的妻子直白得多，她称之为"一座危房"。当时，我刚参加工作没多久，儿女越来越多，我和妻子不得不购买一座属于自己的房子。为此，我们节衣缩食，积攒每一分钱。那是一座空房子，由于我们请不起装修公司，所有需要修理的地方都要自己动手。所有的地方都需要修理，每一间屋子都缺点儿什么。有些工作不算复杂，比如粉刷房间；有的工作则很复杂，比如确保窗子不会漏雨，管道不会漏水等。通过一点一滴的努力，我们真的把这座"危房"变成了家。这是刚拿到钥匙时我们根本无法想象的。"待修房屋"变成家，这个过程需要时间、财力、耐心和韧劲。随着时间的推移，这座房子变成了克里斯坦森一家的品质最好的体现：包括我们的价值观、我们的能力（或者我们的不足），以及我们撸起袖子加油干、千方百计解决问题的精神。

曾几何时，美国也是一座"危房"。但是，经过无数次的尝试和试错，通过对开辟式创新的投入，美国人最终建成了创新文化。辛格、伊斯曼、福特、詹尼尼，以及无数像他们一样的创新者代表着美国的创新精神，它是美国文化的基石。这种创新精神引导着更多的美国人，他们每个人都把美国的繁荣巨轮向前推动了几分。就像亨利·福特说过的："每次成功都会带来数之不尽的其他成功。"是创新者这个群体改变了美国的命运。

第六章

东西方碰撞的火花

索尼的使命是为市场设计属于未来的产品。

——盛田昭夫，索尼公司创始人

简述

第二次世界大战以及紧随其后的朝鲜战争结束之后，韩国、日本和整个东亚地区陷入了贫困的绝境。东亚各国战前拥有的工业被摧毁殆尽，经济发展前景一片惨淡。历史快进到今天，日本和韩国实现了史无前例的经济繁荣。这些国家之所以能够摆脱贫困，不仅要归功于政府对一部分企业家的全力支持，还要归功于一些企业对低成本优势的充分发挥和对出口市场目标的不懈追求。

通过本书的新视角评判这些国家的崛起，我们就会发现，前文提到的每一项因素都很重要。不仅如此，我们仿佛读到了一篇壮丽的创新长诗。这些国家最成功的企业纷纷投身创新，它们或者开创了新的市场，或者同大市场、飞速成长的新市场紧密相连。它们中有些已经成为家喻户晓的著名品牌。站在这些企业曾经卑微的起点，没人能够预见它们如此成功的发展之路。索尼最早的产品是一种非常容易失火的电热毯,起亚曾是一家自行车厂,而三星刚成立时是卖鱼干的。

在这一章里,我们将重点讲述日本和韩国通过成功的创新实现繁荣、保持繁荣的历程。它们的故事说明,繁荣是一个过程,而不是一种结果。这个过程离不开对创新持续不断的投入。

* * *

"二战"刚刚结束时,日本深陷惨淡的经济困境中无法自拔。1950年,日本的人均国民收入落后于墨西哥和哥伦比亚,仅为美国的20%。雪上加霜的是,战争摧毁了日本绝大多数的工业设施,日本当时遭遇了严重的粮食短缺,短缺延续了几年的时间,国家实行配给制,数百万日本人过着忍饥挨饿的日子。当时的日本根本不可能买到原材料,无论是橡胶、磁性材料,还是电动机或各种金属。实际上,很多日本家庭连锅灶和门把手都没有。战争期间,所有的金属物件都被当作原料强行征收、熔化,投入了日本的战争机器。战争开始的4年前,日本的街道上车水马龙,机动车数量是马拉货车的6倍。到了战后,对日本民众来说,摩托车都成了奢侈品,更不用说汽车了。1949年,日本公路的总长度只有9 306公里,其中只有1 824公里的公路是铺设了路面的。为了更形象地理解这一点,读者可以做一对比,日本现在的公路总长度约为120万公里,绝大多数都是铺设沥青路面的。

当时的日本人同19世纪的美国人,以及现在的很多低收入国家国民一样,一贫如洗。

这还不是最糟糕的,盟军在1945年到1952年期间占领了日本,并主导了战后经济民主化的生产和工业政策。占领初期,驻日最高司令官总司令部严格限制日本每个月的卡车和客车生产总量,前者每个月不许超过1 500辆,后者不许超过350辆。想恢复重建,日本面临的是一场极为艰苦的硬仗。

日本想从战争的冲击中迅速恢复经济,这看起来几乎是不可能的。其

第六章　东西方碰撞的火花　　107

可能性之低，足以令时任美国国务卿约翰·福斯特·杜勒斯（John Foster Dulles）放言，日本"根本不要指望打开广大的美国市场，因为日本人根本造不出美国需要的东西"。¹ 也就是说，日本人不要指望依靠出口来解决自身的问题。无论日本人卖什么，美国人都不会买。从某种角度来看，杜勒斯的话不是完全没有道理的。我们这一代美国人都记得，"日本制造"曾经是质量拙劣的同义词。²

盛田昭夫（Akio Morita）和井深大（Masaru Ibuka）联合创办了东京通信工业株式会社（Tokyo Tsushin Kogyo，以下简称 TTK），推出了一些初具雏形的创新，这些创新堪称日本整整一代劣质产品的代表作。TTK 最初是一家收音机修理铺，建在一座被炸毁的百货大楼的废墟上。这家公司只有两名员工，他们从一开始就投身于创新工作，既没有政府的支持，也不存在对这些创新的确切需求。但是他们一直没有退缩。盛田昭夫不可能听说过我们的理论，但是，很明显，他是一位出于本能在未消费市场和未消费者的忧患中发现商机的大师。盛田和他的同事开始打造一个开辟式创新的强大集团，它后来的名字广为人知：索尼。时至今日，索尼的市值高达 490 亿美元，全球雇员人数约为 12.8 万人。在日本，乃至全世界，索尼就是技术和创新的同义词。

为数众多的日本企业专注于面向未来市场的创新，索尼只是其中的一员。当时，丰田、日产和刚刚成立的本田的名字还未家喻户晓，人们不知道的是，这些企业只是日本的创新冰山的小小一角，这座冰山即将影响日本和整个世界。在这些企业以及它们的开辟式创新的影响下，日本经济即将迎来迅猛的增长，其速度之快，足以让曾经饱受战争蹂躏的日本在 1964 年成功地举办东京奥运会，当时距离战争结束只过去了短短 20 年的时间。到了"二战"结束 50 年的时候，日本人均 GDP 达到了 4.25 万美元，令美国和英国相形见绌。今天，日本是全球第三大经济体，约占全球经济总量的 6%。

作为日本的近邻，韩国同样通过创新完成了类似的经济转型。和日本一样，几十年前的人们同样无法预料到，韩国会以如此迅猛的速度发展。韩国的转型常常被冠以"奇迹"字样，就是因为它似乎无法用逻辑解释。但是，为什么日韩两国从贫困到繁荣的崛起能够成为重要的经验？其原因也在于此。我们主要分析三方面的经验。

第一点经验，无论一国的实际情况如何，都能开展创新。创新会开创和维持新市场，新市场将把必需的资源拉进一个国家。由于各种要素是被拉入市场的，是用来支持市场发展的，所以，它们更有可能生根发芽。

第二点经验，推动开辟式创新离不开本地企业家。本地企业家心系一方故土，对民众的日常忧患感同身受，他们能更好地把忧患转化为切实可行的创新和机会。本地企业家还能为自己的同胞注入一种荣誉感，一种"我们也能"创新、创造、富强起来的信念。在我们眼中，一个国家能办到的最有价值的好事就是让国人理解自力更生、自己的事情自己办的道理。

最后一点经验，本书的最后一章还会谈到这一点。我们看到，当一个国家处于发展初期阶段时，整合是必不可少的。按照定义来说，穷国并不具备富国的种种基础设施，包括教育、交通、商业和政府治理等。因此，在贫困国家寻求业务的创新者通常不得不整合经营，才能取得成功。为了业务的发展，创新者不得不拉动资源和所需的一切支持，例如基础设施、教育等等，并在无意之间参与国家的建设。

索尼是这几点经验的最佳例证。

索尼：新市场联合收割机

当索尼还叫"东京通信工业株式会社"时，当它还没有成为我们熟知的索尼时，它也许真的配得上杜勒斯刻薄的讥讽。这家企业不是从一开始就推出世界级的创新，让世人惊羡不已的。实际上，假如有人看到它毫不起眼的起点，他一定无法预测到索尼后来的发展。成立初期，东京通信工业株式会社的产品是一种电热毯，一种非常容易失火的电热毯，其经常"把毯子和蒲团烧焦"。³东京通信工业株式会社只租用得起在战争中受损的建筑，所以，它的厂房地面坑坑洼洼，外墙都是裂缝。这造成了一种让人哭笑不得的工作环境：外面下大雨，室内下小雨，地上星罗棋布的是大大小小的水洼。

同20世纪美国很多创新先驱一样，这家简陋不堪的初创公司面临的是几乎为零的生存概率，它最初的奋斗史充满了艰苦的生存战术、权宜之计和纯粹的创造力。当时的索尼几乎没有任何资源，买不起机械设备。它的设备都是工程师自己动手制作的，包括烙铁、线圈，甚至螺丝刀。由于经常加班到天亮，他们会在进出大楼时被警察误认为小偷。索尼有好几次几乎发不出工资，甚至有一个月的工资是分两期支付的。

这些困难没有吓倒索尼的两位创始人盛田昭夫和井深大，他们本能地把未消费市场当作经营目标，把开创新市场当作手段。这是让很多大企业畏难退缩的工作，尽管它们中有很多是政府支持的。

提起索尼的主要创新，很多人会想起"随身听"。的确，作为索尼的明星产品，随身听的全球销量达到了4亿台，一举开创了风靡全球的个人音乐设备文化，而实际上，让索尼真正成为创新引擎的是另一款较为低调的产品：G型磁带录音机。这是一款盘式便携磁带录音设备，盛田昭夫称之为"Tapecorder"①，在他于1950年出版的著作中，盛田昭夫这样解释个人录音

---

① 由于无法把磁带录音机一词注册为商标，盛田昭夫为这种录音机取名为Tapecorder，它是由"Tape"（磁带）和"Recorder"（录音机）两个英文词拼接而成的。——译者注

设备的价值:"在 Tapecorder 面世之前,'录音'是一件遥不可及的事。它需要复杂的专用技术,而且非常昂贵。而有了索尼 Tapecorder,录音变成了一件便捷、廉价又精确的乐事,人人都能在自己喜欢的时候、喜欢的地点录制自己喜欢的音乐。"

可以这样理解盛田昭夫的做法:帮助用户记录生活的瞬间、保存珍贵的记忆,从中挖掘巨大的商机。这与几十年前伊斯曼的照相机异曲同工。盛田昭夫是这样评价 G 型磁带录音机的:"这是一款革命性产品,它是日本历史上的第一次。它实在太方便了,令人们无法拒绝。"然而,人们还是拒绝了它,至少一开始是这样的。日本人对这种便于携带的录音机十分着迷,可它远远没有达到抢手的程度。索尼的高层明白,他们必须改弦更张。在经历了一段不温不火的销售之后,盛田昭夫和井深大动员公司所有的工程师去跑销售,真的是所有工程师,有一个算一个。这一做法让索尼公司明白了一个道理:市场不是天上掉下来的。用诺贝尔经济学奖获得者罗纳德·科斯的话说:"市场是开辟出来的。"

为了开辟这个新市场,索尼不得不自己建立销售和分销渠道。1951年,索尼公司专门成立了一家名为"东京录音株式会社"(Tokyo Recording Company)的子公司,创造了大量的本地就业岗位(包括销售、分销、广告、培训、用户服务、技术支持等)。有一次,盛田昭夫派这家子公司的主管进行了一次环日本学校之旅,为所到学校的师生展示这款产品。紧接着,学校的订单如雪片一般飞来,以至于索尼的生产速度一度跟不上订单的增长速度。除此之外,盛田昭夫还把一部分工程技术人员派去支持售后服务,提高用户的体验。这些措施带来了惊人的增长。索尼明白,永远不要低估开创一个新市场所需的投入,同样也不要低估这些投入带来的巨大回报。

值得庆幸的是,索尼没有就此停下创新的脚步。这家公司一贯以开辟新市场为己任,从日本市场出发,逐步拓展到出口市场。1955 年,索尼推出了世界上第一款电池供电的便携式晶体管收音机，它的目标用户是那些嫌真空管收音机太笨重或者太昂贵的人，这个细分市场群体足有数亿人。尽管这种晶体管收音机的音质不如当时的真空管收音机好，但它轻便小巧，价格便宜，什么都"刚刚好"。这款收音机的目标用户主要是喜欢在父母看不见的地方和朋友一起自由地享受音乐的青少年，他们买不起真空管收音机那种庞然大物。

很多年前，当我第一次买到属于自己的晶体管收音机，打开它那份激动至今记忆犹新。对我来说，它意味着一种进步，而且坦白说，除了它，我也买不起别的收音机。在20世纪50年代末之前，电池供电的晶体管收音机的市场规模达到了几亿美元，很多企业都在开发这种收音机。它创造了就业机会，为索尼带来了利润。它也向索尼和千千万万的日本国民进一步证明，日本人完全有能力自力更生，通过自己的方式创新、走向繁荣。索尼在之后的经营中不断复制这一模式，通过开辟式创新，先在本土市场扎根，然后走向全世界。

1950年到1982年之间，索尼成功地开辟了12个新市场，包括最早的电池供电便携晶体管收音机、第一台便携固态黑白电视机（1959年时，电视机已经进入了众多的日本家庭。日本皇太子明仁当年举行婚礼时进行了电视直播，收看人数达到了创纪录的1 500万人。日本电视普及之广，由此可见一斑）、录像带播放器、便携录像机、3.5英寸软盘驱动器，以及最著名的索尼随身听。

索尼创始人盛田昭夫善于从人们的忧患中发现机会，他对这种机会有着一种天生的悟性。索尼这个庞大的帝国就来自这种悟性。实际上，随身听磁带播放器的开发一度遭到搁置。当时的一份市场研究报告称，用户不会买一台没有录音功能的单放机。报告还预测，由于没有耳机就无法收听，用户可能会大为恼火。盛田昭夫并没有理会市场部门的一再警告，他更相信自己的直觉。他不但没有依赖市场研究，反而鼓动自己的团队"仔细观察人们的生活，直观地感受他们可能需要什么，用观察得到的结果来指导自己的行动"。事实再次证明，盛田昭夫的本能是对的：和他一样，许多人都渴望装在口袋里的音乐体验，而这种渴望一直没有得到满足。因此可以说，随身听在日本有着现成的市场。索尼的高管最初预计，随身听的月销量可以达到 5 000 台左右，他们的预测太过保守了。上市的前两个月，索尼随身听的销量超过了 5 万台。从此以后，音乐成了很多人散步、跑步、阅读和写作的良伴。40 年间，索尼共卖出 4 亿多台随身听。它成了人类历史上最成功的便携式消费产品之一。

新市场的开创必然会吸引众多企业加入。索尼每开辟一个新市场，很多企业都会纷起效仿，分上一杯羹，东芝和松下等企业概莫能外。索尼随身听真正让这些企业大开眼界的其实不是随身听，而是"移动音乐"的可能性。我们都知道，没有哪个市场只绕着一家企业转动。真正保持市场转动的是用户开发、持续创新，以及对忧患和"用户目标"更精准的理解。尽管索尼后来错过了 MP3 和苹果 iPod 那班车，但它早已为这个行业播下了增长和繁荣的种子。索尼曾经多次开辟不同的新市场，每次都能吸引众多效仿者争先恐后地涌入这些市场，这一点着实令人惊叹。

这一现象的部分原因在于，索尼每推出一款产品（从电热毯到随身听），每开辟一个市场，都会找到一种开发商业模式的好方法。这些商业模式既能做到以普通日本国民的忧患为立足点，又能创造收入。想要获得成功，索尼就必须创造本地就业机会。每创造一个就业机会，就相当于无形中支持了日本的战后重建。不仅如此，索尼还为日本的发展繁荣拉入了不可或缺的资源。最近一段时间，每当无意间看到索尼产品时，我都会发现，自己看到的不只是一款很酷的产品，还是一种更强大、更不朽的过程，是帮助一个国家跻身全球最繁荣国家之列的发展过程。

尽管日本如今拥有很多家声望卓著的消费电子企业,但索尼依然是日本创新的代名词。在战后的日本,有两位好朋友,他们势单力薄,没有政府的支持。他们通过开创一个服务于未消费经济的新市场,建立了全球最为人熟知的企业。当然,索尼只是日本经济腾飞故事中的一个。除了索尼,日本还有很多类似的故事。

丰田:从日本的未消费市场到全球经济发动机

丰田公司是一家日本汽车厂商,丰田卡罗拉(Corolla)价格低廉、车型紧凑,是汽车史上最畅销的车型。主要原因不在于丰田发挥了廉价劳动力优势,也不在于丰田得到了政府的支持。这些因素当然有所帮助,但是,在"二战"刚刚结束的几年里,丰田依靠的力量远比这些因素更重要,也更持久。

成立于1937年的丰田汽车公司把日本和东亚地区的未消费者作为目标用户。当时不可能有人预见得到,丰田有朝一日会成为全球收入第五的汽车企业。当时日本街道上跑着将近31万辆马车,还有11万辆牛车。[4] 多数日本道路没有路面,这让驾驶成为一件既昂贵又危险的事。糟糕的道路使很多车出了故障,因为只有20%的道路铺有路面,所以,丢弃在路边的故障车成了战后日本极为常见的一景。因为这个原因,丰田公司在设计中充分考虑了具体的本地情况,时任丰田总裁丰田喜一郎(Kiichiro Toyoda)要求,丰田务必把汽车做成"省钱的车,能够适应极差的道路条件,要对东亚用户更实用"。[5]

对当时的美国消费者来说,丰田在日本制造的汽车也许不够好,但这并不重要。丰田喜一郎的意图是首先占据日本和亚洲邻国广阔的未消费市场,徐图较发达国家的出口市场。直到1980年,日本出口北美地区的汽车数量才追平本土销量。[6] 开始出口北美时,丰田的战略重点是美国中低端市场,即那些无力承担底特律大厂制造的高油耗汽车的人。

丰田没有选择与富裕国家如日中天的大厂短兵相接,例如福特、通用汽车和克莱斯勒等,而是瞄准未消费经济。这个策略的重要性怎么强调都不为过,尤其是考虑到日本当时尚处于发展过程中。

第一点,丰田能在日本开辟一个新市场,并通过这个市场拉动市场营销、销售、分销、培训、服务支持、配套产品等等。例如,丰田向位于名古屋的"中部日本自动车学校"（Chubu Nippon Drivers' School）投入了重金,把企业40%的资本投入了这所驾校。该驾校的运营模式成了其他驾校学习的典范,促进了日本的机动车化,帮助丰田卖出了更多的汽车。这与纯粹依赖低工资策略,为出口而生产的做法存在根本不同。如果丰田采用了后一种策略,它就不可能投资一家驾校。1958年,丰田销售学院借用驾校场地,为新员工提供丰田销售方法培训。以未消费市场为目标,不仅需要高效生产和运输产品必备的技术知识,还离不开对本地环境的了解。

第二点,丰田以未消费市场为目标,成功地开辟了一个富有活力的新市场,拉动了长期就业。丰田的新工厂越建越多,卖给日本民众的汽车越来越多,它自然需要越来越多的员工。例如,随着丰田市工厂数量的增加,招聘岗位的录用比例相应地从1962年的2.7提高到了1970年的7.1。[7] 自从丰田在这座城市建立了工厂和办公室,这座城市因此被改称为丰田市。1938年,丰田只有29家经销商,而到了1980年,丰田的经销商超过了300家,销售网络遍布全日本。从就业角度来看,丰田实现了指数式增长。1957年,丰田约有6 300名员工。10年之后,丰田的员工人数增长了5倍,达到了3.2万人。如今,丰田的员工总数为34.4万人,遍及全球各地,其中日本当地员工7万多名。关于丰田的培训工作,以及面向员工的相关教育,丰田英二（Eiji Toyoda）是这样总结的:"事在人为,所以,人大于事。"这个理念推动丰田公司成立了教育与培训部,旨在培训"技术熟练的中级员工"，丰田还创办了一所贸易学校。[8]

　　第三点，以未消费市场为目标，能够帮助一个地区建立起更适宜、更贴切的监管框架和制度框架。正如杰弗里·亚历山大（Jeffrey Alexander）提到的，日本的汽车越来越多，"它们带来了对政府关于道路交通、机动车以及驾驶执照等相关政策的迫切需求，以及对城市交通警务的需求"。[9] 也就是说，创新（这里指汽车）的扩散推动政府出台了适合日本国情的政策。这些因地制宜的政策进一步带来了更具持续性的法规。正如前文提到的，创新常常通过这样的方式扮演规章制度的开路者。道理非常简单，政府不可能制定一套制度来规范一种尚未出现的事物。

　　第四点，以未消费市场为目标，能够带动其他产业的发展，对日本的汽车产业来说，这一点尤为明显。举例来说，日本的汽车产业不仅为销售和服务产业带来了更多的工作机会，还增加了物流交通部门的工作机会。随着交通费用的降低，日本的国内游客开始增多。除此之外，汽车让日本人上学和就医更加方便，日本的城市可以放开手脚，越扩越大了。

向左走，向右走：假如丰田追求的是消费市场

　　试想一下，假如战后的丰田与美国三大汽车巨头（福特、通用、克莱斯勒）正面竞争，缠斗至今，会是怎样一番景象？如果那样，丰田，甚至整个日本，还会像现在一样成功吗？事实上，丰田真的这样做过，不过时间非常短。

　　1958年，随着在日本市场大获成功，丰田公司把目光投向了美国市场，丰田出口美国的第一款产品是它的旗舰车型：丰田皇冠（Toyopet Crown）。皇冠在日本的销售非常成功，丰田管理者相信它能在美国取得同样的成功。事与愿违，皇冠在美国遭遇了彻底的惨败。一位观察家这样评论："皇冠是专为日本糟糕的道路设计制造的，所以，在美国光滑平坦、车速飞快的柏

油公路上，皇冠很难与别的汽车并驾齐驱。好不容易开到了 60 英里的时速（这一速度在日本是非常罕见的），它的车身便会剧烈抖动，连后视镜都看不清。"1961 年，一败涂地的丰田管理者卷起铺盖离开了美国。但他们还会回来的。

丰田公司认真研究了美国市场，更好地理解了美国消费者"未达成的用户目标"，随后，丰田推出了卡罗拉（Corolla），它后来成了有史以来销量最高的车型。这一次，丰田选择了一种完全不同的战略，它没有推出与三大厂商正面竞争的车型。丰田高管神谷正太郎（Shotaro Kamiya）后来这样解释卡罗拉战略："我们要规避与三大厂商的正面竞争，小一点儿的汽车非常适合作为家庭的第二辆车或者第三辆车。"[10]

一家日本车企，在美国取得了成功。这影响了其他日本汽车企业。虽说丰田是日本最大的汽车厂商，如今全球三大汽车厂商之一，但它在日本并不是一枝独秀，日产、本田、三菱、铃木和马自达等许多日本汽车厂商都在塑造日本经济的过程中发挥着重要作用。

小摩托，大发展

日本进入全球汽车产业的故事令人赞叹，日本进入全球摩托车市场的故事更加令人称奇，因为这是在没有政府支持的情况下完成的。日本政府在"二战"之后重点扶植重工业的发展，例如造船业和大型车辆制造等，这些产业被看作日本经济增长的希望。[11] 摩托车则被政府看作可有可无的玩具，日本有很多摩托车厂商无法获得产品开发所需的原材料。

如前所述，在调配得当的情况下，政府的支持能够帮助一个产业或者一国经济实现发展，但是，它通常不是成功的主要原因。很多由政府主导的经济发展项目可谓用心良苦、设计精良，但最终多以失败收场。我们都能举出很多这样的例子。很多政府追求这样那样的经济议程，但成功者寥寥无几。所以，如果新的企业进入一个市场，在没有政府支持的情况下迅速成为该市场的主导力量，它就成了开辟式创新强大力量最有说服力的证明。日本企业进入并主导摩托车市场就是最好的例子。

本土摩托车产业出现之前，摩托车在日本非常昂贵。日本摩托车产业的先驱之一尾関秀吉（Ozeki Hidekichi）这样回忆当时的情况："日本当时不生产摩托车，我们的摩托车都是进口的……我们进口了10辆'摩托车中的劳斯莱斯'，每辆售价大约2 000日元，当时一辆福特T型车的价格仅为1 900日元，所以说，那时的摩托车卖得比汽车还贵。记得我当时每个月的工资是3日元或者5日元，到了20岁，我的工资涨到了7日元或者10日元。不管怎样，那时的摩托车贵得离谱，我们一年能卖出一两台就很不错了。"[12] 这很好理解，当时的摩托车产业太小、太不重要了，它不可能得到政府的关注和支持。然而，一些日本企业看到了需求，它们注意到日本国民需要更便捷、更廉价的出行方式。慢慢地，日本涌现了越来越多的摩托车企业，它们还组成了滨松摩托制造商协会（Hamamatsu Motorcycle Manufacturers' Association）。[13]

20世纪50年代是日本摩托车产业的战国时代，共有200多家摩托车企业激烈竞争，最终脱颖而出的是本田、川崎、铃木和雅马哈，它们成了日本乃至全球摩托车产业的领军企业。发展初期，日本"四大"摩托车厂商并没有全力与当时的领军企业争夺市场份额。尽管现有的市场充满了吸引力，但是它们选择把未消费市场作为自己的目标，开辟新市场。1952年，日本国会通过法规，降低了摩托车驾驶者的年龄限制。铃木公司是最早由此看到新商机的企业之一，它迅速推出了更适合年轻消费者的产品。

本田公司同年推出50cc Cub F-Type车型，它的目标用户是越来越多的小企业主，这些小企业主需要一种送货的交通工具，但又买不起汽车。本田这款摩托车的价格更实惠：2.5 万日元（当时约折合 70 美元）[14]，并且本田还提供一年期按揭金融方案。为了争夺可支配收入极为有限的消费者，参与国内市场竞争的厂商纷纷投资，积极开展生产、销售、市场营销、分销等工作，有时还要开展培训。这就为日本带来了大量就业机会。如此经过了数年的产品改进，这些企业逐渐拥有了出口能力，它们把产品推向了美国和欧洲的未消费市场，并为这些地区的用户提供服务。

以未消费市场为目标的模式同样出现在其他行业，例如，消费电子市场的松下、夏普和任天堂，办公设备市场的佳能、京瓷（Kyocera）和理光等。这些日本企业通常从本国未消费市场入手，逐步走向国际。[15] 对国家而言，专注于未消费市场能够带来可观的发展潜力，因为它不仅促进了开发生产能力，还提高了销售和分销能力。前一种能力创造了全球就业机会，后一种带来的则是本地就业机会，而本地就业机会是创造和扩大经济繁荣最重要的因素之一。

日本从战争的废墟中崛起，它的理想和目标创造了一种创新和机会的文化。由于对战后日本的精彩剖析，约翰·道尔（John Dower）获得了普利策奖，他在《拥抱战败》这部著作中写道："战败者既希望忘记过去又想要超越以往……然而和平与民主的理念已然在日本落地生根——不是作为假借的意识形态或强加的幻象，而是作为一种生命的体验与牢牢掌握的契机。"

重要的不是从哪里开始，而是到哪里结束。印证这句话的亚洲国家不仅是日本，还有韩国。

韩国：拉动繁荣

在朝鲜战争刚刚结束的几年里，韩国是个不折不扣的烂摊子。哈佛大学荣休教授傅高义是这样描述的："1953 年……首都汉城（现首尔）先后四次易手，每一次都伴随着敌对党派之间的苦战。城市的供电几乎为零，当时韩国硕果仅存的工业是纺织业。"[16] 实际上，当时朝鲜的工业化程度要高于韩国。韩国 1960 年的人均 GDP 只有 155 美元，是个名副其实的穷国。

当我最近回到韩国时，已经很难把它同几十年前生活和热爱过的穷苦的韩国联系起来了。如今，韩国的人均 GDP 超过了 2.75 万美元，韩国的"韩国援助"项目积极帮助贫困国家实现"联合国可持续发展目标"（The UN Sustainable Development Goals）。韩国是如何完成这一惊人的转变的？[17]

"汉江奇迹"是很多重要因素共同发挥作用的结果，例如文化、目光远大的领导人、重工业、外贸、来自美国的援助、地缘因素等等。这是人所共知的。但是，很少有人提到韩国的创新，而创新恰恰是韩国完成这一转型最关键的因素之一。

三星、现代、LG 和起亚汽车都在韩国经济发展中发挥了关键作用，这些企业如今被视为全球最具创新力的企业的一分子。以三星为例，在韩国 1.1 万亿的 GDP 中，大约 1/5 来自这家企业。然而，在这些企业初创的年代，如果说它们有朝一日会成为笑傲全球的重要企业，一定没人相信。韩国的故事告诉我们这是可能的。

起亚（KIA）成立于 1944 年，当时的名字叫"京城精密工业"（Kyungsung Precision Industry），是一家生产钢管和自行车零件的毫不起眼的小公司。起亚发现，韩国人需要更方便的出行工具，其中暗藏着大好的商机。起亚因此做出了彻底的整合，完全投身于自行车生产当中。1952 年，起亚推出了 Samchully 自行车，它是韩国第一辆国产自行车。几年之后，起亚开始组装本田公司授权的摩托车。1962 年，起亚推出了一款名为 K-360 的三轮车，这是起亚涉足汽车制造行业的初次试水。K-360 让韩国人的出行变得更加便捷。紧随其后，起亚推出了K-600，其同样也是一款三轮车，但它拥有更大的储物空间和更高的燃油效率。1974年，成立30年之后，起亚生产了第一款乘用轿车Brisa。[18]

起亚把未消费者作为目标用户，这个战略帮助起亚避免了与成熟汽车厂商的正面竞争。1944年是汽车制造技术大发展的一年。福特汽车已经成立了40年；通用汽车收购了奥兹莫比尔（Oldsmobile）、凯迪拉克（Cadillac）和庞蒂亚克（Pontiac）；三菱生产汽车的历史接近30年；丰田也在1936年推出了第一款乘用汽车。民众认识了汽车，接受了汽车，并把汽车当作现代社会的重要组成部分。在富裕国家里，汽车市场一派生机勃勃，很多人意识到了拥有汽车的价值。当时的很多行业都是围绕汽车产业发展起来的。起亚拥有成本低廉的劳动力，这是可资利用的竞争优势。它完全可以毫不费力地锁定消费市场，与其他汽车厂商正面较量一番。

恰恰相反，起亚选择从自行车做起，逐步过渡到三轮车，几年之后才开始生产乘用汽车，并且是面向未消费市场的乘用汽车。起亚为韩国经济带来的影响令人叹为观止。从自行车、三轮车发展至今，起亚已经成长为全球最大的汽车厂商之一，直接雇用的员工超过3万名，营业收入约为500亿美元。2015年6月，起亚出口了公司历史上的第1 500万辆汽车，此时距离这家公司首次出口10台Brisa汽车到卡塔尔已经过去了整整40年。

三星的故事与起亚十分类似。三星成立于1938年，主要业务是在贫困得令人窒息的韩国销售鱼干、面粉和蔬菜。战争结束后，三星进入了其他行业，例如保险、零售和纺织行业。三星进入电子行业的时间是1969年，三星电子的第一款产品是黑白电视机。这种电视机的图像质量异常糟糕，以至于它常常成为"订阅杂志的赠品"。[19]紧随其后的是一种廉价电风扇和低端空调。1983年，三星推出了第一款个人电脑。

和索尼一样，三星最早的产品质量非常差。1993年，三星首席执行官李健熙（Lee Kun-hee）向公司管理层下令整改，提高产品质量。李健熙提出了著名的口号："改变一切，除了老婆孩子。"三星把15万件以上的电子产品堆在一起，在生产这些产品的员工面前将它们付之一炬。这一惊人之举唤醒了三星员工，使他们意识到低成本不一定代表低质量。李健熙成功了。

1994年，三星推出了世界上第一款256兆位动态随机存取存储器（DRAM）芯片；1998年，三星发布了世界上第一款大规模量产的数字电视；2006年，三星成为全球最大、盈利最多的消费电子产品企业。三星一个数字研发中心的占地面积相当于30个橄榄球场那么大。2017年，三星的研发经费是127亿美元，排在亚马逊和Alphabet（谷歌的母公司）之后，稳居全球第三位。

三星的产品范围极广，从洗衣机到冰箱，从智能手机到智能电视。由于持续不断地推陈出新，三星被普遍视为技术领域的领军企业，三星也是十大全球品牌之一。

三星的创新不仅帮助它占据了全球领先地位，也对韩国经济产生了极其重要的影响。

韩国之外的人们可能只熟悉三星笔记本电脑和盖乐世（Galaxy）系列智能手机。实际上，对韩国人来说，三星远远不仅是电子设备厂商。三星不仅是韩国首屈一指的电子企业，还通过子公司和分支机构在众多领域里占据了显著的市场份额，包括家用电器、有价证券、人身保险、建筑、包装食品和化工产业等，而这些只是三星众多业务中的一小部分。如果生活在韩国，你每天消费的产品或者服务都可能直接或者间接来自三星。

如果你还是不太清楚三星这个品牌在韩国有多大影响力，下面是个很好的例子。内特·金（Nate Kim）是协助完成本书相关调查的一位韩国朋友，他每年回首尔探望家人一次。内特告诉我，每次抵达仁川机场时，他的父母都会开着雷诺三星的 SM5 来接他 [顺便提一句，车险是由三星火灾海上保险公司（Samsung Fire & Marine Insurance）提供的]。内特和父母回到家里，这座公寓大楼是三星物产（Samsung Construction and Trading Corporation）建造的。家里大部分的家用电器是三星品牌的，包括冰箱、洗衣机和烘干机、空调和电视机等。内特的一位表亲在三星医疗中心（Samsung Medical Center）做医生，另一位表亲在三星重工（Samsung Heavy Industries）工作，它是全球最大的造船公司之一。在美国，数以百万计的家长在家庭旅行时会带孩子去迪士尼乐园，而在韩国，内特的父母会带着他和弟弟去逛爱宝乐园（Everland），这是一座由三星拥有和经营的主题乐园。

1938 年成立时，三星只有 40 名员工，是一家名不见经传的小公司。如今的三星是一个收入超过 2 200 亿美元，员工约为 50 万人的庞大商业帝国。

创新具有极强的扩散性，一项创新通常会带来更多的创新。很多韩国企业纷纷效仿三星，现代、LG、浦项制铁（POSCO）等都对韩国经济的繁荣发展发挥了重要作用。

浦项制铁，原名浦项钢铁公司（Pohang Iron and Steel Company），是很多韩国企业最重要的供应商，也是韩国主要的钢铁出口企业。浦项制铁对韩国经济的发展影响巨大。这家企业 2016 年的产量约为 4 200 万吨，是全球最大的钢铁生产企业之一。55 年前公司刚刚成立时，这一切是无法想象的。

20 世纪 60 年代，世界银行来到韩国调研，探讨建造一座综合钢厂的经济可行性。世界银行得出结论是"为时尚早"。谁能责怪世界银行呢？当时的韩国不仅一穷二白，而且缺少铁矿石（炼钢必需的原材料），韩国距离所有方便获取铁矿石供应的地点都很远。除此之外，韩国也不具备建造和维护如此大规模重工业必需的技术能力。当时还存在一个市场消化的问题：即便韩国建成了一座这样的综合钢厂，产品卖给谁？日本也许是个合乎逻辑的选择，但是日本当时已经拥有好几家世界级的高效钢铁企业了。[20]

浦项制铁把目光投向了国内。它把满足国内钢铁需求作为最初的目标，这帮助浦项制铁站稳了脚跟。随着韩国经济的发展，多个行业涌现出来，它们都需要钢铁这一重要物资。实际上，浦项制铁就是伴随韩国的汽车和建筑行业一同发展起来的。如今，韩国的汽车产业大约消费了浦项制铁 25% 的产出，建筑行业消费了 28%。初创时期的浦项制铁简陋不堪，员工睡在工厂临时搭建的窝棚里，经常要吃拌着沙子的米饭，因为这样会感觉更饱一些。如今，浦项制铁已经成为韩国最大的企业之一，年营业收入超过 600 亿美元。

浦项制铁不得不把公司运营的很多方面整合起来，而这为韩国经济带来了连锁反应，惠及其他产业。浦项制铁发现，"煤炭和机器都能进口，可是人才无法进口"，因此，为了满足公司发展必需的科技教育，在创始人朴泰俊（Park Tae-joon）的领导下，浦项制铁创办了浦项工科大学（Pohang University of Science and Technology，简称 POSTECH）和浦项产业科学研究院（Research Institute of Industrial Science and Technology，简称 RIST）。浦项制铁领导人指出，浦项工大的成立是为了"满足自主研发需要，实现技术独立，做到产学研的稳固结合"。

最初，浦项工大只是一个工程师和技术人员的培训基地。随后，为了满足技术需求，促进韩国经济的迅猛发展，这座基地逐渐发展为一所真正意义上的综合大学，其拥有 20 多个院系，覆盖数学、计算机科学、生命科学等多个学科。随着韩国经济的增长和发展，浦项工大经历了与时俱进的成长和进化。它的转型直接呼应了韩国经济需求的种种变化。浦项工大连续多年名列韩国国内大学排名榜首和国际大学排名前列，曾在伦敦的泰晤士高等教育（Times Higher Education）"50 年以下百强大学"（100 Under 50）排行榜上名列榜首。该榜单从全世界历史不到 50 年的大学中选出前一百名,浦项工大排在第一名。[21]

为了培训员工,浦项制铁必须建立一座学校。韩国因此拥有了一所一流大学。但是,应该说这所大学完全是为了特定使命而被拉进韩国的。假如浦项工大是被推动进入韩国的,它可能不会有现在的影响力。因为一所教育机构要想持续发展,就必须与国内外市场需求紧密结合。浦项工大做到了这一点。

韩国早已不是战后的那个穷国了,也不是我曾经生活其中的那个20世纪70年代的韩国了。支持这个国家发展的因素有很多,其中,韩国企业对创新的不懈追求是创造和保持繁荣局面最关键的因素。今天的韩国克服了各个方面的贫穷和积弱,也包括政府治理在内。从20世纪60年代以来,韩国改善了政府治理工作并取得了长足的进步。繁荣和增长带来了经济自由,经济自由为政治自由铺平了道路,这在之前的韩国是无法想象的。

* * *

这些国家的发展让很多人错愕不已。1997年,一场金融危机席卷亚洲。有人幸灾乐祸地说,被人称道一时的东亚奇迹"不过是一场海市蜃楼",言外之意是这些亚洲国家终于自食恶果了。[22] 对于这些国家的经济能否从危机中复苏,一些人表示怀疑,他们认为,这些国家的发展是建立在一种极为脆弱的基础之上的,其缺乏支持经济健康发展的适宜体系和结构。[23] 然而,亚洲各国最终完成了经济复苏,并由此走向了进一步的繁荣。这些国家的知识水准、创新水平、市场发展水平,以及它们面对经济挫折时的韧性,带来了基础扎实的经济发展。一切充满希望。

当然,这并不是说,这些亚洲国家做过的每一件事都是对的,没有哪个国家能做到这一点。但是,它们至少做对了创新这件事。

开辟式创新并不是一个国家或地区发展经济的唯一途径。中国台湾最初的发展重心是非常简单的产品:为省内800万居民提供纺织品和加工食品。但是，中国台湾很快就把重心调整到了出口市场。[24] 在日本和韩国的发展中，创新发挥了至关重要的作用。创新在中国台湾的发展中发挥了同样的作用，并为其带来了繁荣的新局面。

当然，各国发展环境不尽相同，为了更好地了解这些发展环境，人们还有很多工作要做。但是，可以非常肯定的一点是，应该优先投资开辟式创新，即便在环境极为不利的情况下，它一样能为贫困国家带来一条行之有效的通向繁荣的康庄大道。

第七章

墨西哥的效率式创新

> 墨西哥是20世纪的失败者。我们尝试过很多发展经济的替代方案,很不幸,仍然有40%的墨西哥人生活在贫困中(这个数字现在约为44%);墨西哥的人均国民收入极低,而且25年前就是这个水平。穷则思变,我们必须改变这一情况。[1]
>
> ——文森特·福克斯(Vicente Fox),墨西哥前总统
>
> 2001年4月

简述

十多年前,美国商业新闻的各大头条一片哀鸣:美国的制造业工作岗位正在流向墨西哥。美国因此损失了几千个工作机会。与此形成鲜明对比的是,墨西哥的形势一片光明。美国汽车研究中心(Center for Automobile Research)的一份报告显示,来自美国及世界各地的汽车企业在墨西哥制造市场中共计投入了240亿美元。无论这些投资流向哪里,都能创造几百万个工作岗位,刺激当地疲软乏力的经济。这让墨西哥的未来充满了希望。

然而,今天的墨西哥并不富裕。仅在2014年,墨西哥处于贫困线以下

的人口就增加了 200 万之多。究竟是哪里出了问题？

如果不看投资规模，而是通过创新的视角审视墨西哥经济，可以清晰地看到一种模式。那就是墨西哥的很多企业，无论是国内企业还是国际企业，都在大规模投资效率式创新。墨西哥资源充足，本该成为一个欣欣向荣的经济体，但它没有大力发展开辟式创新，这非常令人失望。过度依赖效率式创新只能使经济发展到这个程度，墨西哥的痛苦经历很好地证明了这一点。

* * *

哈维尔·洛萨诺（Javier Lozano）激动地打电话给远在墨西哥的母亲，他要和母亲讨论学校的一项课程和作业，这是他在麻省理工学院 MBA 课程的一部分。洛萨诺一直对医疗创新兴趣浓厚，他积极学习与之相关的知识，还跨校申请了哈佛大学公共卫生学院的几门课。他还协助过一位教授研究如何运用技术帮助桑给巴尔的糖尿病患者解决足部并发症问题。洛萨诺发现，当时刚刚问世的 iPhone 可以协助监测血糖指标，这项指标是 2 型糖尿病治疗的关键，iPhone 配合血糖检测仪，这看上去简直像是未来科技。洛萨诺的母亲就是糖尿病患者，生活在墨西哥老家，洛萨诺迫不及待地想把自己在学校学到的知识分享给母亲。

洛萨诺回忆说："用科技造福糖尿病患者，这太令人激动了，我要把这一切告诉母亲。"当时，洛萨诺的母亲已经孤独地与糖尿病斗争多年了。洛萨诺告诉我，家里人不太关心母亲的病，也没有给予太多帮助。然而，麻省理工学院的作业让洛萨诺意识到，一个完美的信息源就在自己身边。他回忆当时的情景："我开始问她各种问题。你知道这个吗？了解那个吗？你知道各式各样的仪器吗？"他得到的所有答案都是否定的。洛萨诺的母亲对于能够帮助她更好地监测和控制糖尿病的设备一无所知。她还告诉洛萨诺，对于自己的健康问题，她感到极度灰心丧气。"这是我母亲第一次向我吐露自己的内心感受，她感到孤独。作为她的家人，我们没有真正试着去理解她承受的痛苦，更糟糕的是，我们一直在责怪她。我们觉得她吃糖太多了，她根本就不想康复。"更让人担心的是，洛萨诺的母亲说，和糖尿病的斗争让她身心俱疲。"就算死于糖尿病，她也不想继续治疗下去了。"旧事重提，激动的情绪让洛萨诺一度哽噎。

洛萨诺被母亲的话惊呆了。事情怎么会糟糕到这个地步？洛萨诺的家人都生活在墨西哥，能够享受私人医疗服务，在墨西哥每天几百万的就医人群中，享受这一待遇的人并不算多。如果连他母亲都觉得难，那么墨西哥1 000万到1 400万糖尿病患者岂不是难上加难。洛萨诺说："我恍然大悟，糖尿病就是墨西哥的一场劫难。"多数人负担不起高质量的医疗服务，许多看不起病的糖尿病患者不得不面对一连串可怕的健康问题。肆虐的糖尿病已经成了墨西哥死亡、截肢、致盲的主要原因。在洛萨诺的家乡新莱昂州，糖尿病也是导致自杀的主要元凶。

心安理得地坐视不理？洛萨诺做不到。他要向墨西哥的糖尿病疫情发起挑战。洛萨诺最初的计划是成立一家非营利机构，帮助穷人获得糖尿病治疗服务。当时预计的成本是每位患者每年1 000美元。问题是，让患者每年凑够200美元还有些可能，想要凑够剩下的800美元，只能引入能够年复一年地支持这一项目的稳定的捐助者和可靠的支持者。洛萨诺在十几岁时曾经在一家非营利机构工作过，那家机构主要是帮助本地居民获得更好的技术和工具，建造更有持续发展能力的农场。这段经历告诉洛萨诺，持续不断地募集资金是不可能的。经验还告诉他，依靠捐助的项目往往很难做大，因为它的每一步都取决于捐助者的心情和偏好。洛萨诺说："你也许能找到几个热心人，包括个人捐献者和帮助组织运营的人。但是，要想找到一个持续不断的资金来源，几乎是不可能的。"

洛萨诺试着用一种完全不同的视角看待这些挑战，也就是未消费市场和"用户目标"的视角。这些理论是他在麻省理工学院读书时学到的，并很快就在墨西哥老家派上了用场。很多墨西哥糖尿病患者没有选择现有的医疗服务，就像洛萨诺的母亲一样，他们几乎对糖尿病置之不理。这并非因为他们不关心自己的健康，而是因为可供选择的医治方案让他们喘不过气来。这些人构成了一个无比庞大的未消费市场，洛萨诺在他们身上看到了商机。

2011年，MBA毕业后，洛萨诺创办了阿苏卡诊所（Clincas del Azúcar），阿苏卡诊所的字面意思是"糖诊所"。洛萨诺意识到，既然患者负担不起个人医保，也负担不起每年1 000美元的诊疗费用，那么，他的任务就是推出一种人们负担得起的全新商业模式。洛萨诺创造了"一站式购物"式服务，即一次性解决糖尿病治疗中的所有事务，洛萨诺称之为"麦当劳式的糖尿病治疗方案"。只要成为会员并交纳大约250美元的年费，糖尿病患者和支持者就可以到任何一家阿苏卡诊所看病，阿苏卡把患者需要的糖尿病跟踪和管理服务分成不同的部分，每个部分称为一个"站"，患者可以在阿苏卡诊所方便快捷地走完每一站。洛萨诺说，在他看来，每一站的"用户目标"就是为进站的患者提供治疗，并为此选择最好的技术和最优质的人力资源。

这算不上体贴入微，但是，它在各个方面都实现了高效。截至本书写作时，阿苏卡诊所已经成为墨西哥最大的私营糖尿病医疗服务机构，其一共拥有12家诊所，并计划在未来5年开到200家。洛萨诺说，他的母亲是阿苏卡第一家诊所的第五位患者——这让她直到今天还耿耿于怀，因为她本想做儿子的第一位患者。但是没办法，开业当天排队的患者太多了。不管怎么说，洛萨诺的母亲都堪称示范患者。

两年前，洛萨诺和他的团队想在常规探视之外加强对患者的院外支持工作。他们发现，请医生和护士打电话跟踪患者身体情况的做法，尽管用意很好，但是效果往往不够理想。因为在回答医生提问时，患者通常不够实事求是，他们认为医生想听什么，就回答什么。洛萨诺指出："这是因为墨西哥人不喜欢伤害别人的感情。"洛萨诺由此想到了一篇研究报告,这份报告指出,在分娩过程中,如果孕妇身边有一位生过孩子的妇女陪伴和引导,分娩并发症发生的概率会大大降低。于是,洛萨诺决定建立一个呼叫中心,话务员全部由糖尿病患者担任,而不是科班出身的医学专业人员。他问自己的母亲,是否愿意帮助他管理这个中心。他的母亲欣然同意。这个呼叫中心和洛萨诺的办公室很近,中间只有3个门的距离。母子俩每天都能见面,洛萨诺欣慰地看到自己的母亲精神焕发,好像变了一个人。洛萨诺说:"我们每个星期天都会组织热闹的家庭午餐聚会。在最近的聚会上,母亲总会喋喋不休地谈起本周在呼叫中心听到的事,以及和她谈过话的患者的事。"从读书期间通电话时灰心丧气的母亲,到如今神采奕奕的母亲,这真是个喜人的变化。洛萨诺说:"我太喜欢她的工作热情了。"

立足于"未达成的用户目标",开辟前景无限的新业务,这是一个漫长的征程,洛萨诺和他的阿苏卡诊所才刚刚起步。想获得长久的成功,还有许多工作等着他们去完成。到本书写作时,阿苏卡诊所共计接待了3万名患者,其中95%的患者是第一次接受专业糖尿病治疗。阿苏卡诊所还创造了几百个工作岗位,走上这些工作岗位的人不仅拥有了自己的工作,还通过工作帮助了他人。洛萨诺开辟了一个专为穷人服务的新市场。在它只是个想法时,洛萨诺曾经请教过许多医生和专家,他们都认为这是不可行的。如今,阿苏卡诊所就鲜活地摆在人们眼前。新市场一旦产生,模仿者和竞争者便会随之而来,这一过程带来了更大的经济发展。如今,墨西哥市场涌现了大约10家同类企业,它们都在模仿阿苏卡诊所的商业模式。这个现象明显表明洛萨诺抓住了某种极为重要的关键因素。不妨设想一下,如果洛萨诺在整个墨西哥,甚至整个拉丁美洲成功扩大了业务规模,会带来怎样的变化?

洛萨诺的成功对于墨西哥的所有创业者都具备重要的意义,它证明了通过创新商业模式打开未消费市场的可能性。墨西哥类似阿苏卡诊所的开辟式创新实在太少了。对于墨西哥这个处处充满未消费经济的国家，我们不禁要问：为什么这么少？

墨西哥的效率式创新难题

墨西哥并不是一个穷国。无论同非洲一些国家相比，例如塞内加尔和莱索托，还是同亚洲一些国家相比，例如尼泊尔和孟加拉国，甚至同美洲一些国家相比，例如洪都拉斯和危地马拉等，墨西哥还算不错，这主要是因为墨西哥拥有几项繁荣的关键要素。

第一，从地理角度讲，墨西哥是美国的近邻。这个世界上最有钱的邻居为墨西哥带来了巨大的地理优势。由于地理上的邻近，墨西哥企业能够相对容易地与美国企业开展贸易，把产品卖给美国消费者。

第二，1994年，墨西哥与美国和加拿大签署了自由贸易协定（尽管到本书写作时，《北美自由贸易协定》在美国现任政府的管理下命运未卜）。这一协定的实际作用是让3个国家相对自由地开展贸易。除了《北美自由贸易协定》，墨西哥还与44个国家签署了其他12个自由贸易协定，其中包括很多欧盟国家。墨西哥一直是全球贸易最开放的国家之一。

第三，根据世界贸易组织和经济合作与发展组织的报告，墨西哥的劳动生产率水平接近最主要的经济大国。[2] 按照工作时长计算，墨西哥人一直是世界上最勤劳的国民。[3] 韩国人排在第二位。

第四，墨西哥的工业和制造业比较发达。该国的主要产业包括航空航天、电子、化工和耐用消费品等。实际上，墨西哥并非生产简单的玩具、T恤衫和基本原料，再卖给有钱的邻国那么简单，墨西哥还生产和出口汽车、电脑和精密的航空航天器件。[4]

第五，墨西哥在过去几十年里始终保持着相对稳定的宏观经济环境，利率和通胀率也控制在较低的水平上。[5]墨西哥的这些关键要素一直处于经济学家、财政官员和投资者尽职尽责的监控和一丝不苟的管理之下。[6]

即便存在这么多的有利因素，墨西哥似乎始终与全国性的经济繁荣无缘。[7]我们可以很省事地把墨西哥欠发达的情况归咎于其他因素，例如腐败，或者营商环境便利程度等。这样的做法有时确实很有吸引力。然而，在世界银行的"营商环境报告"中，墨西哥在190个国家里排在靠前的第49位，比意大利、智利、卢森堡、比利时、希腊、土耳其和中国都要高。在这份报告中，虽然墨西哥并不是在每一项指标中都名列前茅，但是，就一些子指标而言，墨西哥的表现相当优异。例如，在"获得信贷"方面，墨西哥排名世界第6位；在"处理破产"方面，墨西哥排名第31位；在"执行合同"方面排名第41位。既然营商环境也解答不了这个问题，那么答案在哪里？[8]

换个视角，从创新类型的角度审视墨西哥最为流行的创新，就会得到完全不同的观察结果。我们发现，墨西哥就像一个巨大的效率式创新磁场。墨西哥的众多企业，无论是本国企业还是国际企业，大都把希望和梦想寄托在面向效率式创新的投资上面。就像我们在第二章分析过的，这一类型的创新本身并不能带来生机勃勃的经济发展。就其本身而言，效率式创新是很有用的。它能为投资者释放现金流，帮助组织更加高效地运营，在一段时间内为本地政府带来税收，等等。然而，效率式创新本身无法开辟足够大的新市场，因而无法拉动一个社会经济长期发展不可或缺的重要部分，更无法承担其成本。结果，效率式创新带来的大多是全球就业机会，这些工作岗位很容易就会流失到其他国家去。

举例来说，2018年1月，菲亚特克莱斯勒汽车公司（Fiat Chrysler）宣布，将在2020年把Ram重型皮卡的生产从墨西哥转移到美国密歇根州的底特律附近，并投资 10 亿美元建厂。此前，菲亚特克莱斯勒是墨西哥第三大汽车制造企业。该公司在墨西哥的工厂将被"改变用途，以生产未来商用车辆"，供应全球市场。但是，即便这是真的，"未来商用车辆"长什么样也没人能说清楚。如此一来，跟随菲亚特克莱斯勒一起离开墨西哥的，将是几千个全球就业岗位。

过度依赖效率式创新的风险

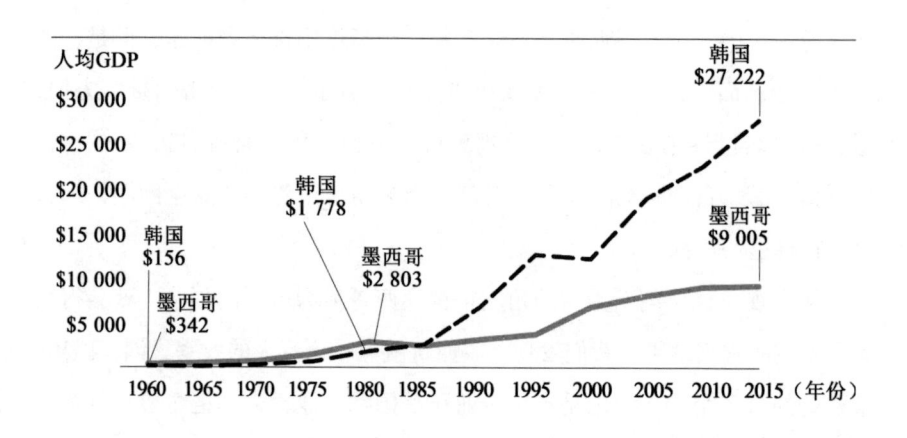

图 7-1　韩国与墨西哥 1960 年至 2015 年的人均 GDP

资料来源：世界银行。

就宏观经济和人均 GDP 而言，1960 年的墨西哥比韩国富裕两倍有余。20 年后，墨西哥依然领先韩国 58%。[9] 而如今的韩国比墨西哥富裕足足 3 倍。[10] 比这更令人警醒的事实在于：墨西哥的贫困人口数量大约是 5 400 万，比韩国的总人口（大约 5 100 万）还要多。[11]

最能说明效率式创新在墨西哥普遍存在的例子莫过于加工出口企业的

流行。加工出口是一种制造运营模式：工厂从其他国家进口元器件（这些元器件通常是免税的），完成产品的生产，再将产品出口到其他国家市场。加工出口业本身没有任何问题，但是它在经济中发挥的作用非常特别。[12]

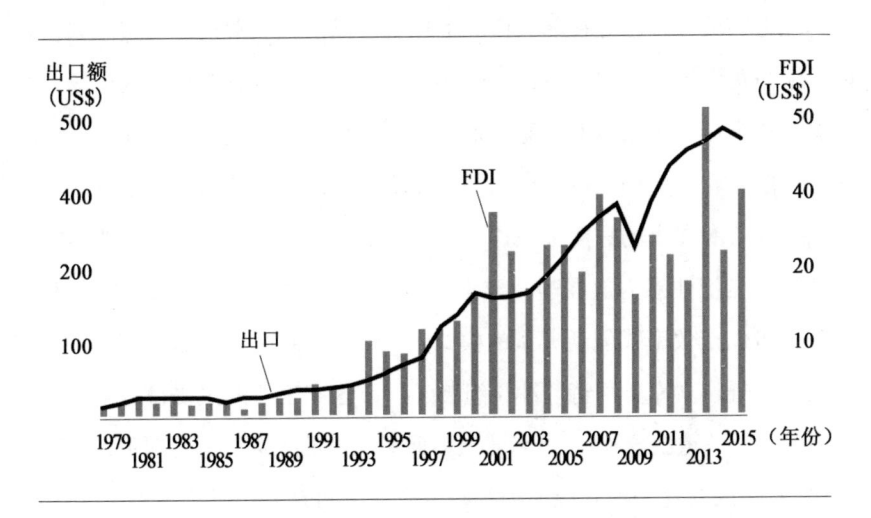

图 7-2　1979 年至 2015 年墨西哥出口额和 FDI 的增长情况
（单位：10 亿美元）

出口加工项目产生于 20 世纪 60 年代。1994 年签署《北美自由贸易协定》之后，出口加工项目为墨西哥带来了明显的收益[13]，这是它最明显的积极成果之一。该行业的就业人数增加，出口额大幅提升，面向墨西哥的外国直接投资激增。如果能够实现进一步的工业化，墨西哥将出现附加值更高的制造业，这一前景吸引了众多的投资者，也激励了墨西哥的政策制定者。奥迪、福特、通用汽车、日产和本田只是在墨西哥生产和运营的众多汽车厂商中的一部分。[14] 电子企业也纷纷来到墨西哥投资，包括夏普、LG、飞利浦和索尼等等。这些国际品牌的投资是全球众多国家梦寐以求的。从表面来看，墨西哥的一切经济指标向好。然而，这些投资并未带来许多人期待和设想的繁荣。[15] 为何如此？我们发现了几点最关键的原因。

以效率式创新为基础的战略旨在让企业尽可能挤压现有的和新获取的资产，这种战略通常以"消费市场"为目标市场，也就是将目光聚焦于那些有能力购买并且已经在购买市场上现有产品的人。对这一类型的创新来说，未消费市场不是它的目标。因此，它们通常不会开辟出新的市场。这种类型的企业会与竞争对手激烈地争夺市场份额，这是因为，消费市场的规模只能随着该市场人口规模的增长而增长。由于由负担得起某一产品的人们组成的潜在市场只能按照这样的速度增长，所以，效率型企业的管理者最终只能把注意力放在削减成本上，以此提高所售每件产品的利润率。业务外包也是效率式创新典型的模式。[16] 例如，2008 年，福特汽车公司决定在墨西哥建立库奥蒂特兰冲压组装工厂，这家工厂的主要目的是帮助挣扎中的福特"重获盈利"。一名普通墨西哥工人的工资只有美国工人工资的 1/6 左右，因此这一模式能够为福特节省极为可观的劳动力成本。2010 年开始，这家位于墨西哥的工厂一直在为福特生产嘉年华（Fiesta）汽车，它们中的绝大多数都卖给了美国国内的消费者。

然而，虽然福特从 2010 年开始在墨西哥生产嘉年华，消费者却从未在这种成本节约中获得任何好处。恰恰相反，嘉年华的售价反而提高了 19%。涨价带来的利润，以及生产成本下降带来的利润，主要流向了福特和福特的股东们。这是因为福特没有从根本上改变商业模式的成本结构。唯一的例外是其整合了更廉价的生产能力，其他部分依然保持原貌。事实上，为了提高销量，福特商业模式中有些部分的投资可能反而增加了，例如广告、市场营销和销售等。这些投资和墨西哥基本无缘；产品的绝大部分卖到哪个国家，哪个国家才能得到这些投资的回报。在这种情况下，获利的是美国，而不是墨西哥。

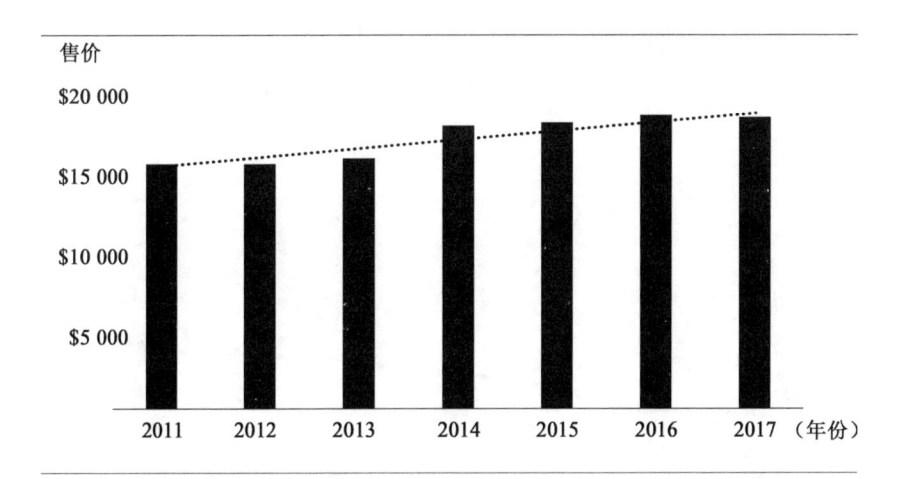

图 7-3 2011 年至 2017 年福特嘉年华的厂商建议零售价

来源：《美国新闻与世界报道》。

对效率式创新的过度依赖并未给墨西哥带来广泛持久的繁荣，另一个原因在于，这些投资非常容易转移到别的地方，尤其是劳动力成本更低的国家。"赤条条来去无牵挂"是效率式创新的基本性质。因此，这种创新无法开辟充满生机的新市场，无法通过新市场拉动必需的资源，创造欣欣向荣的经济，例如优质的学校、道路和医疗体系等，而这些资源恰恰是能够长久留存在当地经济中的。在极少数的情况下，针对效率式创新的投资也能带动其他支持性基础设施的投资，但这些基础设施通常只适用于某一特定行业。

想一想开利（Carrier）暂停向墨西哥转移几百个工作机会的决定，再想一想福特迫于美国政府压力取消在墨西哥建厂的决定。做出这些决定是很容易的，因为这些公司的高管根本不需要担心对本地市场的影响，他们只要完成供应链的改善或者提高生产效率就够了。

如果一国经济依靠的是较低的劳动力成本，那么，新产品的开发带来的市场繁荣和生机就无法推动这个国家的发展。1990年以来，墨西哥的人均年工资增长了13%，而美国和韩国同期的数据，即便它们的基数相对较高，依然分别上涨了37%和65%。

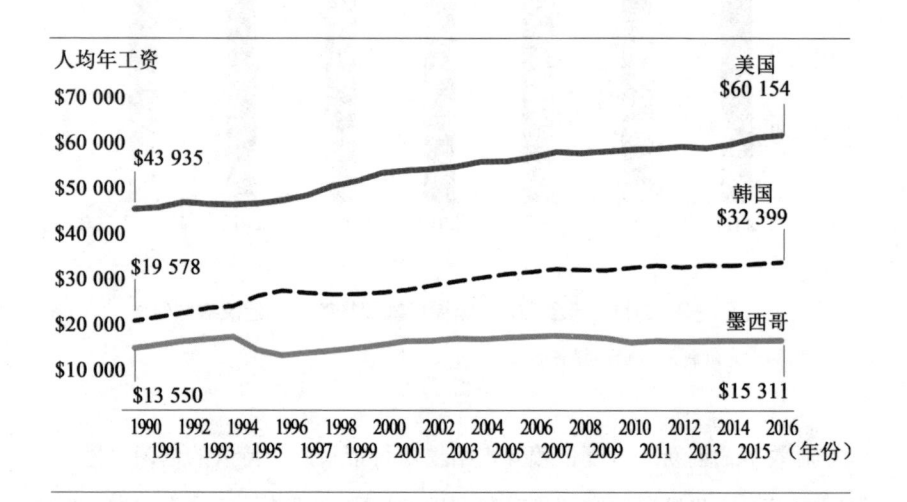

图7-4 三国人均年工资，按2016年不变价格计算（购买力平价，2016年美元）

最后一点，效率式创新在墨西哥的极大流行之所以未能创造繁荣，还因为效率式创新的增长目标通常与一国市场的发展无关或者关系不大，这一点很难克服。例如，墨西哥是全球最大的产油国之一，曾向美国出口过价值数百亿美元的原油。然而，原油价格的下跌极大地削弱了墨西哥出口原油的价值，其从2012年的约370亿美元降到2016年的76亿美元。[17] 石油产业是墨西哥经济增长的重要部分，而这一产业的命运最终并不在墨西哥能够掌控的范围之内（受制于国际油价的波动和其他国家的供应量），墨西哥一直在努力但始终无法掌控自己的命运。

类似的情况也发生在俄罗斯。

第七章 墨西哥的效率式创新　139

　　从出口的角度来看，俄罗斯的经济与墨西哥非常不同。二者实际上是截然相反的两极。例如，墨西哥出口量最大的产品是汽车和汽车配件（约占24%）以及电力机械（约占21%），而俄罗斯出口量最大的是原油（26%）、精炼石油（16%）和几种其他商品。出口情况体现出，墨西哥是一个工业化程度更高、经济更加发达的国家，而俄罗斯的情况说明它是一个过度依赖自然资源的国家，没有太多的工业。但是，如果观察得再仔细一些，我们就会发现，驱动这两个国家前进的力量是相同的，它就是效率式创新。

　　正如第二章阐述过的，资源开采产业对效率式创新的投资规模之大，可谓声名远扬。这些产业的管理者极尽所能地挤压资源成本。从企业本身的角度来说，这未尝不是一件好事。但是，它通常无法带来蓬勃的经济发展（除非这个国家的人口数量极少，例如卡塔尔）。即便如此，这类国家的经济依然需要其他产业来解决就业问题，因为资源开采产业无法创造足够的就业机会帮助足够多的民众有效就业。

　　俄罗斯的经济核心和墨西哥的经济核心一样，都是对效率式创新的过度依赖。油价的变化给俄罗斯经济带来的影响就是个例子。从1998年到2008年，国际油价从大约18美元涨到了103美元（按照2017年美元计算）[18]，这一时期俄罗斯经济的平均增速达到了7%。然而，这种很大程度上由商品价格上涨带来的增长无法必然转化为工作机会的增加，也不一定能帮助俄罗斯经济显著发展。另外，这种增长通常无法预期。因此，商品价格下跌可能会对经济产生冲击波式的影响，就像几年前影响俄罗斯的冲击波一样。随着石油价格的走低，俄罗斯经济在2015年收缩了2.8%，2016年又收缩了0.2%。

　　从表面上看，效率式创新似乎可以为贫困国家带来极大的希望，因为这种创新通常表现出的特征是制造业的发展和工业化的迹象，有时还会表现为重工业的发展。但是，过度依赖效率式创新无法真正实现工业化的美梦，不仅如此，它反而经常带来短期的、高度不可靠的游资，而这往往会把一个社会的经济置于不确定的危险境地。

换个视角看问题

墨西哥的人口约为 1.27 亿，GDP 超过了 1.1 万亿美元；拉丁美洲共有超过 6 亿人口，GDP 超过了 5.5 万亿美元。在分析这些地区的发展潜力时，人们通常留意的是 GDP、人均国民收入、教育水平、基础设施或者贫困情况，这些指标似乎都无法带来太大的希望，而我们看到的情况不大一样，我们看到了这些地区的未消费市场及其无穷潜力。在墨西哥和拉美地区，我们寻找的是数以亿计的老百姓在日复一日的生活中不得不面对的忧患，在那里，我们看到了商机。

和许多尚未实现经济繁荣的国家一样，墨西哥拥有实现繁荣的能力。但是，想要真正实现繁荣，尤其是在墨西哥这样人口众多的国家里实现繁荣，就必须思考如何开辟新市场的问题。这里提到的新市场必须是以未消费者为目标的。事实上，我们已经看到了一些希望的迹象。

朱幼飞（Michael Chu）是 IGNIA 基金会总经理，也是哈佛商学院的高级讲师，他在哈佛的办公室和我的办公室之间只隔着两个门。[19] 我和他谈起了本书中的一些想法，他立刻推荐了一家名叫 Opticas Ver De Verdad（以下简称 Opticas）的公司，这是一家面向墨西哥视力保健未消费市场的企业。Opticas 成立于 2011 年，它的商业模式是为普通墨西哥人提供平价处方镜片和眼科保健服务。43% 的墨西哥人患有这样那样的视力问题，他们都需要戴装有矫正镜片的眼镜。然而，市面上这类眼镜的平均价格高达 75 美元，对大部分人来说，这个价格太高了。因此，很多墨西哥人干脆不戴眼镜，每天生活在雾里看花的世界里。

在分析墨西哥的市场潜力时，Opticas 并没有采用经济水平的视角，它重视的是平常人的日常忧患。一副明亮的新眼镜会为一名电工、一位水管工或者一位护士的生活带来怎样的影响？如果有一个 12 岁女孩儿，她天资聪颖，但是因为视力问题看不清书本上的字，学习成绩一落千丈。这种情况下，一副价格实惠的眼镜会为她的生活带来怎样的变化？

Opticas 没有选择为墨西哥富裕人群服务的商业模式，尽管这些人可以轻松地购买高端产品，例如雷朋（Ray-Bans）之类的品牌。相反，这家企业集中力量帮助普通人解决生活中的难题。Opticas 的商业模式简单有效，它把处方镜片的价格定为 17 美元上下。这可能会造成利润微薄的情况，但也可能带来极大的销量（曾几何时，福特汽车公司每卖出一台 T 型车只赚 2 美元，但是它卖出了几百万台）。还有极为特殊的一点，在这个未消费市场上，Opticas 最大的竞争对手是"乌有"（Nothing）：人们宁愿忍受糟糕的视力，什么都不做，也不愿凑钱（挤时间）买一副超出经济能力的处方镜片。Opticas 的对策是把店面开在目标用户最方便的地点，为用户提供免费的视力检查，出售价格最实惠的处方镜片。对之前甘心忍受模糊视力的人们来说，这可能会带来生活上的巨大改变。如今，每个人都可以走进一家 Opticas 店面，轻松地完成验光，再买上一副处方镜片眼镜。

第一家店面开张以来，Opticas 累计完成了 25 万次视力检查，售出了 15 万副以上的眼镜。这意味着 15 万名处方镜片的未消费者走进了新市场，正式转变为消费者。Opticas 正在把墨西哥的"眼神"未消费市场慢慢变成历史。墨西哥民众对此的反应非常热烈，截至本书写作时，Opticas 计划到 2020 年在墨西哥全国开店 330 家。

面包与经济发展

新兴市场中充满开辟新市场的机会。只要人们能够找到它们,这些机会就能够带来非常可观的回报。开辟新市场通常离不开耐心,因为发现、理解和服务未消费市场需要一个过程。同样的道理,一个新市场一旦建立起来,它就很难被摧毁。这些市场会从根本上改变人们的生活方式,这些新市场会为开辟它的人们带来极为丰厚的回报。塞尔维奇(Servitje)家族就是最好的例子,这个家族拥有宾堡集团(Grupo Bimbo)37%的股份,身家超过了40亿美元。[20]

也许你对宾堡集团的名字并不熟悉,实际上,一些全球最受欢迎的烘焙品牌都出自这个集团,包括Thomas' English Muffins、Sara Lee、Entenmann's、Canada Bread等,它们只是宾堡这个墨西哥烘焙行业巨人拥有和管理的众多品牌中的一小部分。宾堡集团是全球最大的烘焙企业,年收入超过140亿美元,在22个国家开有165个工厂,全球员工总数超过12.8万人。[21] 宾堡集团的市值超过了110亿美元,旗下拥有100多个品牌,市场遍布厄瓜多尔、哥伦比亚、秘鲁、美国、英国和中国等,是一家名副其实的全球企业。然而,宾堡的创始人在1945年成立这家企业时,想做的并不是向富有的邻居出口美国式食品。恰恰相反,他们想让墨西哥的普通居民吃上自己生产的面包。也就是说,宾堡要在墨西哥开辟一个新市场,一个新鲜面包的市场。

评判宾堡的成功太容易了,就像忽略它卑微的起点一样容易。和当时许多国家一样,1945年的墨西哥极为贫穷,比现在贫穷得多。人均预期寿命只有为45岁,半数以上的人口住在乡村地区,从事农业生产,这是再典型不过的贫困标志。宾堡的创始人正是在这样的环境中看到了开辟新市场的商机,这个新市场的目标顾客是普通墨西哥人,对他们来说,新鲜烘焙的面包属于一种奢侈品。

宾堡现在的产品足有一万多种，而它刚起家时制作和销售的产品只有小块白面包和黑麦面包两种。1945年，宾堡的目标用户，也就是普通墨西哥人，只能负担得起装在不透明包装里的发霉面包。宾堡抓住了这个机会，推出了首个创新，宾堡把面包的包装改成了透明的玻璃纸。这样一来，用户在购买前可以清楚地看到，自己将要买回家的面包是没有发霉的。就像我们之前说过的，创新不只是高科技解决方案，它还可以是一种流程的改变，组织通过这一改变把劳动力、资本、原材料和信息转变成具有更高价值的产品和服务。并不是只有最前沿的科学技术才叫创新。在这个例子里，生产新鲜的面包，用透明的袋子包装，就是帮助宾堡开辟新市场，保持新市场成长壮大最有用、最必不可少的创新。和生产不发霉的面包，或者用什么纸来包装面包比起来，更重要的是宾堡以普通墨西哥民众为目标用户的决定。这些人想知道为自己的家人买上优质新鲜的食物是一种怎样的美好感觉。

假如一开始宾堡决定只为买得起昂贵面包的富人服务，它就不会为了在墨西哥开辟和拓展新市场而做出必要的投资。举例来说，为了保证可以预测的优质面粉供应，宾堡建立和收购了几家面粉磨坊。到1997年，宾堡面粉工厂每天生产2 000吨面粉，是墨西哥第二大面粉企业。对当时的宾堡来说，把磨坊纳入自身运营不是一道选择题，而是一道填空题。炼钢和采矿同样不是亨利·福特的选择题，他无法选择"以上各项都不选"这样的答案，二者的道理是一样的。想要开辟新市场、服务新市场，就非要完成这些工作不可。

前期投资固然很高，但是，宾堡把磨坊多余的产出卖给其他企业，磨坊很快从成本中心变成了利润中心。除了磨坊之外，宾堡还整合了小麦的种植和耕作。20世纪80年代，宾堡消耗的小麦六成以上依靠进口。为了降低对进口小麦的依赖,宾堡决定向墨西哥农户投资。宾堡为墨西哥农民提供购买小麦良种的资金,并在小麦收获的季节统一收购。

随着公司的发展,快速壮大的业务需要更大规模的人力资本来管理。宾堡的管理者认识到,必须对墨西哥传统教育系统培养出来的新员工进行必要的知识补充。为此,宾堡建立了一套两年期的结构化管理培训项目。通过这一培训项目,宾堡员工不仅能够学到专业技能,还能掌握宾堡业务中最精细复杂的部分。

这是一个为普通墨西哥人服务的面包市场,为了这个市场的成功、成长和持续发展,宾堡集团直接支持了很多市场和产业,包括农业、面粉工业、金融服务、教育、物流配送、包装业等等,并且间接促进了几千名宾堡员工所支持市场的繁荣,包括他们的住房、教育、医疗、交通和休闲等等。这些市场都不可能轻易地从一个国家转移到另一个的国家,即使本国工资上涨也不会转移,因为这些欣欣向荣的市场是深深扎根在本地经济当中的。

这些市场之所以生机盎然,主要是因为它们的组成部分是和宾堡集团的价值链融为一体的,包括销售和分销、市场营销和广告等等。这些市场之所以能够可持续发展,是因为它们同当地居民建立了直接的、紧密的联系。宾堡集团在墨西哥的影响力之大,还可以通过这个例子进一步说明:宾堡员工的最低工资是墨西哥最低工资的 3 倍。[22] 同时,宾堡产品的售价比竞争对手低 15%~25%。可以说,宾堡集团早已超越了传统意义上的面包企业。

投资者、经济发展人士和政策制定者可以把宾堡集团看成一个符号,它代表了无限的可能性。当然,在宾堡的故事和那些规模小、希望大的企业,例如阿苏卡诊所或者 Opticas 的故事之间,存在着时间和规模的巨大差距。我们知道,这些企业不可能凭借一己之力把墨西哥这样一个大国带入繁荣。但是,它们为墨西哥普通人开发产品和服务、自力更生地引入了必需的资源。

引导它们这样做的原则能把墨西哥带入繁荣。

墨西哥现在的发展战略有点儿像"搭车旅行",它的未来取决于对美国和其他大国的出口和贸易前景(并且主要是基于效率式创新的贸易),这绝不是繁荣稳定的长久之计。2018年,《彭博商业周刊》(*Bloomberg Businessweek*)预测,如果《北美自由贸易协定》这个政治上的烫手山芋不复存在,墨西哥可能会受到巨大的冲击:"如果美国企业关闭在墨西哥的工厂,把它们转移到其他国家去,墨西哥将面临极为严重的失业问题。就像去年福特公司做的那样,它取消了在圣路易斯波托西建造汽车工厂的计划,把工厂建到了中国。这笔高达16亿美元的投资本来可以为墨西哥创造3 000个直接就业岗位,并且间接带来大约超过一万个其他就业机会。"[23] 牛津经济研究院是一家全球预测与定量分析智库,根据它的预测,一旦《北美自由贸易协定》难以为继,墨西哥的GDP到2020年将会下降4%,这个国家将在2019年中期陷入技术性衰退,如果这样的情况真的发生,墨西哥经济的复苏将需要几十年的时间。

近年来,不断有国际学者和权威媒体指出,墨西哥有潜力成为下一个超级大国。尽管这种声音不绝于耳,但是墨西哥仿佛一直卡在那里,原地踏步走。潜力,这个词用得很好。我们认为,实际上墨西哥确有潜力成为全世界最成功的致富案例之一,阿苏卡诊所和Opticas这些企业让我们看到了这一希望,墨西哥有能力冲出这个"听见楼梯响,不见人下来"的怪圈。然而,墨西哥首先应该认识到,不同类型的创新对国家经济的影响是完全不同的。一味地单纯依赖效率式创新,墨西哥的产业只能一直"潜在"低端。

第三部分

冲破阻碍

第八章
只有良法是不够的

> 要实现国家的自由,务必积极创造制度结构。在这一制度结构中,市场经济得以运行和细化某些特定的权利、资格和责任。它们是经济活动的基石。
>
> ——威廉·罗伊(William Roy)
> 《资本社会化:大型产业集团在美国的崛起》(*Socializing Capital: The Rise of the Large Industrial Corporation in America*)

简述

"法治"(Rule of Law)和"制度"(Institutions)[1]的缺失是毒害贫困国家的一大祸患。传统智慧告诉我们,如果不能修正制度,这些国家就无从指望进步,而这里提到的制度修正,通常意味着采用西方的制度体系。"只要我们建好了这样或那样的制度,人们就会建立企业并且持续不断地发展下去。"为了这个目标,很多组织立志帮助贫困国家改善制度,并每年为此投入几十亿美元的资金。我们不得不说,这些加诸贫困国家的制度,其本意是好的。但是,为什么这么多"加诸"贫困国家的制度,最终会变成无用，甚至更糟糕的，变成腐败的制度？因为我们无法通过在原有的法律、体系和制度上强行覆盖一层新的法律、体系和制度来解决问题。高效的政府组织远不止规章制度那么简单。说到底，制度关乎的是文化。也就是一个地区之内的人们是如何解决问题，取得进步的。就其核心而论，制度反映的是人们最珍视什么。事实证明，这个核心只能是土生土长的，而在它生长的过程中，创新发挥着至关重要的作用。

* * *

1990 年的春天，24 位来自西方世界最顶尖的宪法学者、律师和法官齐聚捷克布拉格，吸引他们的是一次千载难逢的机会：帮助捷克共和国起草新宪法。在苏联轰然解体的几个月后，捷克斯洛伐克（以及实际上每一个苏联的成员国）纷纷开启了价值重新定义的过程。在一个后苏联的世界里，这些国家重新定义价值的方式是建立新的宪法。西方学者收到邀请，帮助引导这一过程，为之献计献策。他们争先恐后地聚集到布拉格。《纽约时报》如此形容这一盛况：没人能抵抗一次制宪会议的诱惑力。哈佛大学法学院（Harvard Law School）的劳伦斯·特赖布（Laurence Tribe）教授告诉《时代》周刊："这是我第一次调课，以前就连最高法院开庭都无法让我调课。"

布拉格一时众星云集，这些法律界的巨星包括：劳埃德·卡特勒（Lloyd Cutler），曾任吉米·卡特的总统顾问；查尔斯·马赛厄斯（Charles Mathias Jr.），前参议员；查尔斯·弗里德（Charles Fried），里根政府的司法部副部长；皮埃尔·特鲁多（Pierre Trudeau），加拿大前总理；马丁·加布斯（Martin Garbus），当时美国最顶尖的人权律师之一。受邀者来自 8 个国家，在一个星期的时间里，他们就以何种方式制定宪法，在捷克和斯洛伐克之间分配权力，及其各种方式优缺点的比较等问题展开了讨论和争辩。那是一场令人激动的盛事，连续多天，无论在会议室里，还是在往返驻地会场的大巴车上,甚至在走廊里,大大小小的辩论随处可见。弗吉尼亚大学法学教授迪克·霍华德(Dick Howard)风趣地形容:"对无法出席1787年那场会议的人来说,可不能再错过这次机会了(这里的'1787年会议'指的是1787年美国制宪会议)。"

两年之后,按照这支宪法梦之队的建议,在最优秀的捷克斯洛伐克政治家和学者月复一月的辛勤努力下,新的宪法终于起草完毕并付诸实施了。这部宪法和很多其他积极因素一起,帮助捷克斯洛伐克和平地拆分为两个新的国家:捷克共和国、斯洛伐克共和国。

苏联成员国纷纷开启了类似的程序,包括罗马尼亚、匈牙利、前南斯拉夫、保加利亚等。西方的宪政学者抓住机会为这些新形成的民主国家充当引路人,帮助这些国家从一开始树立制度价值。良好的经济和政治制度能够保护财产权、民主多元主义、开放市场和消费者等。与之相反,糟糕的经济制度和政治制度保护的是寡头政治、权贵资本主义、裙带关系等,它们会造成司法失灵和猖獗的腐败。总的来说,贫困国家充满糟糕的制度,不堪重负,而富裕国家通常让良好制度通行无阻,至少也是让较好的制度做主。传统智慧告诉我们,一个国家想要战胜贫困问题,先要建立法治,修复制度。只有这样,才能谈得上繁荣问题。

然而,向健全制度迈进的过程往往在现实中表现得不尽如人意。从表面上看,健全的制度对创造经济繁荣极为重要,这是符合逻辑的。关于制度,诺贝尔奖得主道格拉斯·诺斯(Douglass North)给出的定义是"一个社会的游戏规则,或者更规范地说,它们是为了决定人们的相互关系而人为设定的一些制约条件"。[2] 从这个角度来看,政府,或者极具影响力的非政府组织,也许应该顺理成章地把某些制度推向社会,为实现该社会的目标铺平道路。

那次制宪会议以来,前捷克斯洛伐克取得了相当大的进步。尽管如此,新宪法并没有像变戏法一样造出两个理想的国家来。各种程度的腐败依然在捷克共和国广泛地存在着。[3]欧盟2014年发布的一份报告显示，超过2/3的企业认为，捷克的国家采购项目，无论是国家级还是地区级的项目，充满了腐败现象。这样的说法，并不代表捷克共和国是一个整体卑劣的国家，也不是说其是一个道德败坏的国家。它只是一个正在演进的国家，有着正在演进的制度。

充满未消费市场的国家最明显的一项特征是基础设施能力和制度能力的匮乏。哈佛商学院的塔伦·汉娜（Tarun Khanna）教授和克雷沙·帕利普（Krishna Palepu）教授称之为"制度缺失"。为此，经济发展领域一直高度重视在贫困国家创造良好的制度，并把它视为经济健康发展必不可少的前提条件。从2006年到2011年，在世界银行资助的项目中，共有价值超过500亿美元的部分与制度改革有关。[4]通过外力推动制度建设的例子不胜枚举，从东欧国家为了获取外国援助而请西方律师改写法律，到英国倡议在肯尼亚部分地区推行私有财产权，以提高透明度和确定性，不一而足。然而，由于缺乏对当地社会的了解，未能认识这些社会长期以来的演变所立足的错综复杂的社会结构，这类制度多半未能带来预期的效率和透明度。更有甚者，有些制度在无意中带来了困惑，甚至沦为腐败的温床。

问题在于，一个社会的制度是该社会价值观念的反映，而不是创造者。所以，建立强有力的制度，建立真正能够塑造和保持一国价值观，并让这种价值观代代相传的制度，并没有那么容易，并不是"拿来，加水，搅拌"那么简单。[5]

原因何在？兰特·普利切特（Lant Pritchett）是哈佛大学肯尼迪政府学院的高级研究员，并长期担任世界银行的经济学家。普利切特认为，贫困国家"进口"制度基础（法院系统、治理模式、证券市场和银行治理在内的财政体系、执法体制等）的努力同一国制度和价值观的实际形成之间存在着根本性的错配。普利切特解释说，外行专家"倾向于把规则当作重点，因为那是他们比较擅长的工作。我们会邀请专家制定一些普遍适用的规则，但是仅限于此，在别的情况下邀请外部专家毫无意义。"以丹麦为例，该国关于医疗卫生的法律法规加在一起，可能有 200 页那么厚。然而，穷尽这 200 页的法条，也无法解释一名丹麦医生工作的动力是什么，更无法解释为什么丹麦把对国有医疗系统的资金支持当作第一要务。用普利切特的说法，它"是一个规范问题"。

普利切特说得很对。制度不是单凭好心就能放之四海而皆准的，即使把全世界的专家都请来也无济于事。制度不是铁板一块，它更像水无常形，它是随着环境的变化而不断变化和演进的。一个国家的制度通常是社会中的人民所秉持的文化和价值观念的反映，这里提到的价值观念，是决定当地人民如何解决问题，如何合作和共同生活的指导价值。即使为了促进一国经济的发展，想让某些制度有效地在当地发挥作用，也不能通过推行的方式，只能采用拉动的办法。

越来越多的证据表明，想在贫困国家创建和维持有效的体系，推行的办法是行不通的。有人估算，全球有 70% 成以上的改革项目"哑火"（Muted Results）了。[6] 实际上，一个社会的根本机制在于人们珍视什么，选择怎样的方式发展和进步，如果这一点没有改变，任何加诸其上的新制度都注定会失败。

如何做到不解决问题

世界银行近期发表了一篇名为"如何（不）解决重要问题？"[*How (not) to fix problems that matter*] 的报告。在这份报告中，发展问题专家凯特·布里吉斯（Kate Bridges）和迈克尔·沃尔科克（Michael Woolcock）

详尽论述了这一现象。该报告以马拉维为例，概要描述了过去几十年的一些情况，其中最主要的重点是马拉维的制度改革：过去几十年间，马拉维以制度改革为目标的项目多达 171 个，远远超过了经济发展领域其他四个方面项目的总和，即工业与贸易、农林渔、医疗与社会服务、教育。这四方面的项目总数不过 151 个。这一现象本身也许不是问题。然而，该报告接下来指出：制度改革项目多以失败告终，人们非但没有引以为戒，反而一次又一次地老调重弹，结果自然是一次又一次失败。[7]

布里吉斯和沃尔科克指出，造成这一现象的部分原因在于，人们通常不去全盘研究和理解问题的整体复杂性。因此未能做到"改变现状"。例如，马拉维新成立的反贪局基本是"对国情截然不同的其他国家的组织结构及法律法规的整体照搬（说得详细些，是对中国、中国香港和博茨瓦纳制度的生搬硬套）"。[8] 因为把重点放在采用在其他国家和地区行之有效的"最佳实践"上，所以经常失于对具体地区环境复杂性的具体理解。因此，人们会采用一种邯郸学步式的奇怪标准来衡量成功，那就是新建制度与被模仿的制度之间是否相似，而不是新制度能否解决实际问题。

不幸的是，无论是在制度改革方面，还是在更重要的经济发展方面，这一问题解决模式都不可能带来积极的长远效果。[9] 为了说清楚这个问题，我们必须回溯到社会价值观和文化的根源上来分析。要做到这一点，首先必须理解文化是怎样形成的。

共同解决问题

"文化"一词与"创新"或者"制度"有一点非常相似，它们都是人们每天会听到的词，但是每个人说起它们时所指的对象往往大相径庭。一个企业通常会把文化描述为工作环境中的可视化要素，这是很常见的现象，例如"便装星期五"、食堂的免费饮料，或者员工是否可以带着宠物上班，等等。埃德加·沙因（Edgar Schein）是麻省理工学院的教授，也是全球最顶尖的组织文化学者之一。根据沙因教授的解释，这些可视要素只是文化的人为现象，无法成为文化的定义。沙因为文化给出的定义是我见过的最有用的文化定义之一：

> 文化是人们为了实现共同目标而采用的合作方式，由于人们遵循这一方式的频率极高，效果也极佳，所以，他们甚至不会考虑别的方式。一种文化一旦形成，为了把事做成，人们会自主地按照文化的要求行事。[10]

这种自主的本能不是一夜之间形成的，也不是新的法律或制度能够带来的。它们是分享式学习的结果，分享式学习指的是人们通过合作解决问题、找到办法的过程。

一个社会中的文化形成过程也是一样。当一个问题或者任务出现时，与之相关的人们通常会聚在一起，研究该做什么、如何做才能成功地应对，他们最终会形成一种共同的决策。如果这一决策和与之相关的行动最终带来了成功的结果，人们就得到了一种可以解决争议的"足够好"的决策。那么，当这群人下一次需要应对类似的挑战时，他们往往会使用上次的决策和方法解决问题。相反，如果上次的尝试失败了，争议未能得到解决，当再次面对类似问题时，这些人将会非常犹豫，不一定会重复上次的决定和做法，也就是说，对于人们来说，每解决一个问题并不仅意味着解决了一个问题，实际上，解决问题的过程还告诉人们什么是最管用的。人们就是这样创造或者摒弃一种文化的。

一项制度实际上是文化的反映，或者是一种规范化的行为模式。如果一个人明明观察到了一个国家的文化，却仍然试图推行一种与该文化不相匹配的制度，那么这种制度很难长久维持下去。

文化和规范能够指明甚至预先决定制度的力量，它们在这方面的作用怎样强调都不过分。凯特琳·库尔曼（Katrin Kuhlmann）是新市场实验室法律与发展中心创始人，她也在哈佛大学和乔治城大学授课。库尔曼对这一点有亲身体会。当时她在肯尼亚参与一个项目，她主要负责引导投资者和企业家熟悉当地复杂的法律法规。她很快发现，同一种方法，在一个国家可能行之有效，放在另一个国家则可能会传递完全错误的信号。例如，在内罗毕，一些企业家指出，"过度签订合同"意味着商业合作伙伴之间的互不信任。库尔曼说："这个项目鲜明地表明，围绕在市场周围的法律体系比简单的一次交易复杂得多。如同我们的工作一样，我们必须从书面和实践两个层面来理解法律对人类行为各个方面的不同影响。"实际上，看似简单明确的事情，例如建立一个法律框架或者执行一个合同，结果可能相当微妙。很多人都有过类似的经历。

民主化风险

即使制度改革项目多以失败告终，我们仍然可以理解为什么人们如此急于改变贫困国家的落后制度。在许多贫困国家里，政府常常是"比赛场上唯一的选手"，对经济发挥着决定性作用。此外，美国、英国、日本以及世界上许多富裕国家都拥有运行良好的制度。因此，两相对比，繁荣和良好的制度仿佛是不可分离的。以美国或英国的法律系统为例，公民基本上可以依靠合同的履行和法律规则来解决问题。这不仅会带来公民之间的信任，还会带来公民与国家之间的信任。与此相反，宽泛地说，类似安哥拉、厄瓜多尔和孟加拉国之类的国家，它们的制度无法产生这样的信任，因此其经济发展受到了阻碍。设想一下，你会信任安哥拉的法律体系吗？可能性有多大？如果有一个国家，无论它的政府，还是它的私营部门，都无法带来类似日本、新加坡或者德国一样的信任感，谁会把几百万美元投到这个国家？[11] 所以，修复制度是极为重要的。

但是，希望各国拥有更好的制度和确保这些国家真正拥有这些制度是完全不同的两回事。我们看到，最成功的制度都是发源于文化的，而不是反过来。关于这一点，历史上充满了先例。

欧洲的制度被视为全世界最精妙的制度，也最为人珍视：英国脱欧的复杂谈判就是最好的例子。在本书写作时，为了摆脱欧盟束手束脚的义务，英国正在进行旷日持久的谈判。无论谈判的过程如何艰难，有一点是毫无疑问的：谈判双方都很尊重这一过程，都会按照最终达成的协议行事。欧洲并不是一夜之间做到这一点的；欧洲用了上千年的时间不断试错，历经无数成败之后，才形成了这样一种文化。

公元 800 年，威尼斯成为全世界最大的贸易都会之一，这是其国内制度发展带来的结果。经济学家迪亚戈·普伽（Diego Puga）和丹尼尔·特雷弗勒（Daniel Trefler）指出："国际远途贸易帮助一大群商人先富了起来。1032 年，这些商人运用刚刚得到的力量，把各种束缚加在威尼斯管理者头上，他们取缔了实施世袭的威尼斯总督制度，并在 1172 年建立了议会，它也被称为'大议事会'。"[12] 从 1000 年到 1297 年前后，威尼斯见证了众多现代制度的兴起，其中之一是"有限责任合伙制"。

就其本质而言，有限责任合伙制属于一种股份公司的形式，目的是为远途探险提供资金支持。考虑到伴随远途航行而来的巨大风险，有限责任合伙制是一种创新的方法，它让前所未有的更大数量的人群共同分担这些风险，从而实现了风险的民主化。更重要的是，它还做到了收益的民主化，帮助此前没有机会投资远途贸易的威尼斯民众创造财富。记者马克斯·尼森（Max Nisen）这样评价它："有限责任合伙制极富创新性，因为它把每一位合伙人的责任限定在合股的数量上。这对威尼斯这座城市的历史极为重要——它通过承担贸易合伙风险的方式，让较为贫穷的商人有机会参与到国际贸易中来。"[13]仿佛一夜之间，较为贫穷的商人们有机会参与到利润丰厚的远途贸易投资中来了。在此之前，远途贸易是最富有的一小部分人的专利。

如前所述，对一个新消费者阶层来说，开辟式创新把曾经对于大众来说昂贵、复杂、无法获取也无力承担的产品和服务变得更容易获得，进而开创出一个大众化解决方案的全新市场。在绝大多数社会里（当然也包括当时的威尼斯），穷人的数量必然是多于富人的，所以，当一种新的解决方案出现，并把穷人拉入某种产品或者服务的消费市场中时，这一新方案必然会对整个社会造成深远的影响。在有限责任合伙制出现之前，较穷的商人既没有资本也没有质押物进行投资，有限责任合伙制带来了一种新机制，帮助这些商人进入了投资阶层。这一创新提高了经济流动性，增加了社会财富，最终增强了政治力量。

以有限责任合伙制对造船业的影响为例。造船行业的发展为很多人带来了工作机会，这些人为船厂提供物资、设计舰船、销售或者出租船只、充当贸易远征的船员，或者加入提高国家经济效益的其他部门。造船业只是受益于有限责任合伙制的众多行业中的一个。贸易需要越来越多的可用于交换的商品，农民和商人必须开展相应的创新，才有可能满足日益增长的需求。这对就业的拉动作用极为明显，在比较贫困的城市里表现得尤为明显。一夜之间，失业者成了社会生产力量的贡献者。就像埃德加·沙因指出的，组织的奖惩制度对经济的提升极为重要。如果人们不能通过正当的工作机会得到回报，他们就会寻求其他途径，而其他途径也许并不具备社会效益。

随着越来越多的威尼斯人拥有了越来越多的财富，这座城市成了全欧洲最富有的城市之一。于是，它的政治结构开始发生变化。在威尼斯历史上，总督宝座长期被三大精英家族垄断，他们曾对威尼斯拥有绝对权力。[14] 财富的民主化出现以后，权力的平衡开始转移，越来越多的富有商人拥有了挑战总督的力量。他们也这样做了。商人阶层方兴未艾、持续发展，由这一新贵阶层推动的制度改革包括：禁止总督指定继任者；颁布和执行选举制度；政府需与法官咨议，并遵守司法裁决；建立议会制，也就是广为人知的"大议事会"。[15] 这些制度又为后来的制度铺平了道路，它们巩固了商业、创新和投资在社会发展中的重要作用。[16]

14 世纪初，威尼斯的金融创新包括：有限责任公司和股份有限公司；债券、股权及质权证书市场；把流动性不足和无偿付能力区别开来的破产法；复式记账法；商业教育（包括运用代数方法进行货币换算）；银行存款业务；可靠的货币交换媒介（威尼斯货币达科特），等等。[17] 与其说这些创新是同"远途贸易的需求"紧密相关，不如更准确地说，它们反映了远途贸易的"平民化"。

这就是开辟式创新能为一个国家带来的影响。

本末倒置

从全球范围来看，更多的制度改革项目可以用"用意良好、结果糟糕"来形容，这与威尼斯的例子形成了鲜明的对比。哈佛大学的马特·安德鲁斯（Matt Andrews）在他的一部论述制度改革与经济发展的著作中列举了几个值得注意的失败案例。2003 年，很多国际专家提出，通过制度改革，只需要短短 7 年时间，就能把阿富汗变成下一个韩国。在这一说法的鼓动下，动辄几十亿美元的资金如同潮水一般涌入了阿富汗，这些资金的用意是改变阿富汗的政府制度，进而改变这个国家。然而，十几年的时间过去了，几十亿美元花掉了，新的法律法规和新的"制度"也推行了，阿富汗依然被国际社会视为全球最腐败的国家之一。阿富汗的例子也许过于极端了，毕竟它不仅仅深陷贫穷，还在与塔利班武装势力斗争。于是，安德鲁斯提到了另一个例证：格鲁吉亚。根据安德鲁斯的解释，为了"刺激私营部门的发展，创造就业"，把这个小国变为"高加索的新加坡"，格鲁吉亚政府付出了艰苦的努力，其精简税收，裁汰冗政。这些改革措施似乎颇有成效，格鲁吉亚在世界银行《营商环境报告》中的排名开始上升。不幸的是，这些改革并未激发人们期望的国内创新景象。安德鲁斯的结论是："政府监管也许不再是企业家的重负了，然而，改革带来的政府未能有效推动生产，自然无法有效促进就业。"[18]

印度的卡纳塔克项目也可以说明这一点。印度农村发展部牵头设计并完成了该国 600 个地区土地登记和土地记录的电子化。和格鲁吉亚的制度改革项目一样，卡纳塔克项目也取得了一定程度的成功（它把产权登记的办理时间从 30 天缩短到了 30 分钟），但是，当地潜在的土地所有权冲突并未因此缓解，也没有出现任何进步的迹象。此外，土地记录电子化的本意是提高土地流转的便利性，促进经济活动，然而这一目标并没有实现。[19]

这些以及许多其他用意良好的制度改革项目与威尼斯案例之间的主要区别在于一种洞察力，这也是本书的核心所在。无论一项制度改革的用意如何良好，如果它不能同创新结合起来，如果与之结合的创新不能开辟或者维系市场，为尽可能多的本地人服务，那么，这一改革将难以为继。这就像把马车套在马的前面，这种本末倒置的做法的结果必然是——寸步难行。

更高效的替代方案在哪里？

在关于制度和创新关系的研究中，我们得到了三个要点。第一点，创新，尤其是开辟新市场的创新，通常会带来良好制度的发展和延续；第二点，任何一项制度的建立，必须时刻注意本地现实，这是因为，如果制度不能解决本地问题，它们几乎一定会被这项制度为之服务的对象视为无用而遭到废弃；第三点，创新是制度的黏合剂，它能让各项制度紧密结合在一起。

蓬勃的市场带来良好的制度

在我们与欠发达制度地区的人们讨论这些想法时，最常听到的反对意见是，对于贫困国家而言，创新并不是不容易做到的，而是不可能做到的。因此，摆在我们面前的问题就变成了老生常谈的先有鸡还是先有蛋的问题：想要培育创新，进而创造经济繁荣，应该先从哪里入手？很多人坚定地认为，必须制度先行。[20] 他们一再强调："在一个连起码的良好政治经济制度都不具备的环境里，一个人怎么可能做到创新？"我们当然理解这一观点。

但是，这个说法存在一些问题，其中最主要的问题是，良好制度的建立和维持是极为昂贵的，不仅如此，如果把某些良好的制度放入一个社会，而这个社会不具备相关的市场来吸收这些制度带来的力量，那么，再好的制度也无法发挥效用。以马里为例，这个贫穷国家的人口约为 1 500 万，人均 GDP 约为 900 美元。它怎么可能承担得起法国式的司法体系？要知道，法国的人口是 6 600 万，人均 GDP 高达 4.4 万美元。不仅如此，法国的制度是经过几百年的沉淀演化形成的，因此能够在日益增长的繁荣中发挥效力。马里怎么可能轻松地适应一套如此昂贵，又无法解决自身问题的外国制度呢？沙因的文化理论可以预言，这样的做法将是举步维艰的。

　　沙因的理论同样可以预言：还有更好的选择。它也许是与直觉背道而驰的，甚至有可能是令人不舒服的，但是，我们相信，只要能够帮助人们在所处的经济中取得进步，文化和制度的改变就会随之而来。历史正是通过这样的方式一次又一次地被创造出来的。[21]

作为黏合剂的创新

　　养个孩子是一回事，把孩子培养成社会栋梁则是完全不同的另一回事。同样的道理，建立制度是一回事，维系制度是完全不同的另一回事。

　　如前所述，繁荣是一种过程，而不是一个结果。制度也是一样。制度的标志不是建立或者实施，而主要在于过程。威尼斯的例子告诉我们，创新的枢纽作用不仅在于制度的创立，更在于制度的维系。

　　一些有利于经济繁荣的制度在威尼斯甫一建立，立即遭到了商人集团的摧毁，他们极为富有、影响力极大，他们想要的是只手遮天、消弭竞争。一些富有的商人通过自己的影响力修改了当时的法律。例如，他们寻求"议会席位的世袭制，为远途贸易中利润最高的部分设置了重重进入壁垒"。[22]久而久之，有机会参与远途贸易的商人越来越少。威尼斯的市场就这样被扼杀了。这座城市最终变得日渐萧条。17世纪和18世纪，当其他欧洲国家迅猛发展的时候，威尼斯的人口和财富却在衰落。

　　威尼斯的制度曾经极为发达，遗憾的是，这些制度没能延续下来，部分原因是一些富有的商人在法律方面开了倒车。既然这些法律是对威尼斯有利的，他们为什么要背道而驰呢？这是因为，这些法律对威尼斯也许是好的，但是，对这些一心追求中饱私囊、置他人利益于不顾的商人来说，这些法律糟糕透了。因此，为了维持自己的利益和社会地位，这些人不惜修法自肥。制度是文化的镜子，而不是文化的起因。所以，如果威尼斯的文化是允许改变的，就像容忍那些富商解决问题的方式一样，那么，威尼斯的制度就是允许改变的。从长远来看，这种容忍让威尼斯付出了巨大的代价，使得它在经济发展的道路上远远落后于自己的同辈。

顺便提一句，这种做法算不上反常。在许多社会中，它甚至算得上常态。历史告诉我们，只要人们有机会操纵法律为自己牟利，他们一定会这么做。但是，当法律为一小撮人滥用，成为欺凌他人的工具时，比赛就没有公平可言了。以美国为例，2017 年，全美用于游说活动的总开支达到了 34 亿美元。[23] 这些行为一定会带来长期性后果。

假如那些威尼斯富商可以通过别的、更加令人激动的办法（新的创新）提高财富和社会地位，他们还会开倒车吗？我们认为，他们应该不会那么急切地为了一己之私而修改法律。因此可以说，创新能够发挥巨大的均衡器作用。创新者为民众带来的解决方案的民主化程度越高（创造经济增长的潜力越高），制度就会变得越坚强有力。[24]

从灰色市场到正规经济

在低收入国家和新兴市场里，数以亿计的老百姓选择留在"地下经济"中，也就是平常说的灰色市场和黑市中。这是为什么？即使人们知道这是非法的，却依然这么做。这又是为什么？这是因为，在他们所处的具体环境中，进入正规市场是一种没有意义的选择。人们共同的经历决定了如何在经商过程中解决问题。这里提到的共同经历，通常与成本和困难有关。只要企业的这些体验没有得到改善，它们依然会怡然自得地留在非正式经济中不做改变。这一情况的改善将带来极为深远的转变。

2013年，马蒂亚斯·瑞奇亚（Matias Recchia）结束了多年的海外学习和工作，回到故乡阿根廷。他期盼着在新购置的公寓里安身，把那里变成自己的家。瑞奇亚毕业于哈佛商学院，曾在麦肯锡工作，在此前的几年里，他一直忙于处理各种复杂的事务，还帮助建立了一家拉丁美洲最大的线上博彩公司。他当时正在计划公寓的搬家事宜，与他此前的工作比起来，搬家看起来是件不值一提的小事。其实不然，这成了他成年以来遇到的最大的挑战。瑞奇亚回忆说："对我来说，那段经历简直糟糕透顶。在阿根廷找一家搬家公司本来就是折磨人的苦差事。还要加上找水管工、电工和粉刷匠……这简直令人崩溃。"这不仅是因为价格不透明：瑞奇亚事先根本不清楚这些人会收他多少钱，还因为这些人不会按照最初达成的任何一条协议办事，此外，他们基本上永远不会在约好的时间露面。

这让瑞奇亚充满了挫败感，他用了好几个小时联系这些工人，当工人把账单递给他时，不厚道的收费让他强烈抗议了一番，瑞奇亚还向朋友抱怨，他觉得这种一边得利的做法太不公平了。实际上，瑞奇亚雇用的每一个承包商几乎都来自阿根廷的"非正式经济"；这些人建立起一两个人的小买卖，主要靠口碑营销，每次服务的收费几乎是随机的，他们懒得用规则的条条框框束缚自己，比如公布盈利、纳税、遵守健康与劳保条例等等，他们绝不会让自己因为糟糕的服务而被追究责任。即使法律条文清楚地规定了开办和运营企业的各项要求，他们也认为根本不需要照章办事。这不仅仅是阿根廷的问题。在其他拉丁美洲国家里，高达70%的劳动力处于非正式经济中。在南亚和撒哈拉以南非洲地区，处于非正式经济的劳动力更是达到了90%左右。[25]

本该简单的家务成了令人头疼的难题，这不只是瑞奇亚的难题，也是很多人的难题。在想方设法解决这个难题的过程中，瑞奇亚发现了一个"未达成的用户目标"。拉丁美洲共有1.2亿户家庭需要家居服务，类似瑞奇亚

的遭遇使得一半的家庭选择了不要服务。²⁶

结果表明，希望改善这种情况的人不仅包括心怀不满的业主。瑞奇亚和承包商谈话，分享自己为服务双方建立正规市场的想法。这时他才发现，承包商的痛苦丝毫不逊于服务接受方。瑞奇亚解释说："他们有着充足的理由不加入'正规经济'。他们的生活极其困难，很难获得新客户。他们过着一种勉强糊口、过一天算一天的日子。因为他们不属于正规经济，所以无法获得资金来建立或者发展一家真正的企业。他们是一群被降到社会底层的劳动者，只要有机会，就会尽可能往高开价。很多事情，他们只能选择往好处想。"瑞奇亚思考的是，如果这些承包商遵守正规经济的各项规则，认真负责地完成工作，他们能得到什么？"诚实守时、提供最好的服务、只收最公道的费用，对承包商来说，这样做绝对没有任何好处。"相反，对于每个承包商来说，最有利可图的做法是通过对自己有利的任何方式，从每一单买卖中赚到尽可能多的钱。假如一位承包商在下午 3 点完成了一件工作，那么他当天可能无法赶到下一份工作所在的地方。因为阿根廷，尤其是其首都布宜诺斯艾利斯的堵车是远近闻名的。所以，为了让这一天没有白忙活，他会尽可能多地收第一家客户的钱。这样的做法当然不会带来什么好口碑，也不会带来更多的生意。这就形成了一种恶性循环，身处其中的工人们无法真正地指望自己为家人创造更好的生活，他们只希望尽可能多地干活和挣钱，以勉强度日。瑞奇亚发现："出生于阿根廷贫困地区的人根本没有机会提高自己在社会链条中的地位。他们甚至不会去尝试提高。这已经成了一种自我实现的预言。"无论有多少法律法规和行政命令，这一点都不会改变。

在长达几年令人沮丧的经历之后，瑞奇亚希望能改变这一切。他和生意伙伴安德列斯·贝尔纳斯科尼（Andrés Bernasconi）创办了 IguanaFix 这家线上服务平台，把消费者和可靠的、透明度高的供应商结合起来。在成立的前 3 年，IguanaFix 创造了 2 500 万美元的收入，直接雇用了 140 人。更有意义的是，这家公司将 4 个国家（阿根廷、墨西哥、巴西和乌拉圭）的 25 000 多家供应商吸引进了正规经济，此外，还有数千家供应商在候补名单里等待加入。IguanaFix 的供应商开始公布盈利和纳税状况（这两项工作都是 IguanaFix 要求的，IguanaFix 为之提供服务），供应商中的一些人扩张了业务，成立了属于自己的公司。这在之前是无法想象的。

这是面向正规的、纳税的、守法的经济的一次跃进，它并非来自公民责任感的突然觉醒，也不是来自对于毁灭性惩罚的畏惧。说到底，对勉强糊口的承包商来说，有什么惩罚能让他们如实申报收入呢？政府会因此而减免他们的一部分税赋吗？瑞奇亚说："我们绝大多数的供应商都不认为纳税有什么直接的好处，对惩罚的恐惧也不足以成为他们改变的原因。想要改变几代人传下来的积习是极为困难的。"但是，IguanaFix 让人们走进了正规经济，这是许多政府和大型发展组织努力了几十年却没能办到的。IguanaFix 是怎样做到的？瑞奇亚的做法是，立足对于消费者和承包商双方面困境的理解，开辟一个新的市场，让诚实和透明变得有利可图。瑞奇亚这样总结自己的做法："通过进入正规市场，服务提供者有机会接触到企业客户，获得健康和失业保险，他们第一次开立了银行账户并且获得了金融服务。我们刻意强调了进入正规经济带来的种种积极结果。我们并没有强迫谁这样做，也没有刻意渲染不这样做的负面结果。"

IguanaFix 的承包商们切实感受到，加入正规经济之后，他们能够更好地管理自己的工作排期、生活和收入。越来越多的类似 IguanaFix 的创新型企业向市场证明了，加入正规经济实际上对所有人都有利，正规经济正在因此变得越来越强大和成功。正如管理大师彼得·德鲁克（Peter Drucker）提醒我们的，程序不是一种道德工具，它们纯属经济工具。它们从来不会决定应该做什么，它们只决定怎样做才能更快地完成任务。

第八章　只有良法是不够的

IguanaFix 正在创造的新市场帮助了数以万计的家政服务供应商，包括电工、水管工、木工等等。IguanaFix 帮助他们将法律、经济和政治制度拉进自己的生活。很多拉美国家政府为此努力了多年，一心想要把这些制度推动到公民的生活中，但一直没能办到。

世界上没有任何一家企业或者任何一项创新能够单枪匹马地改变一个国家的根本文化或者民众对制度的看法，即使像 IguanaFix 那样前景远大的企业，或者像墨西哥的宾堡集团一样根基深厚的企业，也一样做不到。这是一个日积月累的过程。但是，在通往繁荣的道路上，是什么创造和维系了健康的制度？这是一个需要认真回答的关键问题。

第九章

腐败本身不是问题,而是解决方案

> 根据我们的理论,无论一个社会选择怎样的执法策略,私营个体都会寻求破坏法律的运行,借此渔利。
>
> ——爱德华·格莱泽(Edward L. Glaeser)
>
> 安德鲁·施莱弗(Andrew Shleifer)
>
> 《监管型政府的崛起》(*The Rise of the Regulatory State*)[1]

简述

腐败。如果我们问投资者,为什么不去某些地区投资,或者问一些地区的居民,为什么国家的经济不见起色,在可能得到的所有答案中,"腐败"几乎总是排在前面的。在国际货币基金组织最近发布的一项估算中,单单全球贿赂成本一项,每年竟达到1.5万亿~2万亿美元之高,而贿赂只是腐败可能的形式之一,所以,腐败的整体经济成本和社会成本要比这一数字高出很多。腐败问题危害极大、蔓延极广。尽管全世界每年投入数以亿计的资金治理腐败,但它依然顽固地存在于很多地方。

在这一章里,我们会从不同的角度研究腐败问题。但是,我们不会问一些类似"如何根除腐败"的问题。相反,我们会问"首先,腐败为什么如此顽固"。我们相信,这个问题的答案绝不仅仅是基本道德沦丧那么简单。我们想要搞清楚的是,为什么那么多人选择"雇用"腐败?尽管腐败肆虐,有些国家依然成功实现了经济发展,这在历史上屡见不鲜。通过新的视角,我们也许可以更好地理解腐败,我们希望通过这种方式找到新的方法减轻腐败。在今天最繁荣的国家里,针对腐败的合理执法总是伴随着对创新的投入,这些创新或者开辟了新市场,或者帮助现有市场成长壮大。哪怕在全世界腐败最严重的国家里,只要把事情的先后次序理顺,就能把进步之火烧旺。

* * *

我在韩国做传教士时,每个月都会有一位"大哥"向我们收取"保护费"。只要付了保护费(对我们来说,那可不是一笔小数目),他就会保你的住所平安无虞,不会有抢劫犯光临;如果拒不支付,准会有人把你抢个精光。我们的家当虽然不多,但是离开它们我们可活不下去,所以我们支付了保护费。直到多年之后,我才明白,当时我们相当于心甘情愿地参与了一种轻度腐败。它在当地社区建立了一种权力的平衡,它让生活变得容易一些(或者艰难一些,这要看你是否支付了保护费),它让日常生活的经济车轮保持了润滑。对于保护和被保护的双方而言,腐败关乎生存问题。

这件事发生得如此轻易,对我和我身边的人来说都很轻易。这让我不禁好奇,腐败是单纯的道德问题吗?我知道,我熟悉的韩国人都是好人。但是,假如腐败仅仅是个道德问题,为什么这些好人会如此轻易地参与腐败呢?

这远远算不上反常现象。"透明国际"(Transparency International)是一家致力于对抗腐败的国际非政府组织。在它最近公布的年度"清廉指数"(Corruption Perceptions Index)中,2/3 的国家的得分在 50 分以下。0 代

第九章 腐败本身不是问题，而是解决方案

表极度腐败，100代表极度清廉，全球所有国家的平均得分只有43分。根据"透明国际"的数据，全世界76亿人口中的60亿人生活在政府"腐败"的国家里。这涉及我们中间许许多多的人。腐败，或者说腐败形成的威胁，对贫困国家的冷却效应是很难估量的。仅仅是风闻腐败二字，投资者就会很惊恐，这些投资本来可以帮助这些贫困国家创造财富和繁荣的。由此可见，腐败的影响极大。

反腐败就像打地鼠，在这个游戏里，地鼠会从游戏界面上的各个洞里随机钻出，游戏者用锤子敲打这些地鼠。刚打中了这个，那个又钻了出来。你费了九牛二虎之力，打个不停，直到最后绝望地放弃。

我们不禁要问，是不是我们太过注意腐败的表征，没有真正理解它的成因？为了追根究底地把这个问题搞清楚，我们必须先回答两个问题：第一，为什么公开的腐败更多地发生在贫困国家，而不是富裕国家？第二，为什么腐败现象在富裕国家里逐渐变少？我们将看到，这些问题的解答会带给我们一种框架，这个框架能够帮助许多世界上贫困的国家解决腐败问题。

认识腐败

腐败不是一种新现象。许多今天的富裕国家都曾经历过腐败。实际上，有的富裕国家曾经和现在一些贫困国家一样腐败。但是，腐败同样不是永久现象。或者说,腐败至少不一定是永久现象。即使是全球最受尊敬的国家，偶尔也会发生个别的贪腐现象，但是，腐败早已不是这些国家文化的主要部分了。是什么带来了这一改变？

也许你能立即列出许多明显的答案：良好的领导和自上而下的政府治理、社会道德价值的改进、正确制度的落实到位等等。我们并不认为这些

答案能从根本上改变一个社会普遍存在的对腐败的默许。认清这一点非常重要，因为多数反腐败项目是由政府牵头的，其运行的基础是一种大是大非观念的灌输。如果这真是打击腐败的关键所在，那么，为什么这些宝贵的努力加在一起，在抗击腐败的斗争中，只能带来如此有限，又如此短暂的影响？

根据"透明国际"最新公布的数据，"绝大多数国家在终结腐败的斗争中没有取得进展，或者进展极为有限"。[2] 所以说，即使在严密的国际关注之下，即便拥有海量用于打击腐败的资源，甚至有些反腐项目从娃娃抓起，反复教育孩子建立最基本的诚实正直观念，然而，各国在反腐方面的进展依然极为缓慢。

相比于那些有幸生在富裕国家里的人，生在贫困国家的人并非天生缺少某种道德素养。也不能说他们完全不知道还有更好的道德选择。腐败对他们来说，也许就是一种相对更好的选择，一种权宜之计，一种实用工具，因为他们所处的环境没有给予他们更加符合道德标准的选择。人们雇用腐败来完成某些"未达成的用户目标"，说得更详细些，腐败可能是用来帮助人们在特定环境中实现进步的。这是一种非常重要的洞察。只有理解了人们为什么选择腐败，我们才有可能找到不一样的办法来解决腐败。

为什么"雇用"腐败？

想要逐步建立信任和透明度，首先必须理解人们为什么选择腐败来解决问题。下面是我们发现的三个主要原因。

第一点，社会中绝大多数的个人是谋求发展的。穷人想找到工作，富人想爬到更高的社会地位。每个人都想变得更幸福，得到更多的钱、更高的社会地位和更健康的情感。所以我们才会上学、度假或者去教堂祈祷。

所以我们才会储蓄、买房、创业和竞选公职。这些事会通过这样或者那样的方式让我们感到自己的生活正在取得某种进步。如果社会无法给予人们合法的进步机会，腐败的吸引力就会显露出来。

第二点，和企业一样，每个人都有自己的成本结构。企业的成本结构是为了运营而产生的固定成本和可变成本之和。它是企业为了设计、生产、销售和支持某项产品而不得不支付的费用。例如，一个企业从制造一件产品到把它交到消费者手上一共需要花费100美元，那么，要想有利可图，这件产品的售价就要高于100美元。

个人同样具有成本结构，也就是维持某种生活方式而必须花的金钱数量，包括房租或者抵押贷款、学费、医疗费用、食物等等。就像企业一样，个人也要有收入（例如工作所得或者投资所得等），并且要让收入高于成本。理解这个简单的"收入—成本"关系，有助于预测在一个具体环境中发生腐败的可能性高低，和反腐败手段的效果好坏。实际上，如果反腐败项目不能从根本上影响到"收入—成本"等式，它就会难以为继。

为了更方便地说明这一点，请思考下面这个简单的例子。一名印度警察每个月的工资是两万卢比（相当于295美元），但他的成本结构是每个月400美元。那么，无论法律如何规定，这位警官都很容易受到腐败的侵蚀。[3]结果不出所料，这位普通警官会索要贿赂，尤其在印度这样对腐败的起诉和执法不算完备的国家里。这并不是说他在本质上是个坏人。实际上，我个人一直坚信人性本善。但是，为了生存，他不得不做出一些艰难的抉择。这是他的生活环境决定的。

人们"雇用"腐败的第三个原因，也是最个人化的一个原因，它与个人的收入水平无关：多数个人都会寻求颠覆现行的执法策略，达到个人进步或者牟利的目的。这是哈佛大学学者爱德华·格莱泽和安德鲁·施莱弗的理论，他们长期研究20世纪之交美国监管制度的兴起。在环境中做出对自己最有利的选择是人类与生俱来的本能。假设人们要完成自己想做的事情，却发现有一部法律横亘在面前，限制了目标的实现，多数人会发自本能地在心里算一笔账：我是否需要遵守这一法律，如果违反了它，我能否全身而退？哪种选择对我最有利？

这一想法背后的逻辑相当直截了当：即使按照国家订立的法律来生活，照样需要付出努力。因此，一个有理智的普通人会把守法的好处和违法的后果放在一起掂量一番，看看孰轻孰重。如果天平偏向违法的一边，那么，守法对他来说，无论看上去多么"有益于社会"，实际就是一种违反理智的行为。想想这个例子：我们中有多少人曾经在没有警察（或者没有摄像头）的地方选择超速驾驶？在20年前的美国，如果车里不装一只"电子狗"（Fuzz Buster，一种便携式警用测速雷达探测仪，也被称为"挫警仪"），出门开车都不好意思和人打招呼。如今，电子狗早已升级为基于用户社群的GPS智能手机应用软件：位智（Waze）。如果人们发现前方灌木丛中隐藏着测速的警车，可以通过它方便地相互提醒。这款依靠社交媒体驱动的产品之所以能够大行其道，是因为我们中的多数人赞同，应该在逃脱测速圈套这件事上相互帮助。我们都想取得进步，它在这里意味着尽可能快地抵达目的地。为此，我们不惜对那些提醒法定限速的法规视而不见，因为我们都认为这个选择对我们更加有利。景物变迁，世事轮转，小算盘永远不变。

然而，社会毕竟是在进步的。从一个在腐败中泥足深陷的社会发展到信任和透明蔚然成风的社会的过程通常是按照一种预先定义的，通常可以预测的模式逐步发展的。该过程可以分为三个阶段：从"堂而皇之、无法预料的腐败"开始，过渡到"转入地下、可以预测的腐败"，最后过渡到第三个阶段，即我们口中的"透明"社会。

当然，如果某个国家被划归到第一阶段，并不代表它不会出现第二阶段的某些表现。与其把这三个阶段泾渭分明地割裂开来，不如把它们看作光谱上的三个点。请注意，我们在这里的预设是人人都想尽可能地接近第三阶段，也就是一个信任和透明为人们所珍视的社会。历史告诉我们，当今世界广受尊重的那些国家，都曾走过从腐败到透明的漫长历程，而且它们的历程基本上都是沿着这三个阶段递进而来的。公开透明是健康经济的必要前提，想要做到这一点，首先要理解这三个阶段是如何演进的。

第一阶段：堂而皇之、无法预料

我们把第一阶段称为"堂而皇之、无法预料的腐败"，许多贫困国家现在就处在这个阶段。在这些国家里，合同很难得到履行，政府制度令人难以置信，腐败丑闻屡见不鲜。前往任何一个这样的国家，随便买上一份报纸，都有可能在头版头条看到该国政商界人士对巨额资金管理不善的丑闻。在"透明国际"的"清廉指数"中，处于第一阶段的国家得分通常较低。

在这样的环境中部署资本是极其困难的。这样的不可预见性和不透明性势必吓走投资者，这很容易理解。比方说，你能想象在委内瑞拉经商会是什么情况吗？到本书写作时，委内瑞拉甚至连满足本国民众基本需求的社会项目都没有一个。[4]

委内瑞拉的情况固然令人绝望，但我们要注意的是，很多繁荣先进的国家恰恰是从类似委内瑞拉的环境里发展而来的。注意到这一点是非常重要的。

在社会演进的第一阶段里，尤其当国家处于贫困状态时，主要以颁布新法律为重点的反腐策略往往无法收到令人满意的实效。实际上，它甚至可能让事情变得更糟糕，因为人们要付出额外的开支才能找到规避法律的好办法。在这些人看来，法律是他们改善生活的阻碍。新法律是新阻碍。除此之外，许多贫困国家缺乏执法能力。原因很简单，因为执法的成本很高，无论财政成本、社会成本还是政治成本都很高，这些国家无力负担。但这并不代表腐败分子可以招摇过市。纵观整个世界，反对腐败的抗议活动此起彼伏，出现频率极高。在这种热情中涌现出大量以反腐为纲领的政治候选人。为了角逐关键的政治地位，他们高举反腐倡廉的大旗，在政治赛场上奔走呼号。他们中的一些人有时真的脱颖而出。例如俄罗斯的普京和委内瑞拉的查韦斯等，他们都是凭借对根除腐败的许诺登上国家领导岗位的，尽管，不得不说，选民在竞选运动期间信以为真的许诺大多最终并没有兑现。

真正卓越的领导人，加上国家强有力的改革意志，这个组合是极为罕见的。即使出现这样的组合，腐败也不会因为自上而下的良好意图而奇迹般地消失。例如曼德拉（Nelson Mandela）领导时期的南非和曼德拉当时如日中天的影响力。1994 年，曼德拉当选为南非后种族隔离时代的第一位总统，他无疑是全世界最受敬爱的领导人之一。长达 27 年的漫长政治犯生涯没有挫败他把南非建设为更美好家园的坚定意志。如果说这条通向自由的漫漫长路对曼德拉的意志有什么影响的话，那就是让它变得更强大了。直到今天，曼德拉依然被人们视为伟大领导力的杰出象征。曼德拉去世时，哈佛商学院院长尼廷·诺里亚（Nitin Nohria）如此评价："尽管曼德拉说，是非凡的时势把他这个普通人推上了领导岗位。但是，我要说，他体现了我们最为珍视的所有的领导人优秀品质——正直、德行、慈悲和谦逊。"

即使如此，即使在曼德拉任期最有希望的那些年里，南非依然无法摆脱腐败。从那时到现在，情况没有丝毫改观。事实上，曼德拉卸任之后，南非的腐败问题反而变得更加严重了。曼德拉的继任者是雅各布·祖马（Jacob Zuma）。在长达 8 年的总统生涯中，祖马把多项针对他的贪污指控

第九章 腐败本身不是问题，而是解决方案

和腐败丑闻消弭于无形但最终还是被迫宣布辞去总统职务，黯然谢幕。

在曼德拉当政时期，南非曾经极度渴望改革。一个如此蓬勃向上的国家，怎么会从曼德拉带来的希望的峰顶一泻千里，坠落得如此之快、如此之远？在很多人看来，南非拥有绝大多数惩治贪腐必备的制度特征：一部令人艳羡的宪法、独立的司法机构、健康有活力的媒体等等。然而，在大多数腐败指数排名中，包括"透明国际"的排名中，南非的得分一直徘徊在中游，实际上，南非近几年的排名一年不如一年。

这并不是南非独有的问题。埃伦·约翰逊·瑟利夫（Ellen Johnson Sirleaf）是利比里亚历史上第一位民选女总统，在当选5年之后，瑟利夫获得了人类最高的国际荣誉之一——诺贝尔和平奖，这是为了表彰她在维护本国和平事业中的杰出贡献。她还投入了数年时间重点建立（或者重建）了利比里亚的国内制度，提高了妇女的地位。但是，即使拥有如此之高的国际声望，瑟利夫的领导仍然无法彻底改变利比里亚的面貌。"透明国际"2016年的一份报告显示，69%的利比里亚人承认，为了获得最基本的社会服务，例如医疗和教育等，曾经有过行贿行为。瑟利夫最终因为反腐不力而卸任。十几年前，上台之前的瑟利夫曾把腐败问题称为利比里亚的"头号公敌"；十几年后，瑟利夫出师未捷，而公敌猖獗如故。在最后一次国情咨文报告中，瑟利夫告诉立法机构："我们没有完全履行2006年许下的反腐誓言，这不是因为政府缺乏足够的政治意愿，而是因为连年的匮乏和糟糕的治理带来的欺诈和依赖积重难返。"

缺乏好的领导人可能是腐败产生的部分原因，但不是主要原因。实际上，腐败的起因比领导人选更具根本性。腐败其实是人们能够"雇用"得到的，最为权宜的解决办法。人们在所有可能的选择中选择了腐败，因为它能带来最大的好处，至少当时是这样的。

第二阶段：转入地下、可以预测

第二个阶段是"转入地下、可以预测的腐败"。在这一阶段，腐败或多或少地变为一种公开的秘密。电影《北非谍影》（*Casablanca*）中的一个片段可以说明这一点。在这部电影中，警察局长路易·雷诺（Louis Renault）在里克（Rick）那家热闹的非法夜总会中发现了赌博活动，当即大呼："震惊！太震惊了！"实际上，那家夜总会一直在定期向雷诺行贿。人们能明显察觉到腐败的存在，但是，他们同样明显地察觉到，有体制站在腐败分子身后为其撑腰。与此同时，碰巧经济的发展也在同时发生着，腐败因此被视为经商的必要成本。

从无法预测的腐败到可以预测的腐败，这一转变可能需要极高的经济和政治成本。它需要的主要是新市场的开辟，而不是新法律的颁布。其实大多数沾染腐败的人心中雪亮，他们知道自己正在做一件不该做的事，而新的法律只能解决什么时候该做什么事情的问题，以及政府什么时候有权执行法律的问题。

许多其他的贫困国家也一样，主要依靠法律手段根除腐败问题，但是收效有限。自相矛盾的是，为了抗击腐败，这些国家颁布的法律越多，腐败的蔓延似乎越甚。但是如果法律机构既没有执法的力度和资金，又缺少执法的强烈意愿，即便颁布再多的法律又有何用？

与此同时，我们不得不承认中国近 40 年来的飞速发展，不得不正视这 40 年来 FDI 的大量涌入。1970 年，中国的人均 GDP 约为 112 美元，今天这一数字达到了 8 200 美元。40 年前，中国人的平均预期寿命只有 59 岁，今天约为 76 岁。中国的年均增长率长期保持在 10% 以上，并在这一时期全球增长份额中占据了大约 40% 的比例。[5]

中国的经历十分值得注意，中国同样在一定程度上存在腐败问题，但腐败问题并没有阻碍中国经济的大发展，没有妨碍繁荣局面在中国落地生根。最能说明这一点的也许是过去 40 年间 FDI 的极速增长。1980 年，进入中国的 FDI 约为 4 亿美元。2016 年达到了 1 700 亿美元，足足增长了 42 400%！实际上，仅在 2006 年至 2016 年这 10 年间，就有 2.3 万亿美元的 FDI 进入中国。[6] 难道那些把动辄数万亿美元投向中国的投资者对这个国家的情况一无所知吗？他们为什么没有等到中国根除腐败之后再投资？

即使中国的经济仍在快速发展（就像前文提到的，中国在过去几十年间帮助将近 10 亿人脱离了贫困），我们依然要说，中国仍然有进步的空间。要想实现长期可持续的繁荣，一个国家必须前进到第三阶段。

第三阶段：透明

2017 年，美国用于游说的总费用超过了 3.3 万亿美元。[7] 背靠巨额资金，政治说客们巧舌如簧，对政府施加各种各样的影响，目的是推动政府出台有利于自己事业、行业或者特定利益的法律。但是，即使是在这种情况下，美国在"透明国际"的清廉指数排名中依然名列第 16 位。[8]

在美国，腐败是一种广受鄙夷的行为。腐败一经发现，就会遭到毫不留情的铲除，当事人面临的是法律层面的严峻控诉。1977 年，美国颁布了《反海外腐败法》（Foreign Corrupt Practices Act，简称 FCPA）。它的作用是防止美国企业在海外可能出现的腐败行为，以及防止国际企业在美国本土可能的腐败行为。曾经触犯过这一法律的企业有很多，包括沃尔玛、西门子、雅芳和阿尔斯通（Alstom，一家法国的工业集团）以及许多其他企业。这些企业都因为触犯《反海外腐败法》而付出了数亿美元的巨额罚款。

一边是公开花费几十亿美元来影响政府的决策，另一边是大刀阔斧地查办腐败分子。这看似矛盾的两点是如何形成一致的呢？除了游说属于合法行为之外，还因为游说是一种极为透明的做法。对游说感到好奇的人们可以随时从美国参议院公共记录办公室访问相关数据，谁在为什么事游说什么人，一目了然。

除了公开透明之外，美国经济本身也是相对容易预测的。美国并不是腐败的净土，稍微有些理智的人都不会对美国的实际情况掩耳盗铃。但是，不同之处，同时也是给人以希望之处在于，美国通常会曝光腐败、诉诸法律、严惩不贷。用不着花费太多力气，人们就能在美国报纸的头条上看到贪腐政治家的新闻。以我们所在的马萨诸塞州为例，最近的三任众议院发言人都因腐败沦为重刑犯。前伊利诺伊州州长罗德·布拉戈耶维奇（Rod Blagojevich）因为"兜售"奥巴马时期的参议员席位而遭到腐败指控，最终被审判定罪，处以14年监禁。

美国并不是从一开始就对布拉戈耶维奇这样的人严惩不贷的。美国是如何从一个腐败横生的国家转变为一个将公开透明奉为圭臬的国家的呢？

特威德"老板"的美国

一个贫穷落后的美国让人难以想象，而一个纵容公然贪腐的美国更加令人难以置信。事实上，美国历史确实有过这样一个时期，其腐败程度丝毫不逊于一些现在最贫穷腐败的国家。

什么是公然腐败？在美国，公然腐败最好的例子莫过于19世纪美国政客威廉·马格尔·特威德（William Magear "Boss" Tweed）。特威德出生于1823年，绰号"老板"，他很早便涉足政治，28岁即被选为纽约市议员。担任议员几年之后，特威德创办了一家律师事务所，而特威德并不是持证律师。通过这家事务所，特威德收受了很多大企业所谓的"法律服务费"，实际上大部分都是敲诈勒索所得。有了这些资金的支持，特威德在曼哈顿购置了大量地产,他在纽约政治界的影响力也与日俱增,而这一切只是一个开始。

传记作家肯尼斯·阿克曼(Kenneth Ackerman)如此说:"鼎盛时期的特威德团伙就像工程奇迹一般坚不可摧,它极富策略地部署力量,仿佛围棋高手落子一般控制了最关键的权力单位,包括法院、立法机关和财政部门,甚至一度控制了选举。这一欺诈组织规模巨大,组织完备,囊括了多种犯罪行为,包括洗钱、分赃,其甚至拥有自己的组织部门。"[9] 作为坦慕尼协会(Tammany Hall)当时的领导者,特威德(他同时还是美国众议院成员)贪污了巨额资金,用今天的美元计算,这些资金大约在10亿美元到40亿美元之间。[10]

1889年,讽刺周刊《泼客》(Puck)刊载了一幅漫画,题为"参议院的大人物们"(The Bosses of the Senate)。在这幅漫画中,美国参议院的代表们被描绘为各大商业利益集团的狂热代言人,例如钢铁托拉斯、铜业托拉斯、糖业托拉斯等等。这些代表高高在上地端坐在阳台上,阳台下面是进入参议院的几扇大门。其中一扇门上写着:"这里是参议院,归垄断者所有,为垄断者服务。"而代表"人民"的那扇门上挂着一个牌子,上面写着"暂停营业"。[11] 由于美国的腐败问题太过严重,泛滥成灾,时任总统伍德罗·威尔逊(Woodrow Wilson,任期1913—1921年)不得不在自己的任期之内解决这个问题。

1913年,威尔逊总统在他的一部著作中这样写道:"美国的法院被私人利益控制着。那里有贪污腐化的法官,他们的做派就像某些人的奴仆,而不是人民的公仆。啊!这是美国历史上多么可耻的一页。司法过程是我们这个国家里安全底线的最后一道防线;如果它仅仅保护很小一撮人的私利,而不是保护广大人民的权益,你我的安全要从何谈起?"[12]

美国主要的基础设施项目同样腐败横生,例如铁路和公路建设项目等等。尽管19世纪的铁路建设和20世纪的公路建设为美国带来了巨大的利益，但它们同时也带来了史无前例的腐败。当时，美国政府大力开发铁路事业，并为承包商提供补贴。这些补贴通常是根据建成铁轨的长度发放的，而不是根据铁轨的质量或者施工的效率。因此，一些承包商的铁轨修得很长，但徒有其表。由于承包商之间的竞争是为了获得"联邦政府的补贴，而不是使用铁路的乘客"，所以，这些工程多数会使用不达标的劣质材料。[13]

汽车热潮在20世纪初期席卷美国，当时的公路建设情况也是一个很好的例子。根据厄尔·斯威夫特（Earl Swift）在《大路》中的描述，当时的美国联邦公路管理局局长托马斯·麦克唐纳（Thomas MacDonald）"考察了公路建设工地，发现偷工减料甚至施工作废的情况比比皆是。在很多地方，政府投入的1美元中只有10美分被用来修路……包工头协商瓜分了美国的工程，保证每个承包人都能获得某个区域的路桥工程，这样的做法带来的是疯狂加价的高价合同。美国的纳税人为此付出了双倍的成本。"[14]

假如当时存在"透明国际"和它的年度排名，美国不可能在"最不腐败"的国家里遥遥领先。然而，经过了这么多年的时间，美国终于找到了防治腐败的办法，如今排在全球最清廉国家的第16位。主要的改变是美国的法律变得更好了吗？是因为美国选出了更优秀的政治家吗？是因为美国的制度变得更优秀了吗？当然，这些因素都发挥了一定的作用，都对美国创造和支持如今的透明文化做出了贡献。但是，它们并不是美国的腐败忽然减少的起因。

越来越多的美国人为自己创造了越来越多的财富，为自己找到了更好的谋生方式，随之而来的是他们越来越响亮的反对腐败的声音。斯坦福大学法学教授劳伦斯·弗里德曼（Lawrence Friedman）这样形容："就政治角度而论，饱受腐败之苦的人们，他们的愤怒在1840年时几乎感受不到，到

1860 年也不算明显，但是，到了 1890 年，它汇聚成了咆哮的怒潮。"[15] 显然，1890 年时，美国还没有有效解决腐败。但是，当时的人们已经能够看到一种正在美国发生并不断进化的过程。更好的未来朝着美国人走来。

美国的发展历程告诉我们，尽管腐败泛滥、世事无常，经济发展依然是可能实现的。[16] 美国腐败问题的改善主要不是来自立法机关，也不是由于执法部门日益加大的执法力度。它主要来自一种基本等式的变化，也就是普通的和富裕的美国人挣钱、进步，以及为自己和家人谋生活的基本等式的变化。爱德华·格莱泽和安德鲁·施莱弗在他们的文章中得出这样的结论："同 20 世纪初相比，20 世纪 20 年代美国资本主义的腐败情况有所缓解，工人和消费者的待遇也有所提高。"[17] 尽管美国今天的资本主义依然不尽完美，但它至少比 20 世纪 20 年代时更胜一筹。

通常是经济的发展促进反腐事业的成功，而不是反腐成功带来经济的发展。尽管随着时间的推移，有些人会变得越来越腐化堕落，那是因为终其一生，这些人都在贪腐。我个人绝不相信，很多人清早起床第一件事就是去贪污。

当人们谋求发展时，如果不存在更好的替代方案，腐败常常会成为最可行的选择。然而，一旦出现更好的选择，通向公开透明的道路也就清晰了。这就发生在全世界许多国家里，大家都看得到。

暴君与草民

欧洲曾是一块腐败横生的大陆。在当时的欧洲，最明显的腐败形式莫过于专制君主，他们劫掠土地、侵吞资产、随意屠戮平民。专制君主被比作抢劫犯，他们"一直觊觎着、试探着……永远企图着……可供偷盗的东西。"[18] 腐败渗透在欧洲社会的每个角落，成群结队的武装人员，半兵半匪，在皇室力量的秘密支持下，通过勒索和其他残忍的方式敲诈钱财和资源，所过之处，寸草不生。老百姓无论年龄、性别和地区，人心惶惶，无人幸免。[19]在当时的欧洲，只要有足够的钱，即使一介平民也能通过今天完全无法想象的方式买通法官和陪审团。[20]

与美国相比，尽管欧洲从公开腐败到公开透明的过渡更为缓慢（也许也更为痛苦），但是，最终引起转变的部分原因是相同的，那就是创新，也就是为这块大陆上数量众多的未消费者开辟新市场的创新。这种创新给了普通欧洲人一种切实可行、可供选择的谋生手段。这些新市场也迫使政府在征税和管理人民的时候运用更富创意的手段。

随着人类社会与农耕时代渐行渐远，金银等贵金属开始获得越来越高的流动性。因此，政府需要谋划更有效的方式向人民征税。哈佛大学教授罗伯特·贝茨（Robert Bates）在他的著作《暴力与繁荣：发展的政治经济学》（*Prosperity & Violence: The Political Economy of Development*）中的结论是："为了更好地从人民身上搜刮个人财富，君主创新了压榨手段，其中最重大的一项创新就是议会。在这种被称为议会的论坛上，王室在公共政策方面的让步可以换来公共收入的报偿。"仿佛突然之间，人民的财富变得更容易转移了，因此，政府选择用引诱来取代欺压。[21]从直接掠夺财富变成追求创造财富，于是，一种新型经济诞生了。

除此之外，由于君主不断发动战争以扩大国家版图，所以需要筹措资金的数目越来越大。例如，17世纪的英国国王拥有大量的账户，但这些账户通常都是现金不足的。无论今时还是往日，没有什么比穷兵黩武的政府闹饥荒更糟糕的事了，和今天的不同之处在于，现在人们通常认为主权债务比私人债务更加安全（尽管这具体取决于是哪一国的主权债务）。但在当时，主权债务被看作市场上风险最高的债务。主权债务比私人债务盘子更大，偿还时间更长，特别糟糕的是，君主们可以轻易违约。朕没钱，奈若何！那些专门借钱给君主的投资者们的资金不再牢牢地和土地拴在一起，因此变得越来越灵活，这一特点促使君主们纷纷推出了更廉洁、更透明的制度。[22]

这些制度一开始比较简陋。但是，它们为欧洲的投资者带来了相当可观的可预测性。例如，法院更加注重判决的时效性，而不是像从前一样偏重精确性。如此一来，投资者能够大概估算出走完法律程序所需的时间，以及判决会对业务产生怎样的影响。这一点非常重要。研究表明，在一个腐败横生的体系中，不可预测性的害处实际上可能要大于腐败本身。[23]

随着欧洲市场的扩大，法院系统也在相应地进步。这一变化直接影响了普通欧洲人的文化，促使人们为这些透明度更高的新制度赋予极高的价值。新制度行之有效。重要的是理解它们为什么有效：这些制度提升了透明度，它们中的很大一部分是同新市场紧密结合的，是新市场维系了这些制度，并把它们变成了必不可少的制度。

500年过去了，今天的环境显然不同了，并不是每个贫困国家都像当时的欧洲国家一样处于战争状态或者有一个极度缺钱的政府。但是，那个基本等式依然没变。想让一个社会中的人们遵纪守法，需要有足够好的理由才能办到。还记得阿根廷政府为了收税要求小承包商申报收入的例子吗？为了做到这一点，阿根廷政府曾经费尽了周折，却无法取得任何进展。是IguanaFix公司改变了这一切。这家企业的做法很简单，它为阿根廷人带来了道德责任之外的好处，那就是解决生活中的种种难题、取得进步的能力。

让公开透明扎下根来

有些国家看起来和美国以及欧洲诸国非常不同，但是，在通向公开透明的道路上，这些国家依然表现出了与欧美相似的模式。朴正熙（Park

Chung-hee）将军是韩国 1963 年至 1979 年的独裁统治者。假如当时有人告诉他，他的女儿朴槿惠（Park Geun-hye）有一天会成为韩国总统，他当然不会惊讶。但是，如果那个人接着告诉他，他的总统女儿有一天会遭到韩国国会的弹劾，并被指控贪污腐败，朴将军也许会震惊得说不出话来。

然而，这一切真真切切地发生在韩国。2016 年年末，因为涉嫌受贿、滥用职权和其他与贪腐有关的罪名，朴将军的女儿朴槿惠被解除职务。2017 年 3 月，韩国宪法法院一致通过，支持国会的决定。2018 年 4 月，韩国前总统朴槿惠被判处 24 年监禁。[24]

要充分理解这一事件的意义，先要了解这样一个事实：朴将军曾领导韩国多年，直到 1979 年遇刺为止。在他的铁腕独裁统治下，韩国的经济增长达到了令人艳羡的程度。然而，朴将军治下的腐败问题同样严重。当时的韩国政府为个别大企业提供优惠政策，投之以桃；这些企业向政府官员提供回扣，报之以李。这种投桃报李的做法支持着韩国的体制，只要经济保持发展，这些腐败似乎显得微不足道。但是，它实际上完全不是微不足道的。

经济学家穆什塔克·可汗（Mushtaq Khan）是这样论述腐败与区域制度发展的："谈到制度的质量，如果按照官僚体制、法律规则、政府没收风险及拒绝履行合同等标准来衡量的话，20 世纪 80 年代那些成功的东亚国家仅仅比现在许多表现极差的国家略微好些。"在"透明国际"的清廉指数排名中，经济快速发展的印度尼西亚、缅甸和加纳得分相同，韩国与马来西亚得分相同，泰国与科特迪瓦得分相同。透明国际的清廉指数显示，在 20 世纪 80 年代，快速增长的东亚各国的清廉指数得分相当于现在一些发展中国家的得分。[25] 而现在的韩国正在稳步迈向一个更加透明的社会。

随着各国对创新投入的增加，这些创新为国民带来了繁荣。与此同时，各国的反腐系统也日渐完善。作为这种完善的必然结果，弹劾一位腐败的

第九章　腐败本身不是问题，而是解决方案　187

国家元首不仅变得可能，而且是极为可能的。很多今天贪腐成风的国家都有可能迎来更加公开透明的未来。想做到这一点，务必保证正确的先后次序。

那么，接下来怎么做？

那么，要怎样做才能减轻腐败呢？按照我们的理解，人们"雇用"腐败，主要目的是让自己的生活获得进步。从这一点理解出发，我们可以给出两点建议。第一，能否不再把全部重点放在与腐败的斗争上？这是因为，假如不能在反腐的同时提供一种替代方案，供人们"雇用"的话，就很难把腐败降到最低程度。这就像打地鼠，每打掉一种腐败，总会有另外一种形式的腐败冒出来。

哈佛大学的爱德华·格莱泽和安德鲁·施莱弗指出，每个国家都会根据自身所处的具体环境来决定实行哪一种制度或者哪一种执法机制。格莱泽和施莱弗的模型表明，"如果一国政府的行政能力极为有限，法院和监管机构容易受到恐吓的威胁和腐败的侵害，也许这个国家应该接受已经发生的市场失灵和外部效应，而不是尝试通过行政过程或者司法过程来解决这些问题。这是因为，如果一个国家想要纠正市场失灵，就势必要颠覆司法体系，各种资源只会浪费在这种颠覆上，而它纠正市场失灵的尝试也会失败"。[26]也就是说，如果一个国家没有能力落实纸面上的法律，那么，无论它颁布多少新的法律、制度来打击腐败，都无济于事。

很多贫困国家的政府真心实意抓反腐，不断地把非常有限的资源投到大刀阔斧的反腐斗争中去。它们为什么不试着把工作重心转移到推动新市场的开辟上，以帮助人们解决日常生活中的难题？只要开辟出足够多的市场，让人们从这些市场的成功中受益，政府就能收获更多的收入，并用这些收入来改善司法系统、执法系统和立法系统。不仅如此，新市场还会创造新的就业机会，这些就业机会可以替代腐败，切实地成为人们积累财富的新手段。要知道，在没有提供其他"雇用"对象的情况下，强求人们不再"雇用"腐败是很不现实的，而且，数据告诉我们，这种做法通常是徒劳无益的。

组织运营的整合与内化

第二条建议，我们应该把工作重点放在自己可以控制的范围之内，通过运营的整合和内化来降低腐败发生率。为了控制成本、提高日常经营的可预测性，每一个组织都能理解纵向整合与横向整合的重要性，这也是很多大型企业在新兴市场开展横向及纵向整合的原因之一，如果放在较繁荣的国家，这些整合工作就没有必要了。就像前文提到的，为了保障稳定的、可预测的供应，营多方便面的制造商托拉拉姆为自己的运营提供电力，还建立了配送和零售网络。

一个组织通过商业模式纳入经营之内的要素越多，该组织减轻腐败的机会就越大。从某种意义上来说，这就像一个组织拥有了一块崭新的画布，它可以在画布上书写新的规则，定义新的奖惩制度。这正是罗山公司（Roshan）这家领先的阿富汗通信企业控制腐败的做法。

在"透明国际"的清廉指数排名中，阿富汗的得分是 15 分（满分 100 分），该国在 180 个国家中排在第 177 位。"透明国际"最新发布的一项报告表明，尽管阿富汗举全国之力打击腐败，但它根本不可能实现自己承诺的目标。罗山公司清楚地知道，想要征服阿富汗多年养成的腐败文化，一味打击是不够的，还需要做些别的工作。

也许很多人已经忘了 20 年前在阿富汗打电话是一种怎样的体验。幸好有菲利普·奥尔斯瓦尔德（Philip Auerswald），他的著作《正在到来的繁荣》(*The Coming Prosperity*)能够帮助我们回忆当时的情景。奥尔斯瓦尔德引述了罗山公司创始人凯利姆·库拉（Karim Khoja）的一段话："除非你富得流油，否则，你要走上几百公里，到最近的邻国去打电话。当时的阿富汗只有一家移动电话公司，它的收费标准是500美元一部手机，每分钟12美元的国际长途通话，每分钟3美元的国内通话。即使这样，如果不'表示表示'，你连电话公司销售人员的面都见不到。"[27] 时至今日，罗山正在为大约600万人提供服务，它还为自己赢得了合乎道德标准的美誉。罗山公司共有1 200名员工，几乎全部由阿富汗本地人组成。然而，这一切来得并不轻松。2009年，罗山为每一位阿富汗员工支付的培训开支超过了1 500美元，这些员工得到的不仅是技术培训，还包括业务培训和商业伦理方面的培训。

然而，罗山公司所做的并不仅仅是商业伦理的培训，它希望人们永远选择人性中良善的一面。这家公司清楚了解进一步整合的必要性。为此，罗山建立了专门的政府关系部门，以处理腐败相关的指控和新闻报道。无论何时，只要遭到索贿，员工必须立即向这个部门汇报。该部门将把情况通报给阿富汗政府相关部门负责人、涉事部门和媒体。今天，罗山公司被看作阿富汗希望的灯塔和国家之宝。

在很多腐败指标上面，阿富汗的表现仍然不尽如人意。但是，罗山公司的例子告诉我们，即使在最困难的经营环境里，防止腐败依然是可能做到的。既然公开透明能够在今天的阿富汗扎下根来，那么它同样能在别的国家里生根发芽，对此，我们充满了信心。

从盗版到订阅

对大多数人来说，尤其对生活在贫困国家里的人们来说，腐败只是一种达到目的的手段而已。只要给他们一种替代性方案，多数人不会继续"雇用"腐败来谋求发展。强制施行的道德通常是一种极其昂贵的策略，它会带来好坏参半的复杂结果。但是如果没有这种强制性的道德，就不会有随之开辟的新市场。没有比开辟新市场更理想的反腐之道了。

以 21 世纪初美国的音乐产业为例，在几次相对较快的更新迭代之后，盗版和非法音乐分享文化早已被用户付费的流媒体音乐取而代之了。

如果你的年纪足够大，一定还记得"混音带"（Mixtape）的黄金时代。你一定记得，双卡录音机这一伟大创新出现之后，复制一盘磁带是多么轻松的事。只要买上一盘磁带，就能轻松地为自己和朋友们复制很多盘一样的磁带。当时，很多人都会为派对准备混音带，送混音带给自己的女朋友或者男朋友，长途自驾旅行更是离不开混音带。有了自制混音带，我们就能为自己制作蒙太奇式的音乐合辑，想听就听。音乐行业的管理者用了很多年的时间游说国会出台更加严格的版权保护法律，并且耗费数百万美元用于各种宣传活动，力图让群众提高认知，不再通过这样的方式"盗窃"音乐产品。然而，这些努力丝毫没有改变拷贝磁带的做法。评论家杰弗里·欧布莱恩（Geoffrey O'Brien）把个人混音带称为"流传最为广泛的美国艺术形式"。从另外一个角度看，对我们喜爱的艺术家来说，这种所谓的艺术确实是一种盗窃。仿佛一夜之间，美国成了一个充满音乐窃贼的国度。而且，除了音乐业内人士之外，似乎没人在意这一点。

实际上，音乐行业更大的劫难还在后面，它就是纳普斯特（Napster）。这是一种开创性的点对点文件分享技术，它让在家里翻录磁带的做法变成了老古董。忽然之间，全世界的人们都能相互分享音乐了：任何人，在任何时间，分享任何音乐。人们真的这样做了，他们不加选择地大量分享。情况变得一发不可收拾，以至于音乐行业里的每一家公司都把纳普斯特告上了法庭。纳普斯特输掉了官司，停止了运营，并最终宣布破产。尽管音

第九章　腐败本身不是问题，而是解决方案

乐行业赢得了针对纳普斯特的战斗，但它输掉了阻止热爱音乐的美国人非法分享音乐的战役。非法分享从此转入更深一层的地下运营。

斯蒂芬·威特（Stephen Witt）是一名记者，他出类拔萃的自白体著作《谁把音乐变免费》（*How Music Got Free*）描述了自己在盗版音乐世界里令人激动的初次体验以及最后回心转意的过程。威特之所以不再盗窃音乐，并不是因为道德意识的突然觉醒。相反，多年以来，威特在偷偷摸摸的音乐盗版产业里怡然自得地享受了多年。他之所以在2014年决定不再盗版，主要是因为这"太麻烦了"。威特在书中写道："盗版变得越来越贵，越来越耗费时间，到了一定程度之后，你会发现，其实订阅"声破天"（Spotify）和"网飞"（Netflix）的服务更划算。'私人'数字财产的个人所有制正在消失；在新的范式之下，数字商品属于一种企业财产，用户购买的是这些数字商品的有限访问权。当我第一次使用声破天时，我立刻意识到，这一次是公司赢了——它的巨大规模和便利性让种子下载显得老旧不堪。这是我第一次看到，合法企业的产品比地下世界的产品还要好。"

音乐行业也许能偶尔赢得一些盗版官司，但是，只有真正理解了人们为什么"雇用"这些替代方案，正版唱片公司才有可能占据上风，完全掌控属于自己的打地鼠游戏。这个道理在整个社会范围内都是有效的。我们也许能够成功地打击个别腐败政客或者贪污行为，但是，如果没有真正理解人们为什么选择腐败手段，我们就只能不断地把辛苦得来的资源用在抗击腐败的斗争中，这种投入是看不见底的。这样说的目的，并不是要大家对腐败行为睁一只眼闭一只眼，坐等开辟式创新来对付腐败。我们知道，这个过程是需要时间的。我们想说的是，想为正在进行的反腐斗争赢得一线胜利的曙光，就必须大刀阔斧地运用开辟式创新来支持我们正在做出的努力。

* * *

40年前向我索取"保护费"的那位韩国大哥的行为算是腐败吗？按照

我们的定义，这当然是腐败。贫困国家里索要贿赂的警察的行为算是腐败吗？绝对是！这些人之所以贪赃枉法，是因为他们是道德沦丧的败类吗？我不这样看。对他们中的每个人来说，腐败是没有办法的办法。而且，在他们身处的社会中，想要取得生活上的进步、养活家人，腐败往往是最有效的办法。就像我们反复看到的那样，简单地颁布新的法律是不可能改变这些人的行为的。它只能让腐败转入地下，变得更隐蔽。

我们并不是说，一个社会能够彻底根除腐败，但是，我们相信，腐败是可以在极大程度上减轻的。因为控制腐败能够提高可预测性，可预测性是提升信任和透明度的关键所在。所以，这关系到一个社会的发展潜力问题。实现繁荣是一个过程，做到公开透明同样是一个过程。

许多人认为，建立强有力的制度、扫除腐败是一个国家经济发展的前提条件。然而，审视这个广为人们接受的看法时，我们一次又一次地发现，创新，尤其是开辟式创新，能够成为改变发生的催化剂。无论是在健全的制度中，还是在腐败的环境里，开辟式创新都能够拉动必需的要素。这些要素会随着开辟式创新一起到来，随之而来的还有经济发展拼图中最显而易见的一块：基础设施。

第十章

基础设施的悖论

> 在开普敦的山海之间,是没有竣工的高速公路。它是这座美丽城市的怪异地标:一段段的高架路悬在空中,它们从20世纪70年代工程停顿时就留在那里。40年过去了,巨大而简陋的水泥板路面依然无依无靠,像一个个险峻突兀的断崖。
>
> ——《经济学人》杂志[1]

简述

在只有一间教室的学校里,孩子们坐在泥土地面上听课。医院和诊所的走廊里挤满了排队的患者,他们急切地等待着救治。妇女们在没有路面的土路上长途跋涉,只为了汲一桶清水。无法通行的道路、故障百出的铁路、效率低下的港口,以及污水处理设施的缺乏。联合国贸易和发展会议(United Nations Conference On Trade And Development,简称UNCTAD)的一份报告显示[2],落后的基础设施是最明显的贫困迹象,也是一些国家无法摆脱贫穷循环的主要原因之一。联合国贸易和发展会议的思路是,只要贫穷国家改善了基础设施,投资就会水到渠成,经济繁荣就会接踵而至。

的确，无论是投资者、企业家、经济发展工作者还是跨国企业，都会因为全球众多低收入国家缺乏可靠的基础设施而倍感挫折。但是，尽管如此，认为基础设施投资会带来经济繁荣的假设仍然遗漏了一个关键问题：是什么在维系成功的基础设施的发展？它会像政府或者用意良好的发展机构为几百万甚至几十亿美元的资金指定用途那么轻松吗？在这一章里，我们来探讨开辟式创新与基础设施之间的关系。我们发现，如果没有像样的投入来培育创新，通过创新来开辟新市场或者支持现有市场，许多基础设施项目是不堪一击的，很容易就会失败。

＊＊＊

莫·伊布拉欣最初提出建立一个覆盖非洲大陆的移动电话公司这一想法时，他和他的同事们首先面对的问题就是糟糕的基础设施。他们不得不开动脑筋，通过创新的办法一个国家一个国家地解决基础设施问题。伊布拉欣在英国电信公司工作了半辈子，可是那些经验也无法帮助他克服非洲前所未见的挑战。比起非洲的经历，从前在欧洲的工作恍如隔世，伊布拉欣回忆当时的情景："在欧洲建立一家移动通信企业，只需要和现有的通信企业做做交易，填填表格，打打电话就够了，而在非洲，你真的是在建造网络，一个铁塔一个铁塔地建造。"

一开始，伊布拉欣和他的团队从几个网络牌照比较廉价甚至免费的国家做起，包括乌干达、马拉维、刚果（金）、刚果（布）、加蓬和塞拉利昂等。这些国家的消费需求压抑已久，一旦释放出来，几乎让伊布拉欣招架不住；无论他们怎么努力，网络开通的速度似乎都永远跟不上用户的需求，比如加蓬，在 Celtel 开通网络那一天，为了争抢进入营业厅，用户真的挤破了一扇门。加蓬人民对电话服务的需求就是如此迫切。然而，对伊布拉欣来说，这一需求意味着更大的基础设施建设压力，只有建好必需的基础设施，Celtel 的业务才能建立和持续运行，这是一项极为艰巨的任务。

再比如刚果（金），在这样的国家开展业务，一开始就像是一场噩梦，因为那里根本没有像样的道路，有些地方甚至连路都没有。伊布拉欣的团队只能用直升机把沉重的设备运到山顶或者其他不毛之地。不仅如此，他们还要想办法为偏远地区的机房供电。

Celtel 团队必须自力更生地解决供电和供水问题。为此，伊布拉欣使用了大量的柴油发电机。此外，还有一个特别的挑战是他丰富的工作经验完全帮不上忙的：在交火区建设铁塔，还要确保不得罪交战的武装集团中的任何一方。伊布拉欣的批评者警告他说，他不可能在军阀割据的地盘上建好铁塔。事后证明，这是一种毫无来由的恐惧。这些武装团伙不仅欢迎 Celtel 来建设铁塔，还为施工人员保驾护航。因为他们很快就认识到，这些铁塔能帮助他们在交火时更好地通信。这帮助他们解决了一个大问题。

就这样，伊布拉欣和他的团队一个铁塔一个铁塔地建好了基础设施，Celtel 公司的业务开始起步。一开始，Celtel 的网络质量并不完美，覆盖范围也不均匀。随着用户群体的增长，公司建设完备基础设施的能力，以及同当地政府合作完成这一任务的能力得到了提升，Celtel 的网络迅速获得了完全的基础设施支持。到今天，非洲的移动通信基础设施支持着大约 10 亿用户的日常通信。伊布拉欣的公司获得了极大的成功，不仅如此，它对基础设施的投资还吸引了更多的投资，带来了一大批企业家对非洲通信事业的关注。在 20 年前的非洲，通信是完全不存在的产业，也没有一砖一瓦的基础设施。如今，它吸引着几十亿美元的投资，并为非洲带来了 2 000 多亿美元的经济价值。

在经济不景气的国家里，很多人把基本基础设施不足视为不可逾越的障碍。一些企业认为，基础设施一天不到位，它们就一天无法在这些新兴市场里真正扎下根来，而在另一些人看来，基础设施不是天下掉下来的，它需要被一点点拉入市场。拉力通常来自当地最需要的那些"刚刚好"的解决方案。只要采访一下非洲当地的手机用户,你就会明白,在过去的20年里,非洲的手机服务得到了怎样的提升。当然,今天的服务依然谈不上完美。但是,它比20年前,或者说,10年甚至5年前要好得多。有趣的是,我们发现,150年前的美国也发生过类似的现象。随着经济的发展,成功的基础设施项目和企业一起成长壮大。良好的基础设施离不开市场,它需要市场吸收建设成本,它还需要市场来维系和管理。

强推的基础设施通常很难交付

如何走向繁荣?有一种说法认为,必须首先推动基础设施建设。在贫困国家里,政府必须为社会建好各类基础设施,有意义的经济发展才会出现。这种说法算不上年代久远。20世纪50年代,这种把大规模基础设施建设视为经济发展基本前提的思想才开始深入人心。"基础设施"这个词语一开始并没有得到普遍的使用,直到几篇影响深远的论文把它作为经济发展的先导大肆鼓吹后,这个词才开始广为流传。[3] 自此之后,"基础设施"成了"进步"的代名词。然而,它通常也和政治风云的变幻紧密相关。

如果你去过南非的开普敦,一定会对那条横贯市中心的高架公路印象深刻,这条路只修到一半就停下来了,连防止汽车掉下去的护栏都没有,活像航空母舰上的弹射甲板。这条断头路一直保持着烂尾状态,到现在已经40年了。它最初的设计目的,包括使开普敦较贫困区域的居民更加方便地从自己的社区抵达薪酬较高的工作所在的区域。后来的事实表明,根本就不存在那么多薪酬较高的职位。因此,当资金用尽、优先级改变时,这条高架路便停工了。从此以后,这条路成了好心办坏事的最明显的标志物。偶尔会有前卫的广告或者时尚摄影把它当作背景,偶尔也会有电影或者电视在这里取个景,仅此而已。这条路一放就是40年。

第十章 基础设施的悖论

如果没有充足的市场来利用基础设施，中低收入国家推动基础设施建设可能会带来庞大的、漂亮的、以失败告终的基础设施项目。它们会耗费几十亿美元的资金，最终却只沦为希望破灭之后令人痛苦，但又抬头不见低头见的标志物。

作为对比，我们可以回顾一下艾萨克·辛格的故事。苏格兰现在还有一座辛格火车站，这个车站建于1907年，当时作为把胜家缝纫机从苏格兰的工厂运往市场的便捷通道。美国第一条主要铁路是由巴尔的摩俄亥俄公司修建的，一群来自巴尔的摩和俄亥俄州的投资人和企业家联合成立了这家公司，主要目的是提高进入市场的机会。科尔曼·杜邦（T. Coleman du Pont）是一位美国工程师、商人和政治家，来自声名显赫的杜邦家族。他主持修建了杜邦高速公路，这条长度为100英里的高速公路位于特拉华州。科尔曼后来把这条公路捐献给了国家，它成了人们熟知的美国113国道和美国13国道。美国汽车热潮期间，古德伊尔轮胎公司的总裁弗兰克·希柏林（Frank Seiberling）承诺出资30万美元修建公路。希柏林的这一承诺是在没有征求董事会意见的情况下做出的。他后来评论此事："此举势必让古德伊尔获益良多。"[4] 卖轮胎的人们就是这样热爱修路。

纵观很多成功的基础设施项目，无论是过去的还是现在的项目，它们通常来自企业家更高效地解决某个问题的需要。在日本，摩托车和机动车的普及带来了沥青公路，或者说，至少让沥青公路得到了可持续的发展。1949年，全日本只有不到2 000公里的沥青公路，全国登记在册的机动车只有37万辆。10年之后，日本的机动车数量超过了500万辆，沥青公路的总长度翻了两番。这一现象不光出现在交通领域，它还发生在电力、教育、医疗、通信等其他行业。即使在今天，全世界依然存在各种各样由企业主导的基础设施项目，因为这些基础设施是这些企业提高业务规模所必需的。如前所述，托拉拉姆这家价值高达几十亿美元的方便面企业为自已建立了发电厂和污水处理厂,托拉拉姆积极参与开发的港口如今已成为非洲最大的港口之一。浦项制铁是一家韩国钢铁企业,也是全球最大的钢铁企业之一,它建立了浦项工科大学,这是一家培养技术负责人和技师的学校。亨利·福特决心以汽车大众化为己任,他为此修建和运营了好几条铁路。

尽管很多基础设施项目看上去非常昂贵,但是,如果能够找到办法,恰当地展示它所蕴藏的机会,资本就会随之而来。如果把基础设施项目与开辟式创新结合起来,它们将变得更加切实可行,从而吸引到必需的建设资金和维护资金。如果把基础设施项目完全割裂来看,几乎很难找到赢利的基建项目,也就很难吸引到必不可少的资金。

我的同事,哈佛商学院教授约瑟夫·鲍尔(Joseph Bower)在他的著作《管理资源配置流程:企业规划与投资研究》(*Managing the Resource Allocation Process: A Study of Corporate Planning and Investment*)中详细描述了类似的现象。鲍尔在书中解释了这样一种现象:在很多企业里,中层管理者没有能力把某些项目的价值同组织的赢利能力联系起来,因此白白浪费了很多好想法,这些想法本来是有可能帮助企业赚钱的。高层管理者甚至无法知道这些想法的存在,更别说加以考虑了,因为中层管理人员早已认定这些想法是无利可图的,并把它们束之高阁了。基础设施项目,尤其是贫困国家的基础设施项目,和这种情况相当相似。很多投资者也许从来没有认真思考过投资一条新路、一座专业技术学院、一个港口或者一所医院,因为他们单纯地把投资这些项目看作无利可图,却又不得不做的事。如果换个角度,从开辟市场或者支持市场发展的视角来看,许多基建项目会变得更生动有趣,无论是对政府而言,还是对企业来说,都是如此。

我们很容易认为这种现象是"穷国才有的"现象。其实不然。它是一种"创新先行,基础设施跟上"的现象,无论在穷国还是在富国,这种现象都是存在的。例如，2017年年末，脸书（Facebook）和微软建造了一项重要的数字基础设施，它被称为MAREA（西班牙语，含义为"海潮"），这是一条长达4 000英里的跨大西洋的海底光缆，一边连接美国的弗吉尼亚，另一边是西班牙的毕尔巴鄂。微软称，这是目前跨越大西洋的数据传输速度最快的一条光缆。就像铁路在19世纪帮助我们运输货物和服务一样，互联网基础设施正在帮助我们运输数字化信息。MAREA既不是弗吉尼亚出资的，也不是毕尔巴鄂建设的，它是微软和脸书出资建设的。

如今，许多贫困国家正在试图复制富裕国家的各种基础设施，但是，它们忽视了一点：富国的基础设施是几百年的发展和沉淀的产物。更糟糕的是，贫困国家没有把这些复制而来的基础设施与组织的需求结合起来，更具体地说，没有与开辟式创新结合起来。所以，就像我们看到的，很多国家充满了失败的基础设施项目，这可不是长久之计。

阿富汗就是一个例子。为了在阿富汗建设教育基础设施，美国在阿富汗投入了10亿美元，然而收效甚微。根据阿富汗教育部的数据，2011年，阿富汗全国共有1 100所学校正常开课。到了2015年，这些学校大多人去楼空，既没有学生，也看不见老师。[5]为了支持坦桑尼亚普及初等教育的承诺，该国政府计划投资2亿美元建造一座纸浆造纸厂（坦桑尼亚需要为学生印制大量的课本）。然而，设计者发现，这个项目规模太过巨大，技术上太过复杂，超出了当时坦桑尼亚人的能力范围。结果，这个项目半途而废，厂房成了昂贵而无用的摆设。在接下来的20年里，坦桑尼亚人民不得不为它支付账单。[6]在阿富汗首都喀布尔，美国政府出资建设了一座最高水准的基层医疗机构。这座诊所曾经每个月接诊数千例。然而，由于缺乏资金，这座诊所无力持续发展，无法偿付债务，因此被迫在2013年关门停业。与此类似，津巴布韦的帕瑞仁雅塔瓦医院（Parirenyatwa Hospital）曾是一家繁忙的医院，每月接待几千名津巴布韦患者，如今，这座医院早已人去楼空。

甚至有人说，这座空楼充满了某种"令人不安的诡异感"。[7]

为什么这些项目会虎头蛇尾，为什么总是一开始充满了希望和美好前景，最终却无一例外地交付失败？

基础设施分类

基础设施通常被定义为：社会或企业运行所需要的基本物理设施和组织结构。[8]这个定义引导我们相信，想要实现经济的发展，首先必须不惜代价地发展基础设施。[9]这个定义通过一个不变的视角看待所有的基础设施，那就是社会或者企业运行的必要条件。假如能够更准确地理解基础设施的作用，人们就会发现，在本地经济准备就绪之前强行推动基础设施建设，很难成功。

想真正理解为什么很多基础设施项目未能如期交付，就必须先为基础设施下一个适当的定义，并恰当地给基础设施分类。分类是非常重要的，作为一种基本单位，它构成了人类头脑对信息赋予意义的方式。当我们认识一种新事物时，我们的头脑首先会对它分门别类，认定它"像"或者"不像"头脑早已熟知的某些事物。我们也是通过分类来理解相对意义的。在学术界，恰如其分地把问题、答案和想法进行分类是提高关于世界运转知识的关键步骤。如果无法对事物进行适当的分类，我们就永远无法真正理解自己想要解决的问题是什么，也无法准确地诊断我们分析中的谬误。这就意味着，我们将永远无法解决潜在的问题。基础设施问题也不例外。

基础设施可以分为两大类：硬基础设施和软基础设施。认识到这一点非常重要。其中，硬基础设施指的是类似道路、桥梁、一个地区的能源动力及通信系统等的基础设施；软基础设施指的是类似金融、医疗和教育系统的基础设施。

立足于这一分类，我们可以看到一种与众不同的，也许更加有用的基础设施定义：它是社会储存和传递价值的一种最高效的机制。举例来说，道路是人们开发的用来运输和分发汽车、卡车和摩托车的最高效的媒介；学校是传递知识的最高效的媒介（到目前为止）；医院和诊所是传递医疗服务的最高效的媒介（相对于大多数医生只提供上门看诊服务的年代而言）；互联网是传递信息的最高效的媒介；港口是临时储存待运货物的最高效的媒介。这一定义彻底简化了基础设施的概念。

表 10-1　基础设施及其储存、传递，或者储存加传递的价值

基础设施	类别	价值	储存/传递
学校	软基础设施	知识	传递
金融系统	软基础设施	信用	储存和传递
港口	硬基础设施	货物	储存
电力系统	硬基础设施	电能	储存和传递
污水系统	硬基础设施	污水处理	传递
道路和桥梁	硬基础设施	汽车、卡车、摩托车、自行车等	储存和传递
水厂	硬基础设施	自来水	储存和传递

从粒度级别上理解基础设施的功能性目的，可以帮助我们发现基础设施的两点重要特征：

1. 归根结底，基础设施的价值决定于其储存或传递的价值。
2. 被储存或者传递的价值一定要能够弥补该基础设施的建设和维护成本，并且最终有助于建设和维护成本。

下面是关于这两点特征的解释。

学校不等于教育

如何确定一个国家的教育、医疗或者交通基础设施的价值？当这些基础设施为国民提供价值时，这些价值算高还是低？当前存在这样一种趋势：人们不肯花时间理解基础设施和它所传递或储存的价值之间的微妙关系，并急于上马各种基础设施项目。

基础设施是为了服务于目的而存在的。就其本身而言，基础设施是不产生价值的——它们只是传递或者储存价值。[10] 例如，很多贫困国家都在建造学校，但不幸的是，这些学校并没有将真正的价值传递给学生。因此，我们也许会为这些国家教育基础设施的"改善"而欢欣鼓舞，但是，其真正的价值，也就是传递给学生的教育的质量，仍是相当低下的。哈佛大学肯尼迪政府学院的兰特·普利切特就这一主题发表过大量的文章，普利切特观察到，"与以往相比，现在更多的孩子有学上、有书读。这一改善主要来自国际社会对于提高入学率的关注度，以及类似于联合国的第二个'千年发展目标'（Millennium Development Goals）的目标。但是，尽管有这么多的办学目标，却没有一个国际教育目标。这里要分清的一点是，办学并不等于教育。"[11] 就本质而论，学校和教育并不是同义词。

很多贫困国家学生所受的教育价值较低，这证明了普利切特的评价。例如，尽管绝大多数低收入国家的小学入学率已接近高收入国家水平，但是，二者的教育质量根本无法同日而语。[12] 一些针对识字和算数能力的国际评估表明，低收入国家普通学生的成绩比 95% 的高收入国家学生差。低收入国家前 25% 的优等生在高收入国家学校里只能排在垫底的 25%。[13]

对于那些在贫困国家中完成整个教育生涯的学生来说，情况并没有太大的不同。许多高等教育基础设施的价值似乎趋于均等，而其实际价值似乎也相当低。例如，加纳很多无法找到工作的大学毕业生组建了一个团体，取名为"失业阵线联盟"（Unemployed Graduates Association，2017年年末，这个联盟改了一个更乐观主义的名字：毕业生技能发展联盟）。突尼斯也有一个类似的组织，名叫"失业大学生联合会"（Union for Unemployed Graduates）。在尼日利亚、南非和肯尼亚，大学生"毕业即失业"的情况越来越严重，很多学生都在考虑低成本创业，这也许是他们勉强维持生活最可行的方式了。[14]

这些国家可能因为日益提高的初等、中等和高等教育入学率而沾沾自喜，然而实际上，这些学校传递给学生的价值是很低的。其他形式的基础设施也是一样，从医疗到交通，以及很多其他基础设施，无一例外。基础设施的价值是由它传递给民众的实际价值决定的。如果不能行之有效地、有利可图地、可持续地为民众传递价值，基础设施就不可能长久地存在下去。

谁来承担成本？

每当那些崭新的、光鲜夺目的基础设施落成时，人们往往会举行剪彩仪式。剪彩是庆祝竣工的重头戏，地不分南北，国不分贫富，大家都很喜欢剪彩。它是政客们自我表现的好机会，他们会敲锣打鼓地宣传自己服务人民的功劳（或者趁机把别人的功劳揽在自己头上）。然而，很多基础设施项目都是被强加于贫困社区的，所以它们往往无法储存或者传递足够的价值，也无法证明自己的建设和持续存在是合理的。这些基础设施无法产生足够的收入，所以难以为继。曾经充满希望的基础设施会逐渐衰败，而那些哗众取宠的剪彩仪式很快就会被人遗忘。

如果一项基础设施储存或者传递的价值无法支持自身的开发和维护（通常是通过直接或者间接税收的形式，或者通过基础设施提供商收费的模式），那么它就是无本之木，最终难免成为一段枯木。假如这样糟糕的情况不幸持续下去，那么，贫困国家将不得不一直借贷，以养活大型基础设施项目。许多贫困国家从此陷入债务循环，无力自拔。2018年3月，国际货币基金组织（IMF）发布报告称，全球有40%的低收入国家处于债务危机之中，或者非常可能陷入债务危机。

　　以刚刚完成调试的蒙巴萨—内罗毕标准轨距铁路为例。这条铁路开通于2017年5月。《经济学人》最近的一篇文章指出，这条价值32亿美元的铁路"也许永远无法赚钱"。按照最初的设计，这条铁路将会承载蒙巴萨港大约40%的货物运输。然而，其第一个月完成的运输量仅为2%。不幸的是，这笔投资的经济收入似乎并没有积少成多。根据世界银行2013年的一项研究估算，"这条铁路要想运行下去，每年至少需要运输2 000万吨的货物，这相当于蒙巴萨港口全年的吞吐量，而这条铁路最多只能运输其中的一半"。[15]已经有迹象表明，这条铁路不具备可持续发展能力，如果没有适当的维护，它也许坚持不了太久。这条铁路是中国人出资建设的，肯尼亚为此欠下大量的贷款。无论铁路的命运如何，贷款总是要还的，而且，因为利息的原因，贷款还在不断增加。肯尼亚的问题似乎并不是缺少铁路本身，而是缺少依靠铁路来运送的价值（创新）。

　　这样的例子还有很多，由于无法传递或储存足够的价值，世界上有太多的医院、学校和其他基础设施无法实现经济上的可行性。比如巴西，那里充满了失败的基础设施项目，数也数不过来。里约热内卢曾为一个缆车项目投入了3 300万美元，初衷是为住在山顶棚户区的居民提供方便的交通服务，而这座缆车从2012年起从未真正启用过。原因是没有足够的乘客，因而无法收回缆车系统的维护成本。除此之外，巴西还有许多类似的项目，包括巴西东北部一套耗资 34 亿美元的混凝土运河网络、几十座新建的风力发电厂、几座体育场和几个铁路项目。这些项目仿佛对巴西水土不服，每一个都以失败收场。[16]

何为基础设施？基础设施与其储存或传递的价值之间有何关联？根据我们对上述两个问题的理解，应该如何更具持续性地投资行得通的基础设施项目？

基础设施的发展

基础设施的发展通常极其昂贵，无论是在经济层面、政治层面还是社会层面，基础设施都是代价不菲的。不仅如此，无论是在富裕国家还是在贫困国家，基础设施常常达不到预期的经济影响力。例如，丹麦经济学家傅以斌（Bent Flyvbjerg）曾对巨型项目（成本超过 10 亿美元的超大型项目）及其风险做过极为深入的研究工作，傅以斌指出，90% 的巨型项目会出现超期交付、超出预算的问题，或者无法达到预期的经济效益。不仅如此，傅以斌指出的问题和他开展的研究基本不是发生在最贫穷国家里的，也不是发生在那些缺乏管理大型项目必不可少的制度能力、技术能力和管理监督能力的国家里的。相反，它们多数发生在最富裕的国家里。[17]

这一情况让贫困国家推行基础设施的工作变得难上加难。从定义上来说，贫困国家不具备投资基础设施必要的资金，贫困政府也没有能力吸引必要的投资从无到有地建设和维护各种基础设施。考虑到基础设施的高昂成本和对贫困国家投资的严重短缺，这些国家发展基础设施的希望何在？如果通过传统视角来看待基础设施，也就是把它看作经济发展的必要前提，并且一定要由政府、慈善机构或者非政府组织出资建设的话，确实看不见希望。但是，如果基础设施的发展是被开辟新市场的创新拉动进入社会的话，针对它的投资就会变得更加切实可行。峰回路转之间，基础设施发展所需的高成本将变得更易管理。通常，其成本会被刚刚开辟的新市场消化吸收（通过税收、使用新建基础设施的收费，或者企业通过长期投资的方式把基础设施纳入其商业模式之中）。

印度的亚拉文眼科医院是世界上最大，同时也最高效的眼科医院。这家医院是怎样拉动基础设施建设，为印度数以百万计的患者提供治疗服务的呢？迄今为止，亚拉文医院共计接待了3 200万名患者，实施了400万台眼科手术。它从来没有招聘过一位受过训练的护士；这家医院的护士和医疗专业人员都是它自己培养的，这实现了培训成本的内部化。亚拉文是一家久负盛名的医院，它招聘足够聪明的员工，自行培训，并为他们提供工作机会。关于护士的培养，亚拉文眼科医院的管理者之一图拉丝内·贾让维拉（R. D. Thulasiraj）指出："她们都不是卫校毕业的，是我们为她们提供了培训。我们提供的是一条龙式的培训，它的价值相当于含金量较高的学位。"[18]

亚拉文之所以能够做到教育基础设施的内部化，主要得益于它在印度开辟了一个巨大的眼科手术新市场，这个市场需要高质量的患者医护服务。另外一个原因在于，在印度几乎找不到一家医科学校既能够提供医护工作者培训，又能达到亚拉文要求的高水准。所以，这家医院不得不把培训成本纳入其商业模式之中。亚拉文的多数患者属于印度低收入阶层，但是，这家医院推出了一种能够保证医院可持续发展的独特商业模式，这一点吸引了很多研究者，产生了大量的案例研究报告。亚拉文眼科医院的商业模式不仅包括对医疗人员的大量培训，还包括人工晶状体（IOLs）的生产，以及一些其他活动。人工晶状体是实施眼科手术不可或缺的主要材料。在建立自营工厂之前，亚拉文使用的人工晶状体是从美国进口的，每片的成本大约是30美元。亚拉文自营工厂投入使用后，人工晶状体的成本降到了进口价格的 1/4。[19]

亚拉文医院的创始人是文卡塔斯瓦米博士（Dr. Govindappa Venkataswamy）。假如他等待印度政府建成必需的医疗教育基础设施再来开设这家医院。那么，这家世界上最大最高效的眼科医院现在根本不会存在。

慢着，这不是政府的事儿吗？

这样的做法相当于为政府解套，帮助政府卸下基础设施开发、出资和管理的担子。一想到这里，许多人可能会觉得别扭。难道这些基础设施开发不是政府为社会服务的关键一部分吗？

的确，开发基础设施当然已经演变为政府职责的一部分，我们无意替政府开脱。但是，需要重申的是先后次序问题，它才是关键所在。总是在充满创造力的企业家或创新者找到更快的方法，建造业务发展亟须的基础设施之后很久，政府才愿意或者能够介入其中。历史上充满了这样的例子。

如前所述，美国绝大多数的公路、铁路和运河都是个体企业家或者私营企业率先修建的。当时的美国政府无力负担这些项目，为了建成这些基础设施，私营企业通过发行股票和债券的方式筹集了必要的资金。例如，新英格兰的私营企业投资 600 万美元建成了几千英里的高速公路。纽约和宾夕法尼亚紧随其后，向数百家私营企业颁发了许可证，这些私营企业投入了几千万美元的资金，在这两个州建成了长达几千英里的道路。[20]

随着时间的推移，政府不仅越来越多地参与到基础设施的开发与管理中，还会制定基础设施的相关标准。铁路轨距就是个明显的例子。轨距指的是一条铁路轨道上两条铁轨之间的距离。当不同的企业在美国修建和管理铁路时，它们一般如何选择轨距？答案是自己怎么方便就怎么办。因此，美国一时间出现了各式各样的轨距，从标准轨距到最小轨距，从窄轨到宽轨，五花八门。一列火车要么调整轮距，适应不同的轨距，要么就让上面的乘客和货物换车，这主要取决于该班列车开往什么区域。这种情况显然阻碍了美国正在壮大的铁路网络进一步发展。1863 年，联邦政府通过了《太平洋铁路法案》(Pacific Railway Act of 1863)，强制要求每条新建的联邦铁路使用"标准轨距"。尽管这一法案没有对私营铁路产生直接影响，但是，它带来了间接影响。美国内战之后，北方和南方之间的贸易开始兴旺发展，标准不一的轨距（尤其在南方）严重阻碍了商业的发展。因为当时美国多数的铁路都采用标准轨距，1886 年，南方铁路最终决定统一转变为标准轨距。

时至今日，考虑到多数基础设施的大小、规模和重要性，尤其考虑到国家安全的因素，各国政府纷纷承担起了基础设施的管理和出资工作。但是，各国还是应该根据国民和产业的需求以及市场的期待，因地制宜地采取不同的基础设施策略。

贫困国家的政府通常无力承担基础设施的建造和维护工作，更无力出资和管理这些基础设施，尤其是在没有或者只有很少的开辟式创新作为基础的情况下。根据美国土木工程师学会（American Society of Civil Engineers）的评级，美国这个世界上最富裕的国家，其基础设施状况的评级仅为"D+"，至少需要投入 45 亿美元才能提升到"B"级。果真如此的话，贫困国家的政府，例如洪都拉斯、多哥、利比亚等国，要如何发展本国的基础设施呢？[21]

很多早期企业家曾经投资数百万美元修建基础设施，他们这样做并不是因为这件事本身有利可图，而是因为修建公路、铁路、运河以及更好的通信基础设施能够帮助他们提高其他方面的商业利益。[22] 如今，在很多奋斗在贫困国家的组织身上，我们能够看到相同的情况。很多企业都明白，要开辟市场，要在中低收入国家建立成功的业务流程，就要自己动手投资建设基础设施，这是它们开展业务必不可少的一项工作。制造行业中的公司会出资建立教育项目，因为教育对它们的业务而言是不可或缺的，而它们无法依赖本地大学传授给毕业生的知识。这是很常见的现象。

在过去的几十年间，有很多好莱坞经典电影台词广为人们传诵，其中有一句来自1989年的电影《梦幻之地》(*Field of Dreams*)："你建好了，他就会来。"(If you build it, he will come.) 这部电影的男主角是在困境中挣扎的艾奥瓦州农民雷·金塞拉（Ray Kinsella）。在一个神秘的声音的指引下，金塞拉鬼使神差地在自家玉米地里修建了一个棒球场，这个球场最终解决了他所有的麻烦。饰演金塞拉的是好莱坞明星凯文·科斯特纳（Kevin Costner）。我们认为，对贫困国家来说，这句台词反过来说也许更有意义：他们来了，你再建好它。

如果他们会来，我们就会建好它……

如果经济发展的各个利益相关方，包括企业家、发展专业人士和政策制定者，一同开发新市场，这些新市场又需要某些基础设施，那么，这些基础设施不但会有更大的生存机会，而且会有更大的发展机会。在发展初期，很多创新的质量都不够完美，但是它们会变得越来越好，因为它们代表的是一种前景广阔的市场机会。基础设施也是一样的道理：一开始时，基础设施是被开辟式创新紧急拉入市场的，所以，它们通常只是"凑合能用"的。尽管如此，只要有充足的理由（通常是兴旺的市场）支持它的进步，这些基础设施就会一直持续改善下去。一旦政府介入并发挥支持作用，将这些基础设施用于服务更多的人，这些基础设施会得到飞速的发展。

为了获得"凑合能用"的解决办法，很多企业将大量资金投到了贫困国家。于是，一些人禁不住把企业在贫困国家的投入和在富裕国家的投入进行比较，并得出结论说，企业投向贫困国家的资金太多了。这需要具体问题具体分析。在许多贫困国家里，如果企业无法依赖供应商，它们就只能选择纵向整合，也就是自己建造或管理通常可以外包给供应商的业务，例如分销、发电、教育等等。在没有可靠的供应商的情况下，纵向整合过程最终将帮助企业降低成本。这几乎成了企业在市场开辟阶段的一个必要的步骤。的确，前期投入的成本势必很高，但是，随着时间的推移，它为企业带来的收益是极为明显的。很多时候，一些必要的基础设施投资一开始是作为企业的成本中心出现的，但它们中的一部分最终可能会变成利润中心。我们在前文提到的很多企业就是最明显的例子。当它们把自己开发的基础设施"出售"给需要它的企业时，成本中心就变成了利润中心。

毫无疑问，建造并维持基础设施并不是一件轻松的事。如果能够依靠政府牵头，扫除私营部门的担忧，减轻私营部门的重负，这当然会让工作变得更加容易。但是，历史告诉我们，这种情况并不常见。

当一个新市场建成时，它会拉动一些基础设施进入经济生活。与此同时，新市场产生的利润会偿付这些基础设施的成本。美国的很多基础设施就是这样建立起来的。就其本身而言，包括公路、铁路和运河等在内的许多基础设施都是无利可图的。但是，一旦这些基础设施被拉入美国经济，而美国经济又创造出大量需要被储存和传递的价值，那么，这些基础设施就变得切实可行了。其实，"基础设施—创新"等式从未改变过。从长期来看，依靠拉动的力量帮助基础设施进入经济生活的策略也许更有力。

最重要的是价值

归根结底，务必完成的一项艰巨任务是创造价值，也就是需要借助基础设施来储存或者传递的价值。在没有价值的情况下空谈基础设施，我们就会沦为"基础设施第一"这一信条的受害者,从而把自己置于一个艰难的窘境当中。它可以这样比喻:我们造了一座房子,却找不到住得起它的人。

　　道理虽然如此,但"造房子"的诱惑力实在太大了,我们每个人都能理解这一点。艾佛萨的"贫穷止步"曾经募集了几万美元,建造了几处水井,接下来才发现等式并没有发挥作用。建好的水井,或者说供水基础设施,带来了一种成就感。成就感当然是好东西。但是,这些水井没有和能够创造长久价值的组织产生联系。因此,这些水井最终的结果大多是废弃或者无人修葺,只剩下一座还在勉强维持。

　　纵观世界各国的经济,其相同之处远远超过你我最初的设想。各国之间的差异更多的只是所处的发展阶段不同。例如,当我读到托拉拉姆的消息时,它让我想到了早期的福特公司。当我在印度旅行,有人告诉我 Zoho 公司出资为自己的 IT 员工提供培训项目时,我想到的是浦项制铁和它一手创造的浦项工大。基础设施的可持续发展是能够实现的,它也可能变得更加容易预测。但是,我们先要把等式列对。

第四部分

未来的行动方案

第十一章
从繁荣的悖论到繁荣的进程

> 世上的事,只有是否值得做的问题,没有可不可能的问题。做到了,自然也就可能了。
>
> ——路易斯·布兰代斯(Louis D. Brandeis)

简述

共同富裕?这听上去似乎是不可能的。但是,请先想一想韩国的例子,它曾被看作经济"无底洞",一度贫穷到令许多经济学家对它忽略不计的程度。然而,这个国家最终摆脱了贫困,走向了繁荣。不仅如此,根据《纽约时报》的报道,韩国的致富速度超过了美国、英国,甚至超过了日本。这一切就发生在我的有生之年。尽管不同国家的致富之路千差万别,但它们归根结底取决于当前的经济环境。我们相信,繁荣的悖论终将变成繁荣的进程,而对创新持续不断的追求将保证繁荣进程的可持续发展。

我们的世界充满了有关发展的各种问题,我们并不知道所有问题的答案。但是,我们希望这本书能够成为读者的一副新眼镜。戴上这副眼镜,读者能看到不一样的世界。我们希望,通过拙作分享的一些原则、故事和理论，读者能向自己和身边的人提出问题，希望这些提问能帮助我们解决全球贫困中那些看似无解的难题。

＊＊＊

里德·奎因（Reed Quinn）是我的妻弟，他是美国缅因州的一名儿科心胸外科医生。奎因告诉我，就算他把睡觉以外的每一分钟都用来做手术，也不可能满足所有患儿的需求。先天性心脏病是最常见的出生缺陷类型，美国每年大约新增4万名先心病患儿。数以千计的婴儿生来患有极为严重的心脏缺陷，他们需要进行风险极高的复杂手术，才能得到一线存活机会。我们无法想象，那些发现宝宝患有先心病的家庭是如何一路煎熬地挺过来的。一次成功的手术往往能改变患儿一生的命运。

里德的工作动力是抓紧时间尽可能多地挽救生命。他的整个职业生涯都在想方设法地挽救更多的生命。几年前，里德曾经这样告诉《波特兰新闻先驱报》（*Portland Press Herald*）："缅因州需要进行先心病手术的人们来到这里，我们从来没有拒绝过。我也不知道哪些人为我的手术付过钱，哪些人没有付过。但是我真的不在乎。"这就是里德。除了服务本土患者，里德还通过"缅因州儿童心脏手术基金会"（Maine Foundation for Pediatric Cardiac Surgery）为全球许多贫困国家的儿童提供过帮助。这个基金会是里德创办的。为了医治千里之外的患儿，里德曾经到过许多国家，例如肯尼亚。他在这些国家做过很多台手术，还培训了几名医生。

在我和里德谈到他的工作之前，我对他的工作内容一无所知。了解情况之后，我禁不住对他的无私奉献肃然起敬。世界上有很多幸运的孩子，他们的生命就是里德·奎因以及许许多多像里德一样的医生、护士一手挽救的。同时，我也不由自主地想到那些不曾有机会遇见属于自己的"里德·奎因"的孩子。这个问题犹如千斤巨石，压得我喘不过气来。

也许我们会禁不住地想要拱手认输，告诉自己，这个问题太过复杂，代价太过高昂。贫困国家尚且不可能解决，一家医院，即便资金再充裕，也不可能凭借自身力量解决它。值得庆幸的是，这样的想法只有一部分是对的。也许确实不存在足够多用自己醒着的每一分钟为孩子们做救命手术的乐于奉献的医生。但是，这并不代表我们找不到更好的办法来提供这样的帮助。我们需要换一个视角来审视这个问题，我们需要开发出一套能把里德式的工作规模化的流程。

这正是创新大显身手的战场。在本书的第一章，我们把创新定义为一种流程上的变革，这种变革为一个组织带来劳动力、资本、原材料和信息等各方面的变化，促使组织生产出价值更高的产品或者服务。大多数组织在成立之初，完成的大部分工作可以归结到这些组织的资源上面，尤其是人力资源。少数几位关键人员的去留会对该组织的成败产生极大的影响。这些人多数勇敢坚毅、技能高超，例如才华横溢的企业家或者热情洋溢的个体医生，这些人是难以复制的。

这正是开辟式创新发挥关键作用的机会。开辟式创新能够带来必要的流程，把复杂而昂贵的业务变得简单实惠，让更多的人用得起它们。一开始，企业是由于资源而存活下来的，而后，企业要想长久地繁荣发展，它需要依靠流程。

下面是 Narayana Health 的案例。

流程的力量

Narayana Health（以下简称 NH）是一家印度的多专科连锁医院，其拥有 7 000 多个床位、7 个世界级心脏医治中心和 19 所初级医护机构。NH 的创始人是德维·普拉萨德·谢蒂（Devi Prasad Shetty）博士，他曾担任特蕾莎修女（Mother Teresa）的私人医生。印度是全世界最贫穷的国家之一，饱受腐败和糟糕的管理之苦。谢蒂博士正是在这样的环境里创办了 NH。他的梦想是"每天一美元，治愈穷苦人"，这让人不禁想起亨利·福特曾经说过，他"将造一款适合大众的车……（它的）价格很低，只要有一份不错的薪水，人人都能买得起它"。我们都知道，福特最终实现了自己的宣言。同样，与 2000 年 NH 刚刚成立时相比，谢蒂博士的梦想也越来越接近现实了。他把工作重点放在流程的提高上，这一点同样与亨利·福特非常相似。通过这样的做法，谢蒂博士实现了几种世界上最复杂昂贵的手术的平民化，包括心脏手术、脑外科手术和脊椎手术等。

NH 对流程开发工作的重视和投入近乎执着，NH 的流程是开辟新市场，为千千万万的印度人带来负担得起的高质量医疗必不可少的，它也是推动 NH 发展进步的核心力量。即使在富裕国家，可负担的医疗也经常名实难副。以美国为例，美国每年的医疗支出约为 3.3 万亿，人均 10 348 美元，这实际上把医疗变成了很多人"不能承受之重"。[1] 据说英国的"国民健康服务"正"面临威胁"，也有人说它正处于"危机之中"，想要延续下去，必须引入新的模式。[2] 在贫困国家，可负担的医疗是完全不同的另一番景象，因为绝大多数贫困国家甚至无法为国民提供最起码的基本医疗服务，更不用说先进的三级医疗服务了，心脏护理、神经外科，或者其他复杂的医疗干预和手术治疗更是天方夜谭。以 NH 擅长的心外科手术为例，心脏直视手术在英国和美国的费用分别是 7 万美元和 15 万美元。大多数印度人一辈子也赚不到这么多钱。NH 刚刚成立时，印度每年需要做这种手术的患者多达 240 万人，因为负担不起高昂的费用，只有不到 5% 的人能够得到医治。谢蒂博士从患者痛苦的忧患中看到了商机，一个开辟心脏诊疗服务新市场的好机会。谢蒂博士抓住了这次机会。

NH 现在的心脏直视手术费用是 1 000~2 000 美元，手术死亡率和感染率水平与美国同类医院相当。[3] 不仅如此，这所医院还可以提供其他 30 多个专科的高质量医疗服务,包括肿瘤科、神经科、矫形外科和胃肠科等等,每年接待几万名印度患者。NH 现在的市值约为 10 亿美元,直接雇员 1.4 万人,它还为印度和其他国家的医疗机构培训了数以千计的医疗工作者。

表面看来,谢蒂博士创造的一切似乎是不可能完成的。但我们并不这样看。在我们看来,谢蒂博士的连锁医院堪称典范,它展示了面对医疗行业中看似不可逾越的难题时,进步是如何实现的。同时,它也对其他行业起到了示范作用。谢蒂博士之所以取得成功,不仅是因为他对解决印度的心脏病问题有着长远的目光,还因为他在组织内部打造了一套流程,这套流程把他的一己之力规模化,并升级为一个组织的强大力量。

随着时间的推移,一个组织的能力会从主要对资源的依赖转向对流程的依托,并通过商业模式来确定各项工作的优先级别。随着人们一次又一次地通过协作解决重复发生的问题,流程得到了提炼和定义。随着商业模式的形成,哪些类型的活动应该被赋予最高的重要性变得非常清晰,于是组织工作的优先顺序便形成了。以谢蒂博士为例,他的组织流程是这样建立的。

第一点,也是最重要的一点,谢蒂博士知道,NH 必须提供优质的医疗服务。他为此推出了一种商业模式,它通过流程确保了组织资源的最高利用率,这些资源通常比较昂贵,例如医生、护士、场地和医疗设备等等。谢蒂相信这样可以降低患者每次交易的成本。例如,这家医院每天验血的次数超过 500 次,而其他医院的同类设备每天只验几次血。一开始,谢蒂博士的医院每天做 19 台心脏直视手术和 25 次导管插入术,比印度医院的平均水平高出 7 倍。成立 4 年后,NH 的每位外科医生每年要做将近 200 台手术,无论是数量还是速度都超过了很多世界一流医疗机构的水平。[4] 这不仅帮助 NH 降低了成本,还为其带来了更好的服务质量。因为对医生来说,手术做得越多,技艺就会越精湛。

NH 还开发出一种极富创造性的商业模式，其高效的流程确保了这家医院既能服务富裕的印度人，又能服务贫困的印度人，而且都能做到有利可图。在提高设备和医生资源利用率的同时，NH 还建立了分级诊疗服务体系。这家医院明白，较富裕的患者可能需要额外服务并愿意为之付费，例如隐私性更高的单人病房和其他各种特别需求。NH 还会根据患者的收入水平调整收费水平，并设定收费上限。同样一台心脏手术，低收入患者的费用可能比负担能力更强的富裕患者的费用低出 60%。即使在这样的费率方式之下，富裕患者的手术费最高也只有 2 000 美元左右，如果他们去别的印度医院就诊，大约需要支付 5 500 美元。NH 从来没有回绝过任何一位患者。这家医院 2017 年的收入是 28 亿美元，利润超过了 1 200 万美元。[5]

NH 需要的很多基础设施是印度现在无法提供的，从教育开始，NH 一项一项地拉动这些基础设施，把它们变成了医院的一部分。NH 非常清楚这样做的价值，它运营着 19 个研究生课程，从心胸外科到医学检验技术，不一而足。NH 的培训工作极为出色，这家医院培训出来的护士远近闻名，无论医护技术还是临床表现，都堪称卓越。这也给 NH 带来了烦恼，因为这里的护士常常被其他医院高薪挖走。不过，NH 的护理部主任罗希尼·保罗（Rohini Paul）有另一种解读："尽管我们为护理人员提供了最高的薪酬，还是流失了许多人，因为在这里学到的技能可以帮助她们在别的国家获得更高的待遇。我对这一点毫不担心，因为还有许许多多新的护理人员等着加入。"[6] 她说得太对了。别的组织每从 NH 挖走一位护士，就意味着出现了一个等待填补的空缺职位，一个为未消费者提供服务的工作机会。这也会为印度其他企业带来更多的机会。

NH 的商业模式远远不只是整合了培训一个领域。正如本书从头至尾阐述的，一个组织在开辟一个新市场时，势必会产生"市场开发"成本。很多人认为，这些成本算不上商业模式的"核心"部分，然而，它实际上是实现发展和繁荣的必要做法。例如，NH 开发了一项名为 Yeshasvini 的保险产品。这是一种小额健康保险，低收入家庭成员（通常以农业合作社社员为主）每个月只需缴纳 11 美分的保费，就能获得一份医疗保险，它可以报销高达 2 200 美元的医疗费用。上市以来，这款保险产品总计卖出了 750 万份。这个项目的巨大成功帮助谢蒂博士拉动了政府的支持。2016 年，Yeshasvini 的保费收入达到了 1 400 万美元，同时，卡纳塔克邦政府还贡献了 2 650 万美元。需要注意的一点在于，是 NH 拉动了政府的加入，而不是政府拉动了 NH。

　　NH 还完成了别的医院也许根本不会做的其他工作，例如提供移动式心脏诊断实验室（一种改装的大巴车，它配备医疗设施、心脏病专家和技术人员），送诊下乡。正如托拉拉姆的高管曾经提出的：就算你的产品再实惠，如果人家买不到，那它有什么用？NH 的医生同样明白，如果触达不了患者，可负担的医疗服务就会失去意义。尽管这些投资在外人看来是没必要的支出，然而，只要组织把精力放在开辟一个之前从来没存在过的新市场上面，这些支出就变得绝对必要了。

　　NH 的业绩堪称典范。谢蒂博士从心脏护理做起，逐渐扩展到其他专科，他一直严格控制成本，坚持优质高效准则。这家医院把骨髓移植费用从全印度平均的 2.7 万美元降到了 8 900 美元，整整下降了超过 2/3。脑部手术费用约为 1 000 美元，脊柱手术 550 美元。这引发了印度医疗旅游的热潮。仅在 2016 年这一年，NH 就接待了来自 78 个国家的 1.5 万名外国患者。这些患者在印度期间会完成许多经济活动：从乘坐飞机前往印度，到在印度期间的每一餐。经济发展正是在这一过程中发生的。

　　NH 成立于印度的卡纳塔克邦。得知 NH 的情况后，该邦的政府官员立即满腔热情地决定出资建造 29 套冠心病监护病房。NH 负责确保病房的运营能够达到为患者提供充分护理的必要水平。我们始终相信，在资源不足的国家里，政府是想要做一些正确的事情的，只是囿于这样或那样的限制，无法做出良好的、眼光长远的决策。发展组织能在开辟式创新中发挥催化剂的作用，加快经济发展的速度。

印度拥有广大的非消费经济领域，投身新市场的开辟、服务未消费经济的医疗机构还有很多，NH 只是其中的一家。我们在第十章中介绍过亚拉文眼科医院，它是全球最大、效益最高的眼科医院之一。亚拉文医院成立于 1976 年，当时只有 11 张床位和 4 名医生。如今，这家医院每年接待 400 万名患者，完成 40 万台手术。同 NH 相比，亚拉文为数以百万计的低收入患者提供的医疗服务内容是不同的。但是，从根本上来说，亚拉文和 NH 非常相似。亚拉文专注于开辟新市场，为之前看不上病的患者们提供服务，包括眼科手术服务。亚拉文同样把自己需要的资源拉入自己的商业模式当中，例如培训、惠及农村地区的远程医疗服务，甚至包括镜片的生产。和 NH 一样，亚拉文推出的商业模式既服务富人，也服务低收入人群，这家医院承诺为所有印度人提供高质量的眼科护理服务。1976 年，亚拉文还是家小医院，只有 11 张床位，如今，它拥有了自己的眼科专业研究生院，每年为印度培训几百名卫生保健工作者和医生。在医疗领域开发新的商业模式、开辟新市场，这一流程同样适用于其他国家。

我们在第七章讲过哈维尔·洛萨诺和他的阿苏卡诊所，讲过这座连锁"糖诊所"是如何成功解决墨西哥糖尿病危机的。Dr. Consulta 也是一个很好的例子，这是一家巴西的连锁医院。它共有 1 300 名医生，每个月接待患者超过 10 万人次。这家医院成立于 2011 年，每年同比增长速度高达 300%。由于这家连锁医院的效率很高，因此诊断检查的费用可以低至 3 美元到 30 美元，包括核磁共振、验血和乳腺 X 光片等。Dr. Consulta 吸引了来自 LGT Impact Ventures 的私人投资，这让 Dr. Consulta 成功地扩张了业务。Dr. Consulta 如今管理着 50 家医院，服务范围遍布整个圣保罗地区。然而，即便以如此惊人的速度发展，这家医院也只能服务巴西不到 5% 的人口。[7] 试想一下，如果 Dr. Consulta 发展到 500 家诊所，或者 5 000 家诊所的规模，那时它会为巴西的医疗系统带来怎样的变化？这里提到的解决方案通常在一开始时并不奏效，但是，就像我们通过 NH 和亚拉文眼科医院的例子看到的，它们拥有极为广阔的发展前景。尽管每个医疗解决方案看上去各不相同，但归根结底，它们说明的道理是类似的。当人们把未消费经济作为目标，开辟新市场时，他们不仅有机会收获巨大的经济效益，还会得到重要的发展机会。

医疗是最复杂的领域之一，既然我们能在这个领域施展拳脚、解决问题，那么在食品、交通、金融、住房和很多其他领域，我们一样可以在更广阔的天地里大有作为。只要能够通过创新这一视角分析各个组织和国家，我们就能清晰地看到，那些具有最大影响力的创新者正在做着这样的工作，他们创造了各种流程，通过流程实现了各种产品和服务的大众化，让越来越多的人享受到这些产品和服务。

莫·伊布拉欣创造了一种流程，它的公司得以向几百万非洲民众提供实惠的通信服务；亨利·福特改善了一种流程，生产和销售福特 T 型车，为美国开辟了崭新的汽车市场；理查德·莱弗雷在孟加拉国、印度、马拉维和其他几个国家推出了新的流程和保险销售伙伴关系，让最需要保险的人享受到了这一服务；梁昭贤把中国的微波炉未消费经济看作巨大的商机，开发了新的微波炉生产、营销和销售流程；艾萨克·辛格、乔治·伊斯曼和阿马德奥·詹尼尼分别开发了新的流程，为人们带来了价格实惠的缝纫机、照相机和银行服务。他们的创新极大地改变了各自行业的基本面貌。

当我们看到美国缅因州儿童心脏手术现状时，可能会认为这个问题太大了，无法解决。同样的道理，我们可能会用同样的眼光看待全球贫困问题，得出类似的结论。但实际上，我们是有能力解决全球贫困问题的。我们有能力开发创新，把复杂昂贵的产品和服务变得简单实惠，这里蕴藏的巨大潜力足以改变全球几十亿人的生活。

在谢蒂博士的办公室里挂着一条美国最高法院前大法官路易斯·布兰代斯的名言。他的话很好地总结了NH以及本书描述的每一位创新者的工作："世上的事，只有是否值得做的问题，没有可不可能的问题。做到了，自然也就可能了。"

开辟式创新的原则

开辟式创新能帮助我们解决很多重要的问题，在这一过程中，它还能帮助很多为实现繁荣而奋斗的国家发动经济引擎。就其本质而言，开辟式创新能够创造就业，拉动基础设施和各类组织，成为未来发展的坚实基础和催化剂。因此可以说，开辟式创新能够转变很多贫困国家的发展机制。

这本书的目的是强调创新在创造全球繁荣中的关键作用。通过对"繁荣的悖论"的理解，我们一次又一次地发现，创新并不是社会完成自我修复之后发生在社会外围的现象。相反，创新本身即是社会自我修复的那个过程。我们在此提出的原则具有非凡的力量，足以转变人们对全球贫困问题和发展问题的看法和做法，也足以改变人们对全球繁荣前景的看法和做法。

概要重述一下：

1. 每个国家都存在未消费经济。在我们看来，它是潜在商机的信号。两百年前，人们的生活中充满了各种产品和服务的未消费市场，而现在，我们早已对这些产品和服务习以为常。从汽车到金融服务，许多产品曾经专属于社会富裕阶层。如今的环境早已发生了翻天覆地的变化。我们曾经穷困潦倒，现在早已过上了富足的日子；我们生活其中的环境也是一样。因此，很多现在贫困的国家，它们的环境终有一天也会发生同样的变化。

本书的附录罗列了几个开辟式创新的潜在机会。例如，全球几十亿人装不起卫生洁净的硬质地板。如果有企业家开发出一种既能创造盈利又灵活可变的商业模式，制造和销售价格实惠的硬质地板，并提供售后服务，这会带来什么？全世界有几百万人负担不起医疗保健服务。如果有企业家开发出一种既有利可图又易于扩展的商业模式，把医护服务变得更实惠、更亲民，这会带来什么？等着人们挖掘的机会是无穷的。但是，想要发现这些机会，我们必须通过新的眼光看问题。

2. 绝大多数市场现有产品都有可能创造出新的增长型市场，前提是我们能把这些产品变得更加实惠。费用在 1 000 美元到 2 000 美元之间的心脏手术？实惠的眼科手术？把健康保险和人寿保险产品卖给数以百万计的曾经买不起传统保险的人们？在未消费经济中发现商机的企业家常常遭到质疑，我们希望，这些案例能够证明他们的选择，以及这些选择的内在的力量、潜能和无限的可能性。

想想现在的电动汽车市场。包括特斯拉、福特、现代和日产在内的众多厂商都在努力开发产品，同市场上已有的汽油车竞争。这些企业的产品会销往消费经济，那里的竞争极为激烈，市场早已饱和。想想看，如果把未消费市场当作目标市场会怎样？如果把目标顾客锁定在全世界占多数的人口群体，锁定在被日常出行困扰的那些人身上，为他们开发产品、开展销售和营销，会产生怎样的不同？当然，这样的做法一定不如开发消费经济的产品那样简单直接，但是，开发一项可负担的产品，满足本行业的未消费市场，其中蕴藏的机会是极其巨大的。

3. 开辟式创新并不是一件产品或者一项服务那么简单。它是一套完备的体系，通常能够拉动新的基础设施和制度，并且具有创造新的本地工作岗位的能力。关于这一点，最明显的例子是莫·伊布拉欣创建的Celtel（现在属于印度巴蒂电信），Celtel在非洲实现了通信服务的平民化，并为全新的数字经济铺平了道路。它为大约400万人创造了工作机会。到2020年，这一行业支持的就业人数有望达到450万人。伊布拉欣的产品不只是一部廉价手机，更是一套完备的体系。它是手机信号铁塔，需要工程师安装和维护；它是"刮刮卡"（预付话费），可以放在路边小店售卖；它是广告，离不开创意艺术家和平面设计师；它是合同，需要律师负责起草；它是新项目，需要银行家为之提供资金；它是规章制度，它的执行和修订是为了适应一个国家大多数人的需要。它实际上是一套完整的体系，建立在很多新的本地工作机会的基础之上。

4. 要拉动，而不是推动。 无论推动策略的对象是制度、反腐措施还是基础设施，其都只能解决一时的问题，往往无法可预测地带来长期的变革。如果人们致力于开发能够带来新市场的开辟式创新，那么社会必需的资源将被拉动，发展和繁荣也会更容易地在很多国家里生根发芽。只要一个新市场建立起来，并且它对经济中的各个利益相关者（包括投资人、企业家、客户和政府等）来说是有利可图的，这些利益相关者通常会受到激励，帮助维持市场拉动进来的各种资源，例如基础设施、教育，甚至是政策。拉动策略能够确保市场做好准备。我们相信，这一点对长期可持续繁荣具有重要的影响作用。

5. 有了未消费经济，规模化变得不再昂贵。 只要找到未消费经济中的机会，构思出适宜的商业模式，制造出面向未消费市场中大量人口可用的产品和服务，达到一定的业务规模就会变得没那么昂贵。然而，首先要识别出未消费经济的一个领域。如果我们追求的是消费经济，那么期望它达到与未消费经济类似的规模无异于天方夜谭。想想在肯尼亚为普通人提供金融服务的不同策略。Safaricom是著名的创新移动支付产品M-PESA

的开发商，这家企业在发现金融服务领域巨大的未消费市场后，开发出了M-PESA。之后的规模化就来得很容易了，短短不到10年的时间，已经有两千多万肯尼亚人把M-PESA当作自己生活的一部分了。对比一下，如果Safaricom采用传统方式，复制传统银行体系，主要把消费市场当作自己的目标顾客，那么，达到两千多万用户的市场规模可能需要多少成本？

* * *

开辟式创新跨越了不同的地域、行业和经济领域，它将帮助众多的贫困国家，促进新的、更激动人心的增长机会。本书探讨了各种不同的行业，从医疗到汽车，从金融服务到家庭地板，从保险到食品，每一个行业都为开辟式创新提供了广阔的舞台。创新真的改变了世界。

但是，做到这一点并不容易，我们必须主动挑战自己的假设，必须向自己提出新问题。这是我们为自己打开大门，迈向一个充满机会的新世界的第一步。

问题的重新界定

很多人都会把莱特兄弟和美国第一架飞行成功的飞机的发明、建造和试飞联系在一起。但是，也许很多人并不知道，莱特兄弟只是当时众多的竞争者之一，为了第一个造出"载人飞行器"，这些竞争者展开了白热化的角逐。从某个角度来看，莱特兄弟胜出的概率并不高：他们不是最知名的，不是最受爱戴的，更不是资金最充裕的。当时被普遍看好的是塞缪尔·兰利（Samuel Langley），他是当时美国最著名的天文学家、物理学家和发明家。

兰利是一位数学和天文学教授，后来担任史密森学会（Smithsonian Institution）的秘书长。在尝试开发第一架载人飞行器的过程中，兰利一共花掉了纳税人5万美元（相当于今天的140万美元），而且可以随意支配美国政府的各种资源。关于如何赢得竞赛，兰利的思路非常清晰：他认为，只要有足够大的动力，就能把飞机送到天空中。兰利构思中的飞机就像离开弓弦的箭。兰利大张旗鼓地展示了他的想法，他准备了两套方案，每一种都可以把飞机送到波托马克河对岸。结果两次试验都没有成功，他的"空中旅行者"号笔直地跌入了波托马克河。羞愧难当的兰利遭到了国会的嘲笑，最终放弃了竞争。

相比之下，莱特兄弟的试验只花费了大约1 000美元。奥维尔（Orville）和威尔伯（Wilbur）兄弟是不起眼的自行车爱好者。兄弟两人连高中学历都没有。但是，他们做到了一件兰利没有做到的事情：注重问题的重新界定。这让他们提出了不一样的问题。就在兰利专心研究"空中旅行者"号的推进问题时，莱特兄弟思考的是另外一个问题。骑自行车的经验让他们充分理解了平衡的重要性。平衡同时关系到升力和拉力，难道平衡不也是飞行中至关重要的因素吗？

事实证明，莱特兄弟提出了正确的问题。因为无论飞行器被怎样有力地投入天空，如果无法保持平衡，它就无法飞翔。对平衡作用的理解改变了一切。1903年，就在兰利的最后一次试飞失败9天之后，奥维尔和威尔伯在北卡罗来纳州的斩魔山（Kill Devil Hill）完成并记录了人类历史上第一次成功的受控载人飞行。莱特兄弟的这次飞行持续了59秒，只飞过了852英尺的距离。但是，这次"凑合够用"的飞行让人类最终理解了许多与飞行有关的关键要素。兰利当时当然是声名显赫的，他甚至拥有好几座以自己名字命名的大楼。然而，是莱特兄弟通过对问题的重新界定开辟了一个全新的产业，这个产业最终改变了整个世界。

* * *

在几十年的教学和顾问生涯中，我发现优异的学生和卓越的管理者具有同一种重要品质,那就是提出正确问题的能力。为什么用这种方式做事?我们为什么相信自己相信的东西?换个思路想问题会怎样?我们的使命是什么,为什么?我们为什么从事这个行业?为什么使用这种开发方法?这些都是再简单不过的问题,但是我们相信,它们能够带来最有力量的洞察。我们要对发展工作者和政府工作者,以及那些在世界上最贫困的国家里推进创新的人说:你们的工作比从前任何时候都重要。我们希望,本书分享的一些关键原则能对你们有所帮助,在你们把世界建设得更美好的道路上,为你们增添一份绵薄之力。

我们知道,这本书并不完美。在作者眼里,它是一个起点,而不是一个终点。世界各地都在为千百万人创造繁荣和维持繁荣。在这个事业中,创新发挥着极为重要的作用,这本书是理解这种作用的开始。我们希望你也能加入这一探寻之旅。对于任何一种理论或者思想来说,只有理解它解释不了什么,理解它在哪些情况下是有效的,哪些情况下是无效的,才有可能将其完善。我们邀请你挑战和完善本书的思想,把本书的理论变得更有力量。只有这样,我们才能获得最重要的答案。

每当看到穷苦的孩子缺少食物、饮用水、教育和基本医疗服务时,全世界几亿人都会为之心碎。这些情景让每个人表现出最富人性的一面。它们把素昧平生的我们联系在一起。我们不但未曾谋面,可能一生也无缘见上一面。但是,如果我们不能把这些强烈情绪转化成富有智慧的活动,我们所做的努力只能是杯水车薪。而且,随着时间的推移,你我都会患上同情疲劳症。总有一天,再看到生病的苦孩子,我们将不再行动,它只会引发绝望的情绪,或者更糟糕的,只能让我们变得冷漠麻木。

我们是有能力解决这个问题的,这完全可能做到。我们之所以坚信这一点,不仅因为我们是无可救药的乐观主义者,还因为我们从前做到过。我们越多地把人群的同情心引导到可持续发展的项目上,就离克服似乎不可撼动的极端贫困问题近了一步。

  我们对创新的力量深信不疑。更具体地说，我们相信，对开辟式创新进行投入是目前世界上许多贫困国家创造繁荣局面最好的机会，即便在充满挑战的环境中也是一样。这就是我们为繁荣的悖论给出的解决办法，它能在你我的有生之年真正根除贫困。这个问题关系重大，只许成功，不许失败。

附录
换一种眼光看世界

> 办企业是最可靠的发展之路。
>
> ——保罗·卡加梅（Paul Kagame），卢旺达总统

附录中描述的创新者来自商业界、经济发展领域和政府部门，他们都做到了同一件事：用新的眼光看世界。在这些创新者眼中，生活中的忧患代表着商机，经济发展的重点不在于经济发展本身，政府站在企业家身边。本附录的目的不是提供一张最热门的市场机会清单（尽管其中的一部分也许确实很热门），而是力图说明，当我们通过未消费经济和开辟式创新的视角看世界时，同时收获的还有评估风险与回报的新方法。

附录罗列了很多组织和项目。它们能否获得长久的成功现在还言之过早。但是，它们加在一起，能够带给我们更多保持乐观的理由：我们必将找到办法，建成一个更加繁荣的世界。

"门外汉"的力量

"门外汉"指那些没有成为专家的人。每个行业都应该有几位"门外汉"，这样有利于更好地发展。道理很简单，门外汉会提出一些简单至极的

问题，一些专家不可能提出的问题。专家们想不到这些问题，因为他们是专家。门外汉想得到，因为他们还没有被完全浸淫在由专业知识和一系列假定组成的水潭里。专业知识和假设往往导致认知俘获或者认知隧道效应，这是一种无意视盲（Inattentional Blindness）现象，指的是观察者因为过度关注特定对象而忽略环境情况。

让我们来看看马尔科姆·麦克莱恩（Malcolm McLean）的例子。可能很多人从未听说过这个名字，实际上，人类之所以能够如此高效地开展全球贸易，很大程度上得益于这位只有高中学历的麦克莱恩先生。他原来是一名卡车司机，后来成了百万富翁。麦克莱恩是美国北卡罗来纳州的一名卡车司机，1937年感恩节的前一天，他开着卡车排在装卸码头长长的队伍里，一等就是几个小时，灵感就在这时突然降临了。感恩节是美国历史悠久的传统节日，千家万户在这一天团聚。麦克莱恩当时在想什么时候才能离开码头，赶在感恩节晚餐前和家人团聚。这时他发现当时主要的运输方式，也就是散装货的方式既低效又危险[1]，麦克莱恩想：一定有比这更好的办法。

于是，他问一位工头："为什么你们不能抓起我的整个卡车，把它直接装到船上去？"工头摸不准麦克莱恩葫芦里卖的什么药，只好奚落了他一番。当时的货主都知道，想把货物更快地从一地运输到另一地，最好的办法是建造更大更快的船。但是，麦克莱恩不这么看，他认为更高效的运输系统的关键不在于更快的船，而在于更快的码头。由于麦克莱恩不是航运专家，所以没人把他的话当回事。但是，恰恰因为麦克莱恩是门外汉，所以别人熟视无睹的东西，他反而看得见。

尽管这在今天看来再明显不过，但是，直到20年后麦克莱恩有了自己的航运公司，建造出一种特殊的货船和设备来装卸集装箱，才开始有少数人"买进"他的看法。集装箱化是麦克莱恩的创新，它把货运成本从每吨大约 6 美元降到了每吨 16 美分，把一艘货船的装卸时间从 1 个星期缩减到 8 个小时。此前，航运码头上的工作安全也是一大隐患，麦克莱恩的整体集装箱运输技术无须卸货，因此极大减少了装卸码头上的工伤事故。[2]

去世时，麦克莱恩不仅革新了全球贸易的面貌，还留下了 3.3 亿美元的巨额财富。作为一名来自北卡罗来纳的高中毕业生，麦克莱恩干得真不错。

现在回头看，集装箱化流程似乎再明显不过。但是，当时的人们几乎从来没有停止对它的讥笑，因为当时人们普遍采用的运输手段根本不是这种被称为"集装箱"的东西。谈到与传统智慧的决裂，尤其是事关从根本上改变人们做事方式的巨大潜力时，麦克莱恩和他的集装箱并不是唯一的例子。

下面是巴里·马歇尔博士（Dr. Barry Marshall）和罗宾·沃伦博士（Dr. Robin Warren）幸运地发现幽门螺杆菌（Helicobacter pylori，简称 H. pylori）的故事。幽门螺杆菌是存在于胃炎和胃溃疡患者肠胃中的一种细菌。由于发现了这种细菌，马歇尔和沃伦获得了 2005 年诺贝尔生理学或医学奖。两位博士的诺贝尔奖来自一次非常有趣的科学实验。

马歇尔是一位微生物学家，沃伦是病理学家，他们想在实验室里培养出幽门螺杆菌，以此证明人类的肠胃中生活着这种细菌。他们起初一直没能成功。他们从 100 位患者身上取得了活检样本，一直检查到第 35 个样本时才取得了确信的成功。马歇尔博士回忆起当时的情景："它来自一次幸运的实验室意外，我们把细菌遗忘在培养基里，就跑去过复活节小长假去了。也就是说，我们等到活检后的第 4 天或者第 5 天时才想起检查细菌生长情况……在此之前，实验室规定，用于研究的活体培养皿超过 48 个小时就必须丢弃，因为当时的科学界认为，正常的胃肠或者咽喉试样超过 48 个小时就会产生过多的共生菌群，导致试样失去进一步诊断的价值。然而，事后证明这一规则并不适用于幽门螺杆菌的培养。"[3]

马歇尔博士和沃伦博士在实验室里成功培植幽门螺杆菌后，科学界依然不相信它与胃炎和胃溃疡之间存在主要联系。马歇尔博士后来在保罗·亚当斯（Paul Adams）博士的一次访谈中这样说："我同怀疑论者辩论了两年的时间，但是苦于没有动物模型证明幽门螺杆菌就是病原体。如果我是对的，所有受到这种细菌影响的人都有可能在几年内患上胃炎或者胃溃疡。"幽门螺杆菌呈阴性的马歇尔吞服了带有"两培养皿幽门螺杆菌"的溶液。随后，他逐渐出现了各种症状，例如腹部饱胀感、食欲减退和呕吐等。胃镜检查发现，马歇尔患上了严重的活动性胃炎，并带有多形核细胞浸润和上皮损伤。马歇尔博士在访谈中说："胃炎的真相终于大白于天下了。"[4]

现在回头来看，也许可以说，当时科学界成员的表现有违理性。实际上恰恰相反，他们当时是极为理性的。马歇尔博士当时几乎推翻了科学界专家们关于细菌在肠胃中存活的一切既有观点。这些观点是几代杰出的科学家在几十年间逐渐发展而来的。如果他们的某一项根本假设是错的，或者不如他们认为的那样正确，那么医学界将面临毁灭性的打击，门外汉则不一样，他们完全可以用新眼光看待它。

接下来，让我们对世界各地的机会做一概览，并通过开辟市场和未消费经济的新眼光来审视这些机会。下面分享的案例充满启发性，它们都拥有巨大的潜力，可能帮助我们解决很多全球难题，创造可观的财富，建设更繁荣的世界。

家用电器——便携式洗衣机在印度

全球洗衣机产业的市场价值为250亿~300亿美元。尽管印度的人口高达13亿，占世界总人口的近20%，但只占全球洗衣机市场不到10%的份额。[5] 只有9%的印度家庭拥有洗衣机。[6] 相比之下，英国有97%的家庭拥有洗衣机。实际上，单就洗衣机拥有量而论，印度连20世纪70年代的英国都赶不上，当时英伦三岛已有 65% 的家庭拥有了洗衣机。看到这里，我们也许会得出结论：印度是个穷国，负担不起现有的洗衣机产品。但是，如果换个视角，我们就会看到一个巨大的未消费市场。

专家预测，全球洗衣机市场规模将在 2025 年达到 420 亿美元，我们认为这个数字可能会更高。[7] 这是因为，专家的预测来自对现有洗衣机产品的观察，他们从这里出发，估算"消费经济"未来的增长，再进一步估算得出未来的销售数量。问题在于，现有洗衣机产品存在很多局限性。

例如，现在的洗衣机产品设计复杂，耗电量高，而且，对全世界很多人来说，现在的洗衣机价格过高。除此之外，大多数洗衣机只能在拥有管道供水的家庭里使用，而且洗衣机的安装离不开管道工人上门服务，而印度许多家庭根本请不起管道工人。现有的洗衣机产品依靠电力驱动，而印度数以百万的家庭，以及其他发展中市场的更多家庭还没有通电。因此，从设计上来看，市场上现有的洗衣机产品大多不适用于印度及很多其他国家的多数人口。如果创新者能为印度和其他类似于印度的国家中的这一部分目标用户专门设计、制造和销售新型洗衣机，这会带来什么？

面向这一未消费市场设计的洗衣机必须体积更小、重量更轻、安装和操作更容易，而且售价要远远低于市场现有的洗衣机产品。这款产品必须能够用在较小的居室里，能够适应较少甚至没有方便设备的情况，并且能够在没有电的情况下使用。同时，这款产品必须能够更方便地分销给既没有正规的分销渠道也没有主要电器卖场的社区。创新者要更多地钻研销售环境：普通未消费者所处的环境是什么？这款洗衣机必备的功能是什么？如何帮助未消费者更方便地完成洗衣服这一用途？创新者对这些问题思考得越深入，就越是明白，我们谈论的并不是现有的任何一种形式的洗衣机，而是一款完全不同的未来产品。

可能有人觉得，我们的观点太牵强了。实际上，我们知道一家公司已经开发出一款便携式洗衣机,只要把它连接在一个桶上,加入水和洗涤剂,放进脏衣服,它就可以完成剩下的工作。这款洗衣机现在的零售价格是40美元。[8] 想象一下,能不能把这款产品卖给那些社区小洗衣店?很多这样的小店如今还在手洗顾客的衣物。有了这款产品,这些洗衣店能洗得更多、收费更低,从而把生意做得更大。这家公司可以为小洗衣店提供融资,或者和银行合作提供资金,这和许多家电企业在富裕国家的做法并没有什么不同。显而易见,这样的做法不仅能帮助人们扩大生意,还能帮助他们建立银行信用。

假如一家企业能推出适宜的商业模式,开发出这样一款产品,并把它卖给10%的印度家庭,这就意味着其能赚取大约10亿美元的收入。这就是为那些在新兴国家开辟新市场的创新者准备的机会。

平价药物在尼日利亚

《世界经济展望》(*World Economic Outlook*)的一项研究表明,每100万名尼日利亚人拥有的药店数量不足25家。这意味着在这个人口约为1.8亿的国家中,获准经营的药店不足5 000家。换个说法,美国沃尔格林(Walgreen)连锁药店的数量(超过8 000家)都比尼日利亚全国的药店数量多。尼日利亚现在最大的连锁药店的店面数量不足100家。美国大约有6.7万家药店(人口3.25亿)。这一令人惊叹的统计数据本身代表了开辟新市场的重大机会。可能有人会说,把尼日利亚同美国相比是不公平的,它会过于突出地显示前者医药产业的落后。那么,我们可以把尼日利亚同加纳做一对比。加纳同样地处西非,也属于比较落后的国家,而加纳人均拥有的药店数量是尼日利亚人的4倍。很多药店和医生的另一个担忧是尼日利亚假药泛滥的问题,造成这一情况的主要原因是药店很难把控供应链的质量。

从表面上看,这些挑战似乎是无法逾越的。于是有人可能会断言,尼日利亚必须首先修补医药产业的各项规章制度,才有可能为每年数千万名患者提供货真价实的好药。实际上，尼日利亚首先应该做的是想办法为患者提供买得起、质量可靠的药物。通过这种办法，尼日利亚才能克服这些挑战，才能改善规章制度，加强管理，提高供应链的质量。尼日利亚需要的是一种能够拉动必需的基础设施的低成本药品商业模式，而这些基础设施同时也是尼日利亚所迫切需要的。

布赖恩·玛祖埃（Bryan Mezue）是我的学生，为了解决这个巨大的难题，他正在致力于研究一种方案（Lifestores药店）。毕业之后，布赖恩在哈佛商学院"成长与创新论坛"（Forum for Growth and Innovation）工作了一年，他和我共同探索了创新和管理理论如何影响经济发展的课题。我们合作发表了《开辟新市场的力量》（The Power of Market Creation）这一论文，该文发表在《外交事务》（Foreign Affairs）上，这篇论文也提及了本书探讨的部分主题。

在尼日利亚人口稠密、收入较低的地区，Lifestores正在建造不事虚饰、价格实惠的连锁药店。除了开设新的药店之外，Lifestores团队还推出了一种所有权共享的平台，很多夫妻店可以在同一个主品牌下实现专业化。这家药店还同药厂和一级分销商直接签订协议，确保药品的质量；Lifestores与本地供应商合作，例如WAVE学院（一家职业教育社会企业，也是毕业于哈佛商学院的布赖恩·玛祖埃共同创办的），以此保证顾客服务团队的培训工作。想象一下，如果Lifestores有一天成长为尼日利亚的沃尔格林，它将为尼日利亚带来多少就业机会？更重要的是，将有多少尼日利亚人的生活因此而改善？这就是人们投身开辟式创新可能迎来的美好前景。

舒适睡眠——好梦柬埔寨

我常常告诉身边的人，有这样一种发现未消费市场机会的好办法：前往一个国家，找到当地的摩门教传教士，体验他们的生活。因为摩门教传教士通常生活在各个国家最贫困的地区，大多数情况下，他们过着与当地最普通的百姓一样的日子。因此，他们生活中的很多忧患都能直接指向开辟新市场的机会。下面提到的这个柬埔寨的机会就来自一位摩门教徒。

在柬埔寨一些地区，床垫是一种稀罕的东西，对中低收入人群尤其如此。这个国家的人均 GDP 只有 1 270 美元，绝大多数柬埔寨人属于中等收入或者低收入人群。实际上，根据世界银行的数据，柬埔寨 1 570 万人口中有将近 30% "依然处于贫困边缘，稍有经济打击或其他外部冲击，很容易回落到贫困状态"。[9] 这位摩门教徒发现，他在柬埔寨遇见的多数人都睡在竹垫上，或者干脆睡在硬邦邦的地面上。即使偶尔有人使用泡沫床垫，也是那种又笨重又很难安放的类型，尤其对一居室的小房子来说。

表面上看，只要有一种廉价床垫就能轻松解决这个问题。但是，还要考虑到很多柬埔寨人，以及其他经济落后国家中的人们，大都生活在狭小的一居室里。这显然不是廉价所能解决的问题。如果创新者开发出一种既廉价，又易于拆装的床垫，会带来怎样的变化？以这一机会为目标，可能开辟出一个全新的市场，"一夜安眠"的未消费者有多少，这个床垫新市场的规模就有多大。

卫生与能源——垃圾发电在加纳

在许多贫困国家，卫生是个大问题，很多贫困国家政府被卫生问题折磨得焦头烂额。可是，这些政府连教师、医生和公务员的工资都无力支付，哪里会有资金解决卫生问题？因此，垃圾管理常常成为贫困国家的严重问题，而且，随着城市化趋势的发展，垃圾管理问题大有日益严重的态势。它不仅是本地居民严重的健康威胁，也会带来高昂的经济成本。Safi Sana 公司就是这样进入人们视野的。

Safi Sana 在加纳建设了一座垃圾发电厂，这座电厂为当地居民和政府带来了巨大的影响。Safi Sana 的商业模式非常简单，它从厕所和城市贫民富的食品市场收集粪便和有机废物，通过工厂把这些废物转化为有机肥料、灌溉用水和沼气。沼气用于发电，有机肥料和灌溉用水用于农业。通过这种方式，Safi Sana 为加纳的粪便垃圾问题提供了一条切实可行的解决之道。与此同时，它还为农民提供了迫切需要的肥料，为居民提供了清洁能源。

为了保证项目规模化和长期可持续发展，Safi Sana 推出了一种本地化所有权模式，90% 的员工来自当地社区，上岗前接受集中培训。这家公司已为 1 000 多人提供了工作机会和岗前培训。如果没有 Safi Sana，这 1 000 多人的收入前景将变得极为有限。

汽车——为墨西哥人而造的电动汽车

墨西哥 2016 年的出口总额为 3 749 亿美元，其中大约 880 亿美元（23.4%）来自汽车、卡车或者其他汽车配件。[10] 这些汽车绝大多数是外国品牌，例如福特或者宝马，而且都是汽油车。所以，当一家名为 Zacua 的墨西哥厂商设计并制造出电动汽车时，许多墨西哥人的民族自豪感油然而生。墨西哥人终于有了一家为自己造汽车的企业。一位记者在报道中这样写道："作为一名墨西哥人，我们都希望 Zacua 做大做强，成为电动汽车行业里举足轻重的品牌。"根据 Zacua 的发展计划，其基本车型的售价不到 2.5 万美元，没有配备安全气囊，也不是完全按照国际标准制造的。Zacua 为这款车型制定的销售计划是 2019 年年底前卖出 300 台。[11]

假如 Zacua 另辟蹊径，没有选择进入拥挤不堪、竞争惨烈的电动汽车市场，而是利用好墨西哥在汽车制造领域积累的专业能力，面向未消费市场造车，结果会怎样？如果 Zacua 选择的是未消费市场，与它竞争的将不再是类似日产、雷诺、宝马和福特这些一定会击败它的大车企，与它竞争的将是尚未发生的消费。

很明显，尽管墨西哥有能力制造各种汽车、卡车和其他相关产品，但是，大多数普通墨西哥人买不起这些产品。每 1 000 个墨西哥人中，只有280人拥有汽车。¹² 相比之下，美国的数字是800人，澳大利亚是740人，加拿大是662人。¹³、¹⁴ 因此可以说，一个面向墨西哥未消费经济，乃至于整个拉美未消费经济的新市场正等待开发。无论是谁，只要看准了这一市场，就必定有机会收获极为可观的回报。这听上去很像中国的情况。是的，也许墨西哥，或者干脆说Zacua，能把中国人书写的电动汽车剧本翻开新的一页。

很幸运，我在过去几年间去过几次中国。中国满街的小型电动汽车每一次都让我惊喜不已。单是2017年这一年，中国的电动汽车市场就增长了50%以上，而且丝毫没有减缓的迹象。大约每三位中国消费者中就有一位倾向于购买电动汽车。整个电动汽车产业的投资中有40%来自中国。¹⁵

如果Zacua不再与市场上现有的厂商正面竞争，而是向中国的同行取经，开发小型化、价格低廉、刚好够用的电动汽车，会怎么样？考虑到许多国家的平均汽车乘坐人数不足两人，所以，它可以从只有两个座位的双门车型做起，这是完全行得通的。¹⁶ 另外，还应该考虑到每位乘客的平均行驶里程数。当现在的富裕国家还处于贫困状态时，这一数字相对较低，随着这些国家变得越来越富裕，这个数字也随之逐步提高。比如说美国，每位乘客每年的平均行驶里程从1950年到现在，累计增长了39%。这一点启示我们，新兴市场上的汽车不一定要和发达国家的汽车跑得一样远。说到底，与其从制造什么样的汽车出发，不如先把注意力放在汽车的目的、谁在什么样的环境下使用汽车，以及未消费者能够承受的价格水平上面。这种做法能够帮助创新者从不同的角度思考汽车问题和出行问题。实际上，Zacua甚至可以销售里程，而不是汽车。毕竟，汽车的主要目标是帮助人们从一个地方到达另一个地方。

对汽车的再思考有可能极大地降低造车成本，进而为普通墨西哥消费者生产负担得起的汽车产品。如果墨西哥能把汽车拥有率从每1 000人280辆提高到每1 000人350辆，那就意味着25%的增长。想想这会为制造、分销、销售、市场营销和顾客服务等部门带来多少就业机会？这是很有可能做到的。但是，这首先需要有另辟蹊径的思维方式。

食品——尼日利亚的番茄酱

尼日利亚人热爱番茄。从深受世界人民喜爱的西非辣椒炖鱼饭到尼日利亚各种使用番茄作为底料的汤，尼日利亚已经成为全球最大的番茄酱进口国。这一西非国家消费的每一瓶番茄酱都依赖进口，每年进口番茄酱的价值约为10亿美元。截至本书写作时，这个有着1.8亿人口的国家连一罐番茄酱也生产不出来。关于尼日利亚的番茄市场，更令人震惊的是，这个国家的农民每年种植的番茄超过200万吨，其中一多半在送到消费者手上之前就烂掉了。这又回到了前文谈过的观点，一件产品不仅要让消费者负担得起，还要买得到，只有这样，才能充分满足未消费经济的需求，成功开辟出新市场。

普通尼日利亚人把一多半的收入用于购买食物。因为尼日利亚一半以上的番茄市场管理不善[17]，所以，能买到番茄成了尼日利亚人的一种奢望。考虑到尼日利亚较低的人均收入、基础设施的种种问题，以及中产阶级的增长速度没有达到专家预测的水平，传统智慧认为，这里没有像样的机会，即便有机会，风险也过大。如果我们通过不同的视角评判这一情况，就能看到极为广阔的，同时也是我们能够把握的开辟新市场的好机会。

西红乔（Tomato Jos）是一家尼日利亚公司，它正在把这一机会变成现实。西红乔的首席执行官是米拉·梅达（Mira Mehta），这位哈佛商学院毕业生能够理解这一市场的巨大潜力。首先，这个市场能让尼日利亚不再需要进口番茄酱，这个商机本身就值10亿美元；其次，让番茄变得又便宜又容易买到，这能扩大市场的实际规模，因为会有更多的人，尤其是未消费者，有机会买到新鲜的番茄和番茄酱。如今，尼日利亚的消费潜力和实际供给能力之间存在着价值高达13亿美元的生产缺口；最后，尼日利亚可以被视为其他非洲国家和其他低收入国家的缩影。如果梅达的西红乔能够把这个机会变成真金白银，她就能够改变尼日利亚许多人的生活，让她的投资者感到高兴。2018 年，这家公司刚刚完成一轮 200 万美元的融资。

休闲／娱乐——底特律迪士尼乐园

去底特律建迪士尼乐园？请问还有比底特律更不适合建迪士尼乐园的城市吗？最近几十年，因为城市的衰败、打击犯罪和贩毒的惨败、令人怀疑的未来，底特律几乎垄断了所有坏消息的头条位置。这座城市大约积累了 180 亿美元的债务，2013 年，债台高筑的底特律正式申请破产。

如今的底特律同短短几十年前的底特律形成了令人震惊的对比。20 世纪 50 年代的底特律堪称美国式创新的基石。底特律曾是一派繁华的汽车城，人口曾经达到大约 180 万，大街小巷都是汽车。如今的底特律只剩下 70 万人口，市区面积只是从前的零头。尽管底特律使出浑身解数想要东山再起，到头来依旧是满目疮痍，到处都是废弃的楼房、空荡荡的停车场、破碎的路灯，同样破碎的，还有人们的梦想。2008 年以来，底特律关掉了一半以上的公园。[18] 尽管如此，在别人眼中一贫如洗的城市，在我们眼里代表着休闲娱乐的大好商机。

很多人会说，这简直是个愚不可及的想法。难道底特律不应该先把最基础的工作做好吗？这让我想起人们对刚刚起步时的诺莱坞的评价，二者实在太相似了。按照电影制作的数量来衡量，诺莱坞是当今世界第二大电影产业，仅次于印度的宝莱坞。根据尼日利亚统计局的数字，诺莱坞的市值超过了 30 亿美元，从业者高达 100 万。[19] 迪士尼完全可以在底特律开创出同样的事业。

首先，迪士尼需要跳出常规思维的窠臼。不能单纯复制奥兰多迪士尼世界，因为无论是建造费用还是日常维护成本都会过于高昂。按照奥兰多迪士尼的标准，一个标准的四口之家在迪士尼游览一个星期的预算约为

3 500 美元，其中包括酒店、门票和饮食，不包括往返机票。成人单日门票价格是 124 美元。[20] 去过迪士尼的人都知道，没人能管住自己只玩一天。你会不由自主地向迪士尼带来的美妙体验举手投降。而对于普通底特律人来说，他们也许负担不起这笔不菲的费用。新市场开辟者正是在这里显露峥嵘，独辟蹊径地看到机会。

我们并不是以娱乐行业专家自居。但是，我们至少拥有自己的家庭回忆和经验可资借鉴。可以想象一种同样能发挥迪士尼为万千游客带来的神奇魔力的新娱乐形式，也就是暂时逃离日常生活的压力，来到一个充满魔力、人人欢天喜地、一切梦想都能成真的世界里，享受几天全家人欢聚的快乐时光。这是人人心中的愿望，它与贫富无关。这就是我们说的用户目标。

重点并不是在底特律复制一个和奥兰多一模一样的迪士尼乐园，而是复制迪士尼的魔力体验，让底特律人，以及许许多多生活在小城镇里的不可能去迪士尼度假的人都能体验到迪士尼式的魔力。对许多底特律人来说，底特律迪士尼不是与其他游乐园竞争，而是与根本没有游乐园竞争。

住房——卢旺达和撒哈拉以南非洲地区的硬质地面

非洲的人口总数为 12 亿，其中一半以上生活在农村地区。农村生活本身并不是问题，它有着远离城市的拥挤和严重污染等种种好处，问题在于生活条件，很多人生活在非常糟糕的生活条件下。无论采用哪种经济发展的衡量标准，从能不能用上电，到能不能看上医生，农村地区的生活条件都无法同城市相提并论。其中，有一项衡量指标长期被人们忽视，但是它蕴藏着极大的商机，那就是农村家庭缺少价格实惠、干净卫生的硬质地面。在卢旺达的 200 万户家庭里，大约有 80% 还在使用泥土地面，这一情况非常令人担忧。[21] 这意味着，家里的地面会在雨天里布满大大小小的水坑，这些水坑很容易成为滋生蚊虫的温床。除此之外，泥土地面不仅滋起来不够舒服,还常常把衣服和家里的东西弄脏,这会对人们的健康带来不利的影响。

泥土地面的替代方案是硬质地面,但是它对很多卢旺达人和生活在撒哈拉以南非洲地区的人们过于昂贵,这两个地区的人均年收入约为705美元和1 461美元。[22] 以卢旺达为例,把泥土地面改造成混凝土地面的费用相当于一个人两个月的工资。这样的方案在一个人均年收入不足一台iPhone售价的国家里不可能行得通。然而,在一个传统智慧只能看见贫穷和风险的国家里,我们看到的是忧患、未消费经济和开辟一个可扩张的新市场的大好机会。一家名叫EarthEnable的公司看到了这个机会并且开始行动,如果它能获得成功,推出创新性的商业模式,先在卢旺达实施,再推广到其他非洲国家,就有机会成为一家价值超过几十亿美元、员工几万人的大企业。

按照EarthEnable的方案计算,每平方米硬质地面的价格约为4美元。这一廉价地面使用的原材料是砂砾、红土、沙子、黏土和水,这些材料都可以就地取材。普通卢旺达家庭的居住面积只有20平方米(相当于65平方英尺)。假设这家公司能为20%的卢旺达人提供新型地面,就能产生超过2 500万美元的收入。[23] 如果这家企业能把业务拓展到乌干达、肯尼亚、布隆迪、博茨瓦纳、津巴布韦、尼日利亚和喀麦隆,这一数字将提高多少倍?而且,EarthEnable带来的并不仅仅是高收入,它还会为数以万计的人提供工作机会,他们会负责产品的生产、市场营销、配送、销售和服务等工作。除此之外,还应该把这项产品带来的居民健康提升考虑在内。这家企业的运营相当于间接地帮助降低破伤风、疟疾和其他传染病的发生率。

电能——孟加拉国的能源

孟加拉国是一个经济落后的国家,该国的人均GDP仅为1 359美元,在它的1.63亿人口中,约有20%生活在极度贫困中,每天的生活费不足2

美元。贫困人口大多居住在乡村地区，而通得上电的乡村不足25%。这就意味着，太阳落山之后，人们要么购买价格高昂、污染严重的煤油来照明，要么什么都不做，做到真正的日落而息。小店铺统统打烊，孩子们不得不停止学习或者玩耍。人们做好各种防盗措施，这样才能睡个安稳觉。由于没有电，几千万孟加拉人的生活变得更加风雨飘摇。我们相信，这正是培育大市场的良机。

过去几十年间，我们见证了可再生能源价格的大幅下降。尤其令人感兴趣的是，企业家能利用技术的力量推出面向未消费者的具体解决方案。也就是说，人们真正需要的其实不是电能本身，而是电能帮助他们办到的事。他们要的是电灯，是在电视上看演出，他们想用电脑和手机，想用冰箱让食品保冷保鲜。假如企业家能推出成本低廉的解决之道帮助这些未消费者解决生活中的难题，他们获得成功的可能就会更大。

利用这一机会，孟加拉国基础设施发展有限公司（Infrastructure Development Company Limited，以下简称IDCOL）正在孟加拉国开辟一个新市场。[24] 过去的10年间，IDCOL在孟加拉国乡村地区成功安装了超过350万套家用太阳能系统。这种太阳能系统结构简单，共有3种选择。第一种最简单，只能为一盏电灯和一个手机充电器供电。第二种可以为一盏电灯、一台电视机和一个手机充电器供电。第三种系统在第二种的基础上增加了一台电风扇。IDCOL称，几百万套家庭太阳能系统的安装为孟加拉国带来了75 000个就业机会，惠及1 600万人口。该项目在2018年有条不紊地推进，并计划在整个孟加拉国完成600万套系统的安装。在IDCOL创新者眼中，孟加拉国民众不是穷得用不上电的人，而是作为目标顾客的未消费者，IDCOL需要为他们量身打造最适宜的解决方案。结果说明了一切，得到改善的生活说明了一切。

同孟加拉国一样，撒哈拉以南非洲的许多国家同样饱受缺乏稳定电力供应之苦。即便是拥有稳定供电的人们，也是通过付出高昂的代价购买和使用柴油发电机换来的。农村地区的电力未消费情况显而易见，发达的大城市似乎不存在这一问题。其实不然，在住房、写字楼和医院，处处能听到柴油发电机隆隆的轰鸣声，这恰恰说明了城市里存在着同样的难题。实际上，这正是通向一个巨大新市场的线索。例如，一些尼日利亚居民支付的电价是 25 美分／千瓦·时，这比普通美国居民的电价高出一倍有余。[25]还要考虑到美国的人均国民收入是尼日利亚的 25 倍这一事实。大多数非洲居民用不上电，对用得上电的一小部分人来说，电费也实在太贵了。

Aspire 动力方案（Aspire Power Solutions，以下简称 APS）是一家非洲公司，它的目标顾客是那些支付高昂费用使用柴油发电的人。这家企业为客户安装太阳能板，提供使用指南，帮助客户更好地优化能源的利用。APS 通过这样的方式为客户提供性能更加可靠，成本更加低廉的能源方案。我们曾在第三章中指出，未消费经济并不限于穷人或者无力负担现有产品的人。它通常表现的特征不是贫穷，而是忧患和权宜之计。APS 以忧患为契机，创造了机会。

农业——加纳的辣木

辣木是一种出产富饶、生命力顽强的树种，广泛分布在全球的热带地区。辣木浑身都是宝，所以也被称为"奇迹之树"。它的叶子可以像绿叶蔬菜一样煮食，还可以晒干碾碎加入餐食中用来补充营养；它的根可以制成调味品；它的种子烘焙之后，吃起来就像坚果，还可以加工制成化妆油，对皮肤有益。但是，辣木树再神奇，也结不出钞票来。它的经济效益要靠种植来实现，例如，加纳和西非的辣木种植就带来了显著的商机。

加纳有几百万农民，绝大多数每月赚不到 70 美元。加纳的年均人收入约为 1 513 美元。在加纳，营养，或者更准确地说，营养不良，是一个默不作声的杀手。每 5 名婴幼儿中就有 1 名发育不良。5 岁以下的幼儿中，超过一半患有贫血。[26] 但是，加纳的气候条件极其适合辣木树的种植。实际上，几十年前，为了促进经济发展，曾有一家援助机构在加纳种过几百棵辣木树。不幸的是，辣木树越长越高，经济却不见增长。因为仅有辣木是不够的，它只是解决方案的一个组成部分。

考虑到辣木树的营养价值和经济价值，一个开辟辣木产品新市场的机会很明显地摆在人们眼前。如果有创新者利用好这个机会，他将获得相当丰厚的回报。首先，创新者可以为加纳农民提供资本，购买种子、化肥和农业设备，帮助他们更高效地种植和收获辣木产品。其次，创新者可以把种植户同需要这些产品的市场更好地连接起来，否则加纳农民如何把自己的产品卖到城里去？他们可能连隔壁村子的市场都无法连接。这些都是最初种植辣木树的那家援助组织没有很好解决的问题。想要开辟新市场，这些问题是非回答不可的。MoringaConnect 是一家新近成立的加纳企业，它也向自己提出了同样的问题。

这家企业成立于 2013 年，由毕业于麻省理工学院的工程师和毕业于哈佛大学的发展经济学学者组成。MoringaConnect 锁定了辣木油和辣木粉的新市场，着力开辟和培育这一市场。成立以来，这家企业已经种植了超过 30 万棵辣木树，与 2 500 多名加纳农民开展了合作。它为当地农民提供化肥、种子和财务支持，还把农民们与它创建的辣木油和辣木粉市场连接起来。在这家企业的努力下，种植户现在的收入是过去的 10 倍。[27]

经济发展实践者

写作这本书的一大乐趣在于了解各个组织解决具体发展挑战的有趣方式，从放心水的供应，到获得教育的机会，这些方式五花八门，精彩纷呈。作者在这篇附录中重点记录几个组织和它们的做法，希望它们能不光引起模仿者的兴趣，更能激发行业内其他组织的斗志，推动它们改善商业模式，更具持续性地解决各种挑战。

IDP 基金会

为了变革全世界最贫困地区的教育现状，艾琳·普利兹克（Irene Pritzker）成立了 IDP 基金会。她刻意避开了传统的基于项目的资助方式，转而探索如何让慈善资金更好地发挥作用，把善款变成催化剂，在孩子们没有机会获得合格教育的地区催生可持续发展的解决办法。将近 10 年之前，普利兹克开始了探索之旅的第一站：加纳。在这个西非国家里，只有不到 40% 的学龄儿童有机会完成中学教育。普利兹克并没有用成套的项目塞满自己的脑子，而是带着自己的团队，投入时间，全方位地了解当地的教育情况，查明了高质量教育的阻碍。

普利兹克通过调研发现，贩卖洋芋、番茄和菠萝的小商贩能够非常容易地获取小额贷款，把生意做大；而创办低学费私立学校的企业家，无论怎样辛勤地工作，都只能获得极为有限的金融服务，或者根本无法获得金融服务。似乎贩卖洋芋和番茄远远好于开办学校。IDP 基金会可不这么看，他们发现当地对低学费私立学校的需求极为迫切。本来应该"免费"的公立学校，要么极其昂贵（家长需要购买校服，支付管理费用），要么位置太远，要么教学质量极差，上了不如不上——在这种学校里，孩子们学不到应学的知识，反而浪费了宝贵时间。对一个家庭来说，这实际上是一种倒退。常见的情况是，一个教室里挤满 100 多个学生，授课老师受到工会的严密保护，就算误人子弟也没什么严重的后果。由于公立学校的教育水平参差不齐，所以对私立学校的需求极大，即使非常贫困的家庭也需要私立学校。

普利兹克开展了广泛的市场调研，她访问了城市和乡村地区的学校管理者。调研完成后，IDP 基金会找到了填补这一缺口、扫除市场壁垒、提高私立学校获得资本便利性的好办法，它与加纳小微金融组织（**Microfinance**

Institution，简称 MFI）和斯纳皮阿巴信托公司（Sinapi Aba）联合推出了"IDP 新兴学校项目"（IDP Rising School Program）。

IDP 新兴学校项目并不急于修建耀眼的新教室，它选择了一种完全不同的方式解决问题。首先提高已有办学者的能力，即那些已经在自己的社区开办了学校的草根社会企业家。IDP 基金会为他们提供了金融基础素养和学校管理方面的培训，并为他们提供了获得小额贷款的融资通道。提供培训的同时，IDP 基金会还帮助低收费学校改善了学习环境，帮助它们吸引更多的生源。在该项目的各所学校里，平均每个班级的学生数为 22 人，教师要为自己的教学负责。2009 年项目开办以来，已经陆续服务了将近 600 所学校，帮助了将近 14 万名学生（截至 2017 年 8 月的数据）。

事实证明，IDP 新兴学校项目不仅能够赢利，易于扩大规模，还能帮助学校可持续发展，实现自给自足。在 IDP 基金会的委托下，第三方机构开展了关于这一项目功效及影响力的大量研究。这家基金会还积极与加纳政府接触，有力地推动政府为招收贫困生的学校提供补贴，资金从政府和社会合作办学的项目中拨付。在普利兹克看来："IDP 基金会的目标是把 IDP 新兴学校项目复制到全世界。这个项目为几十万加纳儿童带来了高质量的教育和获得美好未来的机会。每个发展组织，包括 IDP 新兴学校项目在内，都应该问问自己，怎样做才能成为'多余'的人？当地的可持续性发展相当于造血，我们的工作相当于输血，我们要怎样做才能让世界不再需要我们？"

这个问题问得好极了。

假如 IDP 基金会驾临加纳，大手一挥，投入几百万美元建造学校，结果会怎样？它会形成一种推动式策略。在这种策略之下，准备成本固然是确定的，但是，执行之后的效果远远无法确知。我们大概可以推断出这一假设的结果，随便找一个贫困国家，盘点一下公立学校或者非政府组织出资建立的学校就知道了。这太不幸了。这些学校远远不是什么繁荣的标志，相反，它们是贫困的象征。去过中低收入国家的人们都知道这句话的含义。当你看到孩子们潮水一般涌入拥挤的小学和中学，接受一种很有可能不合格的教育时，难道不会心碎吗？我从来没见过谁会把它当作繁荣的景象。实际上，它是一个国家患有痼疾的明显标志。

哈拉比企业联盟（Harambe Entrepreneur Alliance）

"IDP 新兴学校项目"开始给 IDP 基金会团队带来成功时，他们意识到，仅仅提供教育是不够的，因为毕业生离校后很难找到工作。接受完教育之后，这些毕业生能做些什么？社会上并没有成千上万的好工作虚位以待。如果受过教育的人找不到工作，那么教育本身的价值岂不是大打折扣？

事实证明，就像普利兹克和她的团队发现的那样，加纳的教育问题并不是简单的教育问题，而是创新问题。更好的解决办法是加强金融和管理，切实与企业家合作开办新企业，由这些新企业来雇用受过教育的毕业生。

为了做到这一点，IDP 基金会与哈拉比企业联盟（Harambe Entrepreneur Alliance，简称 HEA）结成了合作伙伴关系。哈拉比企业联盟由 250 多位受过高等教育的非洲年轻企业家组成，他们创办的企业遍布非洲大地。联盟的创始人是奥肯多·刘易斯 – 盖勒（Okendo Lewis-Gayle）。这家联盟的努力得到了国际组织和个人的普遍认可，包括《经济学人》（*The Economist*）、《名利场》（*Vanity*）和英国女王等。哈拉比联盟的企业家得到了来自马克·扎克伯格和普莉希拉·陈（Priscilla Chan）夫妇的"陈 – 扎克伯格计划"（Chan Zuckerberg Initiative）、皮埃尔·奥米达亚（Pierre Omidyar）的"奥米达亚网络基金"（The Omidyar Network）以及 YCombinator 等多家机构的投资。这些年轻人是非洲最出色的创业者。2016 年，"陈 – 扎克伯格计划"向安德拉（Andela）投资了 2 400 万美元，安德拉是哈拉比企业联盟（中的企业家）共同创办的企业之一。它的目标之一是在未来10年帮助联盟中的企业在非洲创造一千万个就业机会。为此，这家组织正在大力推动支持非洲创新和创业的必要体系。思科基金会（Cisco Foundation）为此向哈拉比投资了500万美元，并合作开发了一项旨在支持非洲企业家的投资基金。该项工作由思科公司负责企业事务的资深副总裁Tae Yoo女士牵头。这样的做法有望在行业中得到更大范围的推广。

IDP基金会、哈拉比和思科基金会的合作是一个很好的典范，它说明了换个角度看问题能带来怎样的不同。也就是说，当我们看到教育问题的解决办法不只是"建造更多的学校"那么简单时，我们还有可能做些什么。当然，这并不是说，只要合作就能万事大吉。即使合作，一样要面对和解决极其复杂的挑战，所幸的是，他们没有选择相对容易的办法。这让我们的心中充满了希望，我们相信，这些组织能够通过不同的视角看问题，创造出经得起时间检验的事业。

一英亩基金会（One Acre Fund）

整体全面地考虑问题，这是"一英亩基金会"（One Acre Fund）和IDP基金的相似之处。"一英亩基金会"致力于为贫困国家的农民开发一种面向市场的解决方案。在这家基金会看来，贫困农民，或者更宽泛地说，这些地区的很多人，面临的问题并不是缺少食物那么简单，真正的问题是他们缺少进入市场的机会。因此，一英亩基金会致力于为肯尼亚、卢旺达、布隆迪、坦桑尼亚、马拉维和乌干达的数千名农民提供资金（用于购买种子和化肥）、运输（农用物资）、培训（农业技术）和市场便利（实现收成利润的最大化）。自2006年成立以来，这家基金会的雇员人数超过了5 000人，帮助50多万名农民提高了收成。

一英亩基金会把农民收入提高了50%以上，并计划在2020年之前覆盖100万名农民。基金会的共同创始人、行政总监安德鲁（Andrew Youn）在2016年年报中表示："2006年，我把一英亩基金看作单纯的农业组织，我当时没有考虑到农民改善生活条件必不可少的其他问题。"基金会以改善农民生活为己任，这让他们看到，贫困农民面对的不仅仅是农业问题。这让一英亩基金会的努力与农民追求进步的进程更加合拍，更加步调一致。

安全用水网络（Safe Water Network）

"安全用水网络"专注于解决贫困社区的用水难问题。很多援助组织的最终目标是通过长期努力，让世界最终不再需要自己，"安全用水网络"堪称这方面的典范。该组织在运营区域内确保各个项目的可持续发展。"安全用水网络"深知，用水问题并不是简单的"修建水井"或者"供水"就能解决的，必须有一套体系或者一个市场来维持它所做出的投资。

"安全用水网络"没有把社区居民看作受益人，而是把他们当成客户来看待。美洲开发银行（Inter-American Development Bank，简称 IDB，拉丁美洲及加勒比地区的区域开发银行）的克里斯汀·图纳特（Christine Ternent）指出："我们不能单纯地从需求视角来看待经济落后的群体，而是应该从发展潜力的视角来看。"这与"安全用水网络"现在的做法不谋而合。它找到所在区域内的企业家，为他们提供抽水和净水的必要设备，培训他们完成供水服务的销售工作。实际上，"安全用水网络"的工作可以总结为：走进社区，建设能力，为新市场的开辟做好准备工作。

和修建一座水井比起来，这种模式需要的时间长得多。但是，实践告诉我们，后者比前者更加具有赢利性，也更具有可持续性。它还有一种附加的好处：能为本地居民创造就业机会。截至目前，"安全用水网络"已经在 400 多个社区落实了这一方案，为一百多万人提供了清洁用水。和 IDP 新兴学校项目的相似之处在于，"安全用水网络"也与本地伙伴开展合作，帮助它们提升能力，最终从社区中抽离出来。功成，身退。

* * *

开辟新市场的好处之一，在于新市场的需求与国民的能力通常能够相互匹配。假如必需的能力尚未存在，新市场会把它拉进来。这一点非常重要，在研究全世界各种开发项目之后，我们发现，许多项目的水平与当地的实际能力不相匹配。这种错配的做法存在已久，在许多贫困国家留下了数量众多的失败项目，这些项目本身质量极高，但技术水准和先进程度超出当地能力。例如，有些医院配备了先进的医疗设备，但当地人既不会使用，也不懂维修；没有通电的地区收到大批电脑捐赠；崭新的学校建好了，没有专业教师，也没有因材施教的课程；还有更常见的问题：水井建好了，出现问题时没人懂得如何维修。

我们想说的不是贫困国家先解决能力问题，我们再重启援助，而是援助务必因地制宜，适合当地的实际情况。也就是说，援助项目必须在当地行得通、立得住。必须把目标放在帮助本地人自身的能力建设上，最终实现本地经济的自我发展。只要调配到正确的位置，援助项目可以为这一目标的达成发挥巨大的支持作用。

政府

要确保国家的长久繁荣，政府担负的职责至关重要。然而，在过去的两个世纪里，政府的职责一直在显著增加。今天的政府不仅要维持社会的法律和秩序（这对很多贫困国家的政府来说已经不堪重负了），还要保证公民有机会接受优质的教育和医疗，修建公路和铁路以及其他各类公共基础设施，以及负责数量过多的各类社会项目。实际上，人们指望政府承担一切，而且，许多贫困国家的政府也在试图承担所有工作。但是，几乎没有哪个政府拥有如此丰富的财政、技术和管理资源，把划归它们的无数职责一一担负起来。因此，很多政府发现，无论是实现预算，还是提供服务，工作一年比一年难做。

在研究全球许多国家的政府，以及民众加诸这些政府的职责之后，我们发现，在中低收入国家，人们希望政府承担的工作与政府有能力完成的工作之间存在着巨大的落差。在这一部分，我们希望为那些还在努力尝试的政府带来一点希望。只有政府理解了自己服务的民众真正想取得的进步是什么，才有可能有效地履行自身的职责。我们选取了菲律宾和卢旺达等几个国家的案例，重点描述这些国家的政府如何运用手上极为有限的资源支持创新项目。希望对读者有些启发和帮助。

尼日利亚——创造就业的任务

世界上最难的工作莫过于在贫困国家或者资源匮乏的国家担任公职，而最重要的工作也莫过于此。几百万人的生计要仰仗这些公职人员的工作。2015年，阿金文米·安博德（Akinwunmi Ambode）决定竞选拉各斯州州长一职。连他自己也承认，他当时对"一些数字"并没有充分理解。有人估算，拉各斯州人口超过2 000万，平均每小时有85人迁入该州。拉各斯快速展开的城市化带来了住房、就业的严重不足和公共服务的严重匮乏，包括教育、医疗和状况良好的道路等等。

值得赞许的是，安博德州长清楚地知道他不可能一次性解决所有问题，更不可能凭借一己之力解决问题。他明白政府应该造就环境，支持企业家来解决各种社会问题。基于这样的认识，该州长刚一上任即成立了"拉各斯州就业信托基金"（Lagos State Employment Trust Fund，以下简称LSETF）。

LSETF基金的规模为7 000万美元，它的愿景简单明了：为拉各斯民众制造创业和就业机会。目标是到2019年创造60万个工作岗位，实现该州财政的可持续发展。在成立的第一年，该项目主要聚焦于研究和战略工作。尽管如此，这家基金目前已经为拉各斯的几千位企业家拨出了1 100万美元以上的长期低息贷款。它甚至得到了联合国开发计划署（United Nations Development Programme，简称UNDP）的关注，该署已承诺出资

100万美元，用于几千名拉各斯民众的职业教育。

安博德州长亲手挑选了一批朝气蓬勃、潜力巨大的尼日利亚年轻人来管理这一基金，由他们组成基金管理委员会，委员会直接向州长汇报。该委员会的主席由伊夫科（Ifueko Omoigui-Okauru）担任，她毕业于哈佛大学，曾任尼日利亚联邦国内税务局局长，并在该国几家颇具影响力的委员会担任顾问。基金管理委员会的另一位成员是比利基斯（Bilikiss Adebiyi-Abiola），一位毕业于麻省理工学院的企业家，她在很多跨国大型企业享有卓越的声望，例如英特尔、卡地亚、甲骨文等。安博德州长聘请欧伊波（Akintunde Oyebode）担任执行秘书，负责基金会的日常运营工作，欧伊波是一位经济学者，曾效力于尼日利亚最大的几家金融机构，以诚实正直闻名全国。

这家信托基金能否实现帮助尼日利亚企业家创造几十万就业机会的雄心壮志？现在下结论未免过早。至少现在看来，它正处于良好的发展轨道上。就像我们一再提到的，一家企业不可能单枪匹马地完成尼日利亚的经济发展，这毕竟是一个有着1.8亿人口的大国。同样的道理，一家信托基金也不可能带来一个国家经济的大发展。但是，这家基金培育的原则和流程足以对尼日利亚的未来发展轨迹产生重要的影响。

菲律宾——水的生意

水就是生命，但水不是免费的。实际上，安全用水不仅不是免费的，而且相当昂贵。在富裕国家里，供水单位通常需要国家的补贴。菲律宾，一个人均国民收入不足3 000美元的小国，远远算不上富裕国家。1995年，菲律宾有1 000万人口喝不上放心水。菲律宾首都马尼拉是全球最拥挤的城市，在马尼拉东部地区，只有将近1/4的人喝得上安全饮用水。该国的水资源形势极其严峻，以至于该国政府不得不颁布了专门法律。这为创新者与政府合作解决水资源问题铺平了道路。经过这场危机之后，马尼拉水务公司（Manila Water）成立了，这是一家公私合营企业，由马尼拉市自来水厂及下水系统（Metropolitan Water Works and Sewerage System）与菲律宾历史最悠久的财团阿亚拉集团（Ayala Corporation）合办。

马尼拉水务公司刚刚成立时，并没有简单地把工作重心放在如何服务好现有用户、赚取更高利润上面。相反，它为自己确定的使命是，为尽可能多的民众供水，同时保证赢利性和可持续性。从根本上说，这家企业完全懂得用户想要什么，那就是"用水方便，费用低廉"。为了做到这一点，马尼拉水务公司集中精力发展员工队伍，重新调整现有的组织架构。这家公司最终把通水住户的比例从不到 25% 提高到了 99%。2016 年，马尼拉水务公司的用户超过了 650 万人。在发展的过程中，为了支持目标的达成、提高效率，马尼拉水务公司还修建了必不可少的基础设施，把日供水量从 4.4 亿升提高到 13 亿升。

在马尼拉这座城市和它的供水问题之间，我们能看到一些有趣的现象：水就在那里，人们就居住在那里，技术一直是准备就绪的，居民的用水需求也一直存在着。只有政府和私营单位之间的合作迟迟没有发生。如果马尼拉的政府和市民依然把供水看作纯粹的政府职责，也许马尼拉水务公司根本就不会存在。还好，马尼拉人没这么看。正因为如此，马尼拉水务公司才得以诞生，并改善了菲律宾数百万人的生活。

一些组织在技术、财政和管理方面能力更强，更适合提供某些服务。如果政府能够支持这些组织，由这些组织来落实政府为民众服务的方案，这样的决策既能改善民生，又能发展经济。实属一举两得的高招。

卢旺达——合署办公

卢旺达发展署（Rwanda Development Board，简称 RDB）成立之前，在这个人口只有 1 200 万的东非小国经商是极其困难的。无论是取得许可、注册企业还是交税，投资人和企业家不得不跑上好多个"衙门"，而且，这些衙门之间完全没有沟通。这个体系效率极低，它给人的感受是，卢旺达政府根本不希望人们在那里做生意。如今这一切都已改变。卢旺达政府向自己提出了几个简单得不能再简单的问题，这些问题帮助它更好地理解了政府的作用，以及想要创造有利于吸引投资的环境，政府能做些什么，这几个问题包括：有人带着资本来到卢旺达，他们会在这里开公司、招人、为卢旺达人带来机会，为什么要让他们把腿跑断才肯罢休？如何简化流程？到卢旺达投资的手续可以实现流水线作业吗？如果做不到，阻碍在哪里？这些简单的问题促生了卢旺达发展署。

卢旺达发展署成立于2009年，如今已成长为该国最重要的机构之一，直接向总统汇报工作。发展署的工作是简化投资流程，把在卢旺达做生意变得更轻松。为了做到这一点，发展署提供了一站式服务，把投资者需要打交道的所有部门和机构集中在一处办公。投资者需要了解的信息在这里一应俱全，包括税收、营业执照、移民局、公共设施、抵押登记等等。通过这样的方式，卢旺达发展署把原本需要几个星期甚至几个月的流程缩短到了几天，并且通过这一流程让该国的营商环境变得更加公开透明。它是卢旺达政府非比寻常的成功之举。

2017年，通过卢旺达发展署登记的投资总额约为17亿美元（包括国内投资和外国投资），比上一年度增长了大约50%。FDI达到了10亿美元，这一数字在2000年只有830万美元。卢旺达政府希望通过发展署每年创造数万个工作机会，目前一切发展顺利。2017年，发展署注册登记的工作岗位达到了3.8万个，比2016年增长了184%。

短短25年前，卢旺达经历了惨绝人寰的种族屠杀。据估算，一百万人因此丧生。这个贫穷的内陆小国曾经毫无希望。很多人认为卢旺达太穷了，看不到希望。是卢旺达政府扭转了这一切，政府把服务和支持经济发展放在优先地位。尽管今天的卢旺达依然贫穷，但只要这个国家按照现在的轨迹发展下去，它的未来必然是一片光明。也许卢旺达能够成为希望的灯塔，为非洲其他国家照亮前路，就像新加坡曾是很多亚洲国家的灯塔一样。它现在依然是。

新加坡——创新带来就业

在谈到新加坡的诞生时，开国总理李光耀这样形容："我们眼前困难重重，生存机会非常渺茫。新加坡不是个自然形成的国家，而是人为的。它原是个贸易站，英国把这个贸易站发展成为它全球性的海上帝国的一个枢纽。我们把它继承过来，却没有腹地，就像心脏少了躯体一样。"无论如何，新加坡这个小小的岛国似乎本来不该出现。60年前，没人能预言新加坡有朝一日会成为世界上最富有的主权国家之一。新加坡现在的人口为560万，GDP高达3 000亿美元，相当于撒哈拉以南非洲地区GDP总和的1/5。新加坡的成功来自对就业的重视，实现的方法是创新。

吴庆瑞（Goh Keng Swee）博士曾担任新加坡政府部长。几十年前，每当吴部长在放学时看到几百名学生涌出校园时，都会心痛不已。因为他很清楚，新加坡政府还没有好的办法支持企业，企业得不到发展，孩子们毕业后的工作从何而来？吴庆瑞深知，新加坡政府仅仅提供教育是不够的，学生们毕业之后应该何去何从？这是新加坡政府要回答的问题。新加坡在创新中找到了答案。不过，对创新的支持同样远非易事。新加坡的方法是成立经济发展局（Economic Development Board，简称EDB），直到今天，该机构依然发挥着重要的作用和影响力。

新加坡经济发展局的主要任务是吸引外国投资，以此创造就业。当时的新加坡最缺乏的就是就业机会。新加坡的政府官员走访了芝加哥、纽约和许多美国城市的投资者，向他们说明，新加坡是对外国商人敞开大门的。新加坡人来到美国，并不是乞求施舍或救济，而是谈生意和投资，这很对美国人的胃口。新加坡派出的代表频繁地会见美国企业的高管，而不是援助机构。他们这样做，就是为了传达这样的信号：当时的新加坡确实贫穷，但它不会一直贫穷下去。只要消息传出去，让更多的人知道新加坡是一个安全的、有利可图的投资目的地，资本就会流入，或者更准确地说，涌入新加坡。1970 年，新加坡的 FDI 约为 9 300 万美元。到 2017 年，这一数字超过了 600 亿美元，比整个非洲 FDI 的总和还要高。[28]

还有很重要的一点值得注意，新加坡的 FDI 不只是数量上的增加，其质量也在提高。新加坡今天吸引外国投资的重点早已不再像 50 年前一样，是为服装厂、纺织厂、玩具厂或者木材加工厂创造就业岗位。新加坡如今的投资重点转向了生物科技与生物制药、航空航天、电子和其他先进产业，例如清洁技术等。许多跨国公司把区域总部设在了新加坡，包括苹果、微软、博世（Bosch）、诺华制药（Novartis）等。这说明新加坡把重点放在了创新上面，而不仅仅是工业化或者出口上面。新加坡没有为了创造就业而创造就业，而是通过创新来带动就业，这才是更富活力，也更具可持续性的经济发展方式。

繁荣是一种进程，这是贯穿本书的观点。新加坡的例子告诉我们，想要持续不断地进步，就必须永不停歇地学习新鲜事物。

墨西哥——垃圾换食品

随着越来越多的国家实现城市化，许多政府不仅要应对进入城市的人口显著增长，还要处理新迁入者产生的垃圾。垃圾管理本来就是墨西哥城的老问题。2012 年，墨西哥城关停了博尔多·波尼安特（Bordo Poniente）垃圾填埋场。这是墨西哥最大的垃圾填埋场之一，它的关停使得墨西哥城的垃圾问题雪上加霜。《卫报》对此报道称，该填埋场的关闭"凸显了墨西哥一直以来缺少整体性的城市垃圾收集、清除和处理政策的老问题。"[29]垃圾场停了，墨西哥城居民照常要产生垃圾。于是，这座城市的街上到处堆满了垃圾。直到当地政府创办了 Mercado de Trueque 市场（易货市场），这一情况才得到改变。

在这座易货市场里，墨西哥城居民可以用可回收垃圾换取食品券，这些食品券能在城里的许多农贸市场使用，市场会为在这里交易的墨西哥农民给予补贴。这个项目从一开始就受到了广泛的欢迎。一位小农场主这样评价："这个项目对我们农民来说太棒了。价格也好，数量也很理想。"越来越多的墨西哥人用垃圾交换食品券。一位常客说："这太划算了，只要一开始，就很难停下来。"

自从2012年填埋场关停以来，这个交换项目已经累计回收几十万磅的垃圾。它为可回收垃圾和农产品提供了现货交易的场所，既创造了垃圾回收的就业机会，又改善了农民的生活。尽管这个项目不可能独力解决墨西哥城的垃圾问题，但是，它展示了一种解决问题的新方法，这种方法能为城市管理者和本地居民带来巨大的价值。

印度——金融科技

2016年11月8日，一场突如其来的动荡冲击了整个印度。在没有任何预警的情况下，印度总理莫迪领导的政府突然宣布，500卢比和1 000卢比的纸币停止流通。此举几乎引起了印度经济的停摆。当时，这两种纸币约占印度流通货币的86%，而该国98%的消费都是通过现金交易的。[30]一纸废钞令引发了一场经济海啸，降低了印度GDP的增长和工业产出，造成了大量印度人失业。几千万印度人在各大银行门口排起长龙，苦等数个小时，就为了把手里的旧钞换成新钞，以此避免损失。对于废钞政策，各方反应不一，大多数人同意的一点是，这一政策在印度造成了很大的麻烦，而这个麻烦成就了许多印度人的创新。

尽管这一政策充满了执行上的问题，包括限制人们可以从银行和自动取款机上提取现金的上限，未能准备足够多的新钞投入流通，等等。但是，这一政策也加速了几项支付领域的创新速度，如果没有这一政策，这几项创新可能还需要很长时间才能发展成熟。一些分析人士预测,印度的数字支付市场将在2020年达到5 000亿美元的巨大规模[31],就连谷歌也利用这次机会推出了一项数字支付的应用软件。废钞令生效后,印度的数字支付以每年80%的速度迅猛增长。[32]

废钞政策以及后续的经济数字化同样影响了印度经济的其他方面。税收就是个明显的例子,印度从前只有大约3%的劳动者照章纳税,废钞政策生效的下一年,报税人数增加了25%,数以百万计的印度人被拉进了数字经济,并在数字经济中拥有了属于自己的数字肖像。[33]部分地区的税收甚至增长了250%以上。除此之外,印度政策出台这一政策的部分目的是打击境内的人口贩卖与恐怖主义网络。据估计,在打击这些违法行为方面,这一政策发挥了一定效力,至少目前看来是这样的。[34]

这里的重点当然不是鼓励其他政府效法印度政府,开展轰轰烈烈的废钞运动。更不是为了刺激创新不惜让国家经济承担负面冲击,只要利大于弊就算胜利。毕竟每个国家具体的国情不尽相同。我们观点的全面表达是,有的时候,政府拥有足够的能力在体系之内制造刚好合适的难题,这些难题能够激励创新者开发产品和服务,让民众过上更加轻松的生活。在很大程度上,这正是印度政府的废钞政策发挥的作用,虽然我们不清楚它是有意为之,还是误打误撞。

单凭这篇附录中的任何一项建议都不可能改变一个国家的面貌,但是,我们希望,当读者在世界某个最需要实现繁荣的角落思考繁荣问题时,这些建议能对他有所帮助。

结论

在哈佛商学院的课堂上,我告诉学生们,希望他们能把课堂上学到的理论和框架当作一副新眼镜，学会用新的眼光看世界。这篇附录的目的也是如此：世界上很多地区长期被人们忽视甚至完全不放在眼里，我们要把这些地区的各种机会足够丰富地呈现出来，让人们换一种的眼光看待它们。下大力气开展创新，或者更具体地说，开辟新的市场是我们能做到的最重要的工作之一，它不仅能够带来超值的回报，还可以帮助这些地区实现可持续的发展。只要你明白自己在找什么，这个世界充满了好机会。

致谢

繁荣之外

1973年，当我离开韩国返回美国时，韩国还是个非常贫穷的国家。5岁以下婴幼儿的死亡率极高，安享晚年的人少之又少。我还记得，我在韩国的朋友和熟人每天都在艰苦奋斗，就为了能让自己和家人过上勉强糊口的日子。在韩国生活的几年深深地改变了我；我把半颗心留在了那里。我决心想方设法帮助朋友们摆脱那种令人绝望、但是他们早就习以为常的贫穷。

无论当时的韩国如何惨淡，它留给我的长久的印象却是完全不同的，它是一种快乐。我现在还记得，有一次我在路上偶遇了一位朋友，我们都叫他刘大哥（Brother Yoo），他的家在蔚山上。当时刘大哥拉着一辆小车，他告诉我们他正在搬家。我们都撸胳膊挽袖子要帮忙。他却笑着指指身后的小车说："这就是我的全部家当。"那辆小车装着刘大哥家里的所有的财产。它那么少，刘大哥可以轻轻松松地和老婆孩子一次搬完。我在韩国遇到的许多人似乎都有这种难以名状的快乐，这种快乐不是来自他们拥有的财富。他们的物质财富极为贫乏，但是他们的生活因为家人和朋友而变得丰富。

"当惊世界殊"，这是我最近回到韩国时的感受。印象中那个韩国和它无处不在的贫穷早已踪影全无。我无比欣喜地告诉读者，韩国已经真正根治了儿童死亡（每千名活产婴儿的死亡人数只有2.9人，美国为5.6人），预期寿命增长到了 82 岁以上。韩国的经济增长同样令人震惊,从 1973 年到 2017 年,韩国的人均 GDP 增长了 6 700%!从大约 406 美元增加到了 2016 年的 27 539 美元。这一复合增长持续了 10 年,又 10 年,这足以让任何一家企业相形见绌,更不要说国家了。因为这些提高,韩国得以从一个"发展中"国家一跃成为奥运会主办国,而且是两届奥运会的主办国。韩国成为众多低收入国家援助资金的提供国。

韩国如今拥有众多全球知名品牌,它们设计和制造各种复杂精妙的产品,从汽车到智能手机再到大型船舶等等。韩国甚至成功地向世界各国输出了自己的文化 [你可以向家里的青少年请教一下,什么叫 K-pop(韩国流行音乐),或者翻翻时尚杂志,就能感受到韩国时尚的影响力]。

韩国已经解决了繁荣问题。但是,让我担心的是,韩国恐怕在这一过程中产生了一些新问题。

韩国的自杀率高得惊人:2012 年的自杀率是每 10 万人中平均有 29.1 人自杀,这比经济合作与发展组织国家的平均水平足足高出 2.5 倍。韩国的精神疾病住院率也是经济合作与发展组织国家中最高的。据报道,韩国每年有 200 万人饱受抑郁症的折磨(更加令人心碎的是,由于社会歧视和家庭原因,只有 1.5 万名患者选择了正规的抑郁症治疗手段)。韩国拥有全世界最好的教育系统,年复一年地名列各种排行的前列。然而,学习成绩带给学生的巨大压力也引起了关于高期待值造成的生命代价的全国大讨论。

需要澄清的是,我们希望世界一片繁荣。但是,繁荣本身是无法解决所有社会问题的。它同样无法解决我们的个人问题。就像罗伯特·肯尼迪曾经说过的,GDP 无法显示"诗歌的美感、婚姻的力量,或者公开辩论时的才智……",GDP 可以"衡量一切,除了那些让我们的生活变得有意义的东西"。

我希望,在我们把世界建设得更美好的征程中,永远不要把最重要的东西弄丢了。对我来说，最重要的是围绕帮助他人的愿望构建自己的生活。这个目标是我身为他人师友和同事的基础。最重要的是，我一直没有停下深入认识上帝的脚步。

我和艾佛萨以及凯伦希望通过这本书分享我们的想法，希望拙作对万千读者有所助益。

能和凯伦·迪伦及艾佛萨·奥热莫并肩共事是一种愉悦的体验，真正的愉悦。为了这本书，我们3人组成了一支写作团队，每人各擅其长。艾佛萨负责驾驭和整合学术界以及实践者已经发表过的文章，既包括足够深度的研究，也包括足够广度的研究。他能准确把握我们的思想放在哪里最为适宜，艾佛萨的这一能力是本书的立足之本。艾佛萨还负责理解非洲、亚洲和美洲人民的所思所感，同时兼顾过去和眼前。他把这些知识用在了现实中，先是用于他自己的研究，接下来用在这本书里。对于世界上的一部分地区，我的了解是极为肤浅的，而艾佛萨的了解是超乎寻常的。直到现在，我还清楚记得几年前艾佛萨坐在我课堂里的情景。他坐在倒数第二排靠左边的座位上，距离教室后墙不远处。从来没有哪个学生坐在那个座位上还能如此怡然自得，更没有学生能够比肩艾佛萨的领悟力。我把他看作最有前途的学生之一，他对这本书的贡献证明了我当时的判断。无论是作为一位合作伙伴，还是一位合著者，艾佛萨都远远超出了我的预期。

这是我第三次有幸与凯伦合作著书，每次合作都会让我对她的才学多一分认识和欣赏。每次会面，凯伦都会向我提问，并认真聆听我的回复，仔细检查和雕琢我们写下的答案。凯伦会想方设法地把复杂的思想转化成清晰平实而又充满力量的语言。凯伦的写作是建立在对我的思想和感受深刻理解的基础上的，她在这本书里同样完美地做到了这一点。凯伦是一位出类拔萃的作家。她也是宝贵的思想伙伴、合作者和朋友。真希望更多的人有机会与凯伦合作。

我还要向许多曾为本书提供过帮助的人表示感谢。我想先从20世纪70年代我在韩国的朋友们开始,尤其是爱德华会长和卡罗尔·布朗姊妹,是他们启发了我对繁荣问题最初的关注。

当我在课堂上分享和探讨这些想法时,我的学生们成了我最好的老师。看到他们把这些思想运用到自己的工作当中,这让我既高兴又自豪(例如IguanaFix和阿苏卡诊所的创始人,他们都是在小镇剑桥做学生时从我的课堂上学习到这些想法,用来形成自己的开辟式创新的)。反过来,他们的经验又塑造和完善了我的思想。

感谢我在哈佛商学院教授的同事们,他们是教授 BSSE 课程(Building & Sustaining a Successful Enterprise,"建立和维持成功企业",简称 BSSE)的史兆威(Willy Shih)、史蒂夫·考夫曼(Steve Kaufman)、切特·哈勃(Chet Huber)、德里克·范·贝弗(Derek van Bever)、劳瑞·麦克唐纳德(Rory McDonald)、拉杰·乔杜里(Raj Chowdhury)、纳拉亚南(V. G. Narayanan)和雷·吉尔马丁(Ray Gilmartin),感谢你们给了我无价的支持和反馈。感谢领导哈佛商学院的诺里亚院长,他一如既往地支持着我的研究并保持着我们之间的友谊。感谢哈佛大学法学院的罗伯特·昂格尔(Roberto Unger)教授,关于如何通过颠覆方式发挥人类的潜能,我常常同昂格尔教授分享观点,而他总能为我提供灵感,分享发人深思的想法。感谢俞昊(Howard Yu),他是我指导的博士生,俞昊体现了"打破砂锅问到底"的力量,这也影响了本书的写作。感谢我的启蒙恩师,他们的指引和支持是我最宝贵的财富,金·克拉克(Kim Clark)老师教会了我如何做研究,肯特·鲍恩(Kent Bowen)教给我如何讲课,惠瑞(Steve Wheelright)曾是我进入学术世界始终如一的向导。

感谢德里克·范·贝弗领导的哈佛商学院"成长与创新论坛"全体同仁。作为思想引领者,该论坛为我提供了宝贵的支持,包括与内特·金

（Nate Kim）的合作机会。内特是本书的研究助理，他投入了无数个日夜帮助搜集全球各地的信息，并在这一过程中贡献他的批判性意见；感谢波亚·文卡特拉曼（Pooja Venkatraman），她对开辟式创新和资本市场双管齐下的研究帮助形成了本书的主要思想。感谢克莱尔·斯坦顿（Clare Stanton），有了她无私的组织和协调，有了"成长与创新论坛"的大力支持，我们的思想才有机会呈现给校园里的师生，这对我们的帮助是巨大的。

还要感谢我在克里斯坦森研究所（Christensen Institute）和 Innosight 公司亲爱的同事和朋友们，尤其是我在克里斯坦森研究所的共同创始人迈克尔·霍恩（Michael Horn）和 Innosight 的高级合伙人斯科特·安东尼（Scott Anthony），他们都曾花费好几个小时的时间深入思考，并为本书贡献了极为珍贵的反馈意见。感谢你们的支持和友谊，是你们让这本书变得更加优秀。塔塔咨询服务公司（TCS）和利丰集团（Li & Fung）都是克里斯坦森研究所大型研究的宝贵支持者，在此对它们表示由衷的谢意。

感谢我在哈佛商学院的明星团队，拥有你们的支持是我的幸运。感谢我不知疲倦的办公室主任克里夫·麦克斯韦（Cliff Maxwell），在过去的一年里，他在许多重要的工作中担任了我的搭档。克里夫有着敏锐的头脑、娴熟的编辑手法、努力用自己的双手把世界建设得更加美好的诚挚热情，这是上天给予这个项目的巨大的礼物。克里夫的前一任主任，乔恩·帕尔默（Jon Palmer）目前正在哈佛商学院攻读博士学位，他是这本书最初最强大的支持者之一，为了这本书的面世，乔恩曾经投入了长时间的思考和努力，对此我们深表感谢。感谢我的助理布兰妮·麦克格雷迪（Brittany McCready），她能够近乎神奇地让多项工作并行不悖，并且从未出现过疏漏的情况。感谢布兰妮，她默默无闻地支持了这本书的写作以及许多其他工作，有了她，这些工作才能如此顺利地完成。在布兰妮加入之前，我的助理是艾米莉·斯奈德（Emily Snyder），她现在哥伦比亚大学商学院进修

MBA学位，即使她人在哥大，还一直在为这本书加油助威。现在在我身边工作的是艾琳·韦策尔（Erin Wetzel），我很感谢她的帮助。

我非常幸运，在我与哈珀柯林斯（Harper Collins）出版社多年的合作中，得到了这支杰出团队一如既往的支持和帮助。他们真心实意地帮助着我，让我出版的每一部作品变得更好。感谢丹尼·斯特恩（Danny Stern），丹尼是我多年以来的出版代理人，还要感谢丹尼在斯特恩战略咨询公司（Stern Strategy）的各位同仁，包括内德·沃德（Ned Ward）、克里斯汀·索恩根·卡普（Kristen Soehngen Karp）和艾尼雅·翠祖儿（Ania Trzepizur），是他们给了我一如既往的支持和有用的指导。

无论对这本书来说，还是对过去几十年间的每一件工作来说，克里斯坦森家族一直是我最重要的思想伙伴和力量的源泉。我要感谢马修和丽兹、安、迈克尔、斯宾塞、钱宁和凯蒂，感谢你们有兴趣帮助我完善想法，感谢你们为了让世界变得更美好而付出的努力。对于孩子们在各自生活和工作中取得的成绩，我和妻子克莉丝汀感到非常骄傲，一部分原因是他们把在家里讨论提炼出来的管理理论用在了各自的生活当中。除了这一点，孩子们每天都牢记在心的是，上帝为什么会派我们来到这个世间，这让克莉丝汀和我倍感骄傲。

最后，我要感谢我的妻子克莉丝汀，对于我生活中任何一件有意义的事来说，她都是最重要的伙伴。她读过并且编辑过我写过的每一本书，她对这本书的贡献尤其巨大。她真的为这本书倾注了头脑和心血，我能在这本书的每一页中看到她的笔触。在为这本书尽心尽力的同时，克莉丝汀还帮我应对近几年来越来越有挑战性的健康问题。我觉得自己真的很幸运，能有克莉丝汀陪在身边，是她让我的工作和生活变得更美好。

克莱顿·克里斯坦森

美国梦之外

20年前,我在尼日利亚的高考中失利,两次。上帝保佑,我幸运地获得了美国大学的录取通知。2000年8月,我来到了美国,从此有了属于自己的那一小块美国梦。我从来没想过返回尼日利亚,甚至很长一段时间没有回家看看。毕业之后,我找到了一份工作,给自己买了一座房子和一辆SUV。之前听说过的美国梦,就这么一点一点在我身上实现着。日子很快就到了2008年,在纽约大学教授威廉·伊斯特利的《白人的负担》(*The White Man's Burden*)一书中,我认识了艾玛瑞琪。

那是威斯康星州2月的一个寒冷的晚上,我读到了艾玛瑞琪的故事,她是一位只有十岁的埃塞俄比亚女孩。小姑娘每天凌晨三点就要爬起来砍柴,然后背到集市上卖柴。艾玛瑞琪的故事立即改变了我的人生轨迹。我拉上几位朋友一同成立了"贫穷止步"。没有技能和专业知识,我们用热情和奉献精神来弥补。但是,筹集了几十万美元之后,我意识到,问题比我最初的预想复杂得多。因此,2013年,我来到了哈佛商学院进修。我想知道,在根除贫困的事业中,商业能够发挥怎样的作用。我在哈佛商学院认识了克莱顿·克里斯坦森教授。

克莱①：我几乎从未遇见过像克里斯坦森教授这样既睿智有善良的人。他身上有一种力量，不仅能够改变你对世界的看法，还能改变你对自己和自身潜力的认识。我是在哈佛商学院 BSSE 课堂上第一次见到克莱的，他乐于帮助自己遇见的每个人变成更好的自己，我立刻就被吸引住了。他是一位敬业的老师，唯一能够超越他敬业精神的也许是他对学生发自内心的慈爱之心。上过他课的人，很容易做出追随他一同工作的决定。对我来说，这本书是 3 年的思考、写作和提炼过程的一个总结。对克莱来说，这本书浓缩的是 30 年建设更美好世界的漫长旅程。克莱对我信任有加，邀请我加入了这个特别的旅程，这让我惶恐不已、感激不尽。每当我认为自己为某个紧迫的问题找到了足够好的答案时，他总是会拓宽我的想法。在我们对《繁荣的悖论》一书做最后微调时，克莱给了我极大的耐心。我们每天都会见面，我每天见到的克莱都是和蔼可亲的。对这样的长者，一句谢谢是言不及义的。克莱于我，亦师亦友。可以这样说，除了家人之外，对我的生活影响最深的人就是克莱。我还要感谢克莉丝汀，非常感谢您花费那么多的时间阅读我们的手稿，并给了我们极为宝贵的意见。

凯伦：写一本书和跑一场马拉松非常相似，它们都不是一蹴而就的事。在兴奋和发现之间，一定会穿插焦虑和自我怀疑。我之所以能够完成这本书，呈现出书中的种种想法，离不开凯伦这个好搭档。凯伦总是能提出问题、萃取概念、把故事中最能引起读者共鸣的部分突出出来，她的这一本领无人能及。为了写好这本书，凯伦总是乐于投入，甘愿奉献自己的宝贵时间。通过这本书的写作，我发现凯伦是真正的好搭档。更重要的是，她成了我们的"家人"。非常感谢凯伦。

内特·金为本书提供了卓越的研究和编辑支持，为此他投入了数之不

---

① 克莱（Clay）：这是本书作者克莱顿（Clayton）的昵称。——译者注

尽的时间。他让这本书变得更有力量。内特的独特能力是化繁为简,他能把复杂的概念变得更通俗易懂,让所有的读者都看得懂。有了他帮助,我们才能把自己最好的作品呈现给读者。

安·克里斯坦森是我的主管,自从我加入克里斯坦森研究所的第一天,她每个星期都会问我同一个问题:"我能为你做些什么以最大限度地帮助你?"她让这本书的写作变得愉快,她还让我的全部工作成为一种乐趣。为此,她在很多方面做出了自我牺牲。感谢你,安!

克里夫·麦克斯韦是克里斯坦森教授的办公室主任。他通读这本书的次数丝毫不少于作者本人,还贡献了极为宝贵的意见。直到本书付梓的前一刻,克里夫还在帮助我们做着最后的精校。我们满怀感激地把克里夫称为这本书的第四位作者。

布兰妮·麦克格雷迪是克莱的教学事务助理。在写作本书的过程中,布兰妮发挥了关键作用。因为有了她的帮助,我们才能在写作的同时滴水不漏地兼顾好其他各项工作。从始至终,布兰妮都在鼓励着我们,帮助我们始终保持昂扬的精神。

把凯伦·迪伦"招聘"到这本书的写作中来是乔恩·帕尔默(Jon Palmer)的绝妙主意。他还耐心地读过本书最初的手稿。乔恩的编辑能力超强,无人能出其右。感谢乔恩帮助完善这部作品。

尽管艾米莉·斯奈德正在哥伦比亚大学攻读MBA,她在支持克莱工作中形成的支持文化和组织结构还在延续着,并对确保我们写出最好的作品发挥了重要作用。

斯科特·安东尼(Scott Anthony)和迈克尔·霍恩(Michael Horn)的意见改变了这本书的写作方向。他们通读过最早期的手稿(还包括很多很多脚注),耐心地解释他们的建议。这让我们感激不尽。

感谢我在克里斯坦森研究所的同事们——露丝·哈特(Ruth Hartt)、

大卫·桑达尔（David Sundahl）、贺拉斯·德迪尤（Horace Dediu）、斯宾塞·南（Spencer Nam）、瑞恩·马林（Ryan Marlin）、艾莲娜·杜娜甘（Alana Dunagan）、古普塔（Aroop Gupta）、达斯（Subhajit Das）、珍妮·怀特（Jenny White）、瑞贝卡·福格（Rebecca Fogg）、朱莉亚·弗里兰·费舍尔（Julia Freeland Fisher）、约翰·乔治（John George）、汤姆·阿内特（Tom Arnett）、耶尔（Chandrasekar Iyer）、理查德·普赖斯（Richard Price）、约翰·莱利（John Riley）、梅里斯·斯坦斯伯里（Meris Stansbury）和帕塔萨拉蒂（Parthasarathi Varatharajan），能和你们共事是我平生一大乐事。你们把世界变得更美好的奉献精神每天都在鼓舞着我。

还要特别感谢海登·希尔（Hayden Hill）和克里斯蒂娜·努涅斯（Christina Nunez）阅读了本书早期的手稿并提出了宝贵的意见。

波亚·辛格（Pooja Singhi）和特伦斯（Terrens Muradzikwa）是我遇见过的最聪明的两位大学生，她们提出了很有见地的意见，贡献了优异的研究工作，帮助提升了本书的思想。

感谢我在"贫穷止步"的大家庭：杰里米和阿曼达·埃金斯夫妇（Jeremy and Amanda Akins）、兰吉特和斯内哈·马塔伊夫妇（Ranjit and Sneha Mathai）、唐纳德和格蕾丝·欧吉斯夫妇（Donald and Grace Ogisi）、特里和玛丽·克莱尔·埃斯贝克夫妇（Terry and Mary Claire Esbeck）、杰夫·梅塞尔（Jeff Meisel）、埃塞（Ese Efemini）还有费米（Femi Owoyemi）。十年之前，我们一起冒险成立了"贫穷止步"组织。你们坚信，为了那些需要帮助的人们，一个更好的世界正等着我们去创造。这一信念无时无刻不在鼓舞着我前进。

感谢我的教友们——克里斯和贝琪·多尔森牧师夫妇、杰森和维罗妮卡·张夫妇、章立心（Lee-Shing Chang）、布赖特·阿穆兹（Bright Amudzi）。还有我在"山上之城"社区教会（City on a Hill Community Group）的家人们，是你们支持我走过了最近一段最艰苦的日子。你们为我祈福，你们为我许愿，你们帮助我成为更好的自己。你们提醒我教会的力量。感谢你们。感谢普莉希拉·塞缪尔（Priscila Samuel），连她自己都不知道，她为我的生活带来了怎样的变化，感谢你一直对我这么好。

感谢哈佛商学院"成长与创新论坛"的朋友们——德里克·范·贝弗、波亚·文卡特拉曼（Pooja Venkatraman）、克莱尔·斯坦顿（Clare Stanton）、布莱恩·玛祖埃（Bryan Mezue）、汤姆·巴特曼（Tom Bartman）、凯蒂·赞德伯根（Katie Zandbergen）和特蕾西·霍恩（Tracy Horn）。感谢你们的支持，感谢你们严谨的理性，感谢你们为本书做宣传。我还要感谢塔迪·霍尔（Taddy Hall），本书提到的好几位企业家都是他介绍的。

感谢我在哈珀柯林斯（Harper Collins）出版社的编辑霍莉丝·海姆鲍奇（Hollis Heimbouch）。你不仅在我们的想法尚未丰满时给予我们信任，还帮助我们把这些想法完成得更好。

感谢《哈佛商业评论》的艾米·伯恩斯坦（Amy Bernstein），感谢你对我的信任。在我的写作之路上，你的帮助发挥了大作用。

感谢"国际私营企业中心"（Center for International Private Enterprise，简称 CIPE）的朋友和他们的同事，托妮·韦斯（Toni Weis）、金·贝特切尔（Kim Bettcher）、布赖恩·利维（Brain Levy）和卡特琳·库尔曼（Katrin Kuhlman）。感谢你们帮助审稿、提出宝贵意见，并且帮助我们完善和提高。特别感谢菲利普·奥尔斯瓦尔德（Philip Auerswald），感谢你通读手稿，提出宝贵的意见和参考信息。

感谢我的家人——爸爸、妈妈、艾索萨（Esosa）、菲伊（Feyi）、艾德福（Edefe）、艾德玛（Edema）、琪琪（Gigi）和尤伊（Uyi）。我所有的一切，都来自你们给我的包容关爱和永远的鼓励。感谢父母对我始终不渝的信心。艾索萨和菲伊（我的弟弟和弟媳），你们既慷慨大方又才华横溢，通过数也数不过来的交谈，你们帮助我对本书的很多想法拥有了更具批判性的看法。你们美丽的孩子们——琪琪和尤伊是全家人永不枯竭的灵感源泉。感谢我的两位妹妹，一位取得了博士学位，另一位正在攻读博士，对于写作意味着什么，她们知道得再清楚不过。在我写作这本书的整个过程中，她们帮助我提出了更好的问题，她们提醒我，要把这本书看作一种未来对话的邀请函。感谢你们一直以来的支持，即使付出再多，你们也会无私地支持着我。谢谢你们！

最重要的是，感谢上帝，感谢主赐给我的所有福佑。

20年前，我只身来到美国，追寻属于我的美国梦。我实现了个人的繁荣。但是，如今这一切都变了。我逐渐明白，生活不只是独善其身，更是兼济天下。我们更是把有限的生命，投到无限的为他人服务之中去。我最深切的愿望是，读者能够在《繁荣的悖论》中读到有用的内容，从而把世界建设得更加美好。感谢读者！

艾佛萨·奥热莫

关心之外

两年前,我的女儿丽贝卡接到了一份家庭作业:邀请一位拥有"独到创新见解"的嘉宾,到她的高中班级里做演讲。她问我认不认识符合这一要求的人,我立刻想到了艾佛萨·奥热莫。当时我知道,艾佛萨正在克里斯坦森研究所从事有关创新和繁荣的有趣研究,具体内容不太清楚。我推荐丽贝卡直接与奥热莫联系。完成了"妈妈的职责"后,我就置身事外了。可是,就在奥热莫来到丽贝卡班上演讲的当天,我又被拉了回来。当天的晚餐,我家的对话因为艾佛萨和同学们的讨论变得热闹非凡。你是否知道,仅仅几代人之前,美国的生活曾经极为艰难?你听说过艾佛萨在非洲修建的水井吗?你知不知道,创新就在全世界最没有可能创新的地方发生着?艾佛萨的思想让我16岁的女儿着了迷,现在,我也和她一样着迷。

2018年年初,《自然》(Nature)杂志发表了两篇独立研究报告,都是关于51个非洲国家儿童营养不良和教育水平低下问题的。两份报告通过极为翔实的细节评价了每一个非洲国家接近和完成联合国关于根治儿童营养不良工作目标的可能性。《自然》的结论相当令人担忧:没有一个非洲国家达到了2015年千年发展目标中关于根治饥饿问题的要求;而且,预计到2030年之前,不会有非洲国家完成这一目标。论文的作者之一,西蒙·哈伊（Simon Hay）指出，联合国制定的目标只是一种"理想"目标，我们距离彻底消除儿童营养不良问题具体目标的实现还有"很长的路要走"。

这一结论让我心碎不已。30多年前，我和几百万青少年一样，入迷地在电视上观看"拯救生命"（Live Aid）演唱会的现场直播，那场演唱会聚集了世界上最大牌的摇滚明星，阵容前所未有，明星们通过这一激动人心的方式为非洲食不果腹的人们筹集了几百万美元的善款。我们都能背诵《喂饱世界》（Feed the World）的歌词，我们打电话承诺捐助，我们说服自己：只要足够关心，就能为改变世界增添一分力量。

如今我的两个女儿都到了差不多我当时的年龄，可是情况并没有太明显的改观，这真令人痛心疾首。尽管如此，我不会让女儿这一代人慢慢陷入正在淹没我们这一代人的那种绝望当中，甚至更糟糕的冷漠当中而坐视不管的。只有关心是不够的，我们还需要新工具、新武器。克莱、艾佛萨和我通过这本书加入了这场战斗。我们在这里分享自己最好的想法，挑战传统智慧，鼓励大家用新视角看待老问题。我们希望用这种方式激励读者们做出同我们一样的选择。

能和克莱顿·克里斯坦森合作，实在是我人生的一大幸事。这已经是我们合作的第三本书了，能和世界上最受尊敬的学者密切合作，这是上天赐给我的礼物。对此，我始终怀着感激和珍惜的心情。比这更重要的是，我有机会与他名副其实的声誉背后那个真诚善良的人合作。对我来说，我们合作的作品，以及在多年合作中结下的深情厚谊是无价的财富。感谢克莱，你真的改变了我的人生。

艾佛萨·奥热莫：与你合作著书是一大赏心乐事。你在这个过程中从很多方面给了我许多启发。你不仅是聪慧的，也是真正善良的。在这个时代里，与你同龄的既聪明又善良的人是极为罕见的。我从这个写作项目中收获了很多，其中最好的收获之一是我们在共同深切关心的事业上，在日复一日、周复一周、月复一月的合作中铸就的友谊。你已经超越了搭档，成为我的家人。我知道，你迫切地回报尼日利亚的那些水井没能持续下去。但是我希望，这本书能够以某种方式成为你第一座永远哺育他人的"水井"，一座可能帮助更多人的思想水井。我迫不及待地期待你将来为这个世界做出更大的贡献。

感谢克莱的办公室主任克里夫·麦克斯韦（Cliff Maxwell），在这本书的写作过程中，我们找不到比你更有帮助的搭档了。你对这本书的关心丝毫不逊于作者，你为我们提供了最好的想法，你会挑战我们，你的编辑工作把我们的写作提升到了一个新的高度。我们都对你感激不尽。感谢克莉丝汀·克里斯坦森，你是善良与品味的化身，也是这个项目最强有力的支持者之一。我对你所做的一切心存感激。感谢神通广大的布兰妮·麦克格雷迪，我要由衷地对你说声谢谢，每当我们需要你时，总是"说布兰妮，布兰妮到"，即使头上还带着摄影棚刚刚喷好的发胶，也从不例外。感谢你让各项工作并行不悖的能力，感谢你逗我们笑。你是我在这个项目中的好闺蜜。感谢内特·金（Nate Kim），我知道，你对这本书贡献的研究工作是极其珍贵的。但是，更让我惊喜不已的是你绝妙的编辑和写作能力。假如给我一支荧光笔，把你曾做出关键贡献的段落标示出来，那么这本书将会从头至尾充满温暖明亮的黄色。感谢你为这本书毫无保留的真心付出。

感谢乔恩·帕尔默，如果没有你最初的循循善诱，我就没有机会拜读艾佛萨的著作。还要感谢你花了很多个人时间为这本书提意见。我欠你一大份人情。你是我真正的搭档和朋友。感谢斯科特·安东尼和迈克尔·霍恩，你们是我见过的思想最锋利的人，感谢你们对本部著作最初手稿提出的宝贵意见，是你们让这本书变得更有力量。一路上还有许多一流的头脑让我们获益匪浅，包括安·克里斯坦森、波亚·文卡特拉曼、海登·希尔、克里斯蒂娜·努涅斯、凯伦·普莱耶（Karen Player）、裴园（Khuyen

Bui)、斯蒂芬妮·格鲁纳（Stephanie Gruner）等。马洛里·德文诺（Mallory Dwinal-Palisch）是特别宝贵的早期读者，她通过创办 Oxford Day Academy 让世界变得更美好，在忙碌工作的同时，马洛里还抽出时间热情地通读了初稿。感谢沙琳·巴扎利安（Charlene Bazarian），你是我过去几年间的"秘密武器"。感谢你以不知疲倦的精神每天激励着我。我们说好的丽兹之行迟迟没有兑现，请先接受我发自内心的感谢。感谢我的朋友们，无论想你时你在天边，还是在眼前，你们都为埋头写作的我加油打气。感谢你们无条件的支持。

感谢丹尼·斯特恩（Danny Stern）、艾尼雅·翠祖儿（Ania Trzepizur）、内德·沃德（Ned Ward）、克里斯汀·索恩根·卡普（Kristen Soehngen Karp）和斯特恩战略咨询公司（Stern Strategy）的全体同仁。感谢诸位从始至终的坚定指导和鼓励，有你们在团队里，这让我感激不尽。感谢才华横溢的霍莉丝·海姆鲍奇（Hollis Heimbouch），她是我们在哈珀柯林斯出版社多年合作的编辑，能得到霍莉丝的指导，我们感到极其幸运。霍莉丝让我们对完成这本书的信心得到了极大的提升。作为一名资深编辑，霍莉丝深谙推拉之间的平衡之道，她有办法保证作者发自内心地想要呈现出自己最好的作品。在本书创作的收尾阶段，我们还得到了丽贝卡·拉斯金（Rebecca Raskin）的帮助，丽贝卡是霍莉丝的同事，她也是一位难得的合作伙伴。

感谢罗布·拉舍诺（Rob Lachenauer）和我在"班扬全球家族企业顾问公司"（Banyan Global Family Business Advisors）的所有同事：感谢你们接纳我、通过挑战我的方式激励我的学习和成长。是你们让我懂得，与世界级水准的同事并肩工作是一种天赐的良机。与此同时，你们也是我幸福的源泉。非常荣幸能够成为班扬的一员。

感谢我的父亲母亲，比尔和玛丽琳·迪伦（Bill and Marilyn Dillon），是你们一点一滴地教给我，对待他人时要怀着一颗恻隐之心。你们给了我毫无保留的、终生的支持，我永远无法报答其中的万分之一。谢谢我亲爱的母亲玛丽琳，她细心编辑过我写过的每一本书，我早已习惯了依靠她敏锐的双眼让自己的写作变得更优秀。感谢我的兄弟姐妹，比尔·迪伦（Bill Dillon）和罗宾·阿尔迪托（Robin Ardito），你们是我最热忱的支持者，感谢你们为我处理各种事务，让我能够专心写作；感谢你们承担起家里的大事小情，分担了我的一份责任。我爱你们，千言万语也表达不出我对你们的爱。

感谢我的两个女儿，丽贝卡和艾玛。我知道你们未来一定会找到自己的方式把这个世界建设得更加美好。感谢你们的支持。每当我热情地提出这本书中的一条新的研究，与你们讨论时，你们总是表现出浓厚的兴趣，我要感谢你们的兴趣。做你们的母亲是我人生中最大的幸福。你们不断激励着我做有意义的工作，我希望这本书能让你们为我感到骄傲。感谢我的丈夫理查德，感谢你日复一日热心地为这本书搜集见解和案例。你是我最信任的思想伙伴，也是我最亲密的朋友；人生的路上那么多难题，我们也许无法一一克服，但至少我们很努力地尝试过。除了你，我找不到更好的伴儿，陪我一起走过人生的漫漫长路。

凯伦·迪伦

注释

前言

1. OECD stands for Organization for Economic Cooperation and Development, and is a group of thirty-five member nations, including the United States, France, Germany, and several of the world's most developed countries. "About the OECD: Members and Partners," OECD, accessed January 16, 2018, http://www.oecd.org/about/membersandpartners/#d.en.194378.

2. Fareed Zakaria, "Give South Korea a Gold Medal," *Washington Post*, February 8, 2018, https://www.washingtonpost.com/opinions/give-south-korea-a-gold-medal/2018/02/08/76be5e7e-0d1a-11e8-8890-372e2047c935_story.html?utm_term=.ac6f9aa492cf.

3. For example, in today's dollars, America's annual income per capita in that era was approximately $3,363, Angola's today is $3,695, Mongolia's is $3,694, and Sri Lanka's is $3,844. Unless otherwise stated, GDP per capita numbers are based on 2016 figures and are retrieved from the World Bank. "GDP per capita (current US $)," Data, The World Bank, accessed February 5, 2018, https://data.worldbank.org/indicator/NY.GDP.PCAP.CD?locations=AO-MN-LK.

4. Michael Haines, "Fertility and Mortality in the United States," Economic History Association, accessed January 16, 2018, https://eh.net/encyclopedia/fertility-and-mortality-in-the-united-states/.

"Mortality rate, infants (per 1,000 live births)," The World Bank, accessed February 21, 2018, https://data.worldbank.org/indicator/SP.DYN.IMRT.IN.

5. Much has been written about the question of how the West became prosperous and, more generally, how poor countries can become prosperous. We recognize that there is a large body of important work in this field. Several books and papers provide very important insight to these questions. The fundamental work is Joseph Schumpeter's *The Theory of Economic Development: An Inquiry into Profits, Capital, Credit, Interest, and the Business Cycle* (1934, translated from

the original 1911 German transcript). In this book, Schumpeter helps us see clearly the role of innovation and the entrepreneur in economic development. As entrepreneurs innovate, or create new products or new methods of production, they disturb the "circular flow" in an economy, a process which describes a state of equilibrium in society. Although this perpetual "disturbance"—a process marked by new innovations—does come with some measure of instability and uncertainty, the end result is often a more prosperous society. For example, the car destabilized the horse and carriage and electric railcars, but has made us more prosperous. For Schumpeter, entrepreneurs—the Henry Fords of the world—are the stars in the economic development story. As you'll read throughout this book, we certainly agree.

In the last half century, must-reads for those interested in the ascendency of the West include Douglass North and Robert Thomas's *The Rise of the Western World: A New Economic History* (1973), Nathan Rosenberg's and Luther E. Birdzell's *How the West Grew Rich: The Economic Transformation of the Industrial World* (1986), and David Landes's *The Wealth and Poverty of Nations: Why Some Are So Rich and Some So Poor* (1999). David Landes provides rich economic history and stresses several factors, including geography and culture, that helped Europe prosper. North and Thomas summarize their argument as follows, "Efficient economic organization is the key to growth; the development of an economic organization in Western Europe accounts for the rise of the West." In essence, they helped bring to light the importance of institutions and property rights.

In addition, several seminal papers have shed light on this topic. For instance, we have learned from Robert Lucas's *Making a Miracle* (1993), Ricardo Hausmann and Dani Rodrik's *Economic Development as Self-Discovery* (2002), and Richard Nelson and Edmund Phelps's *Investment in Humans, Technological Diffusion, and Economic Growth.* In their own way, each of these economists have helped simplify, in varying degrees, the complexity inherent in the topic of economic growth and development. This has helped us better understand some of the ingredients necessary for sustained economic growth. Robert Lucas helps us understand the importance of on-the-job "learning by doing" in increasing the productivity of economies. Lucas additionally explains that the main features of the East Asian miracles have all "involved sustained movement of the workforce from less to more sophisticated products," beyond increased efficiencies in the production of existing products. Hausmann and Rodrik explain that, while it is important for entrepreneurs within a country to learn what they're good at making, the social returns often outweigh the private returns. This is because, on paper, firms that learn how to develop innovations that can solve a societal problem can be easily copied by "second-entrants," which has the effect of strongly diluting *a priori* incentives to take on the arduous work of developing the innovation in the first place. As such, this makes investments in the kind of learning that leads to structural economic change difficult. In these circumstances, development professionals and policy makers can play a significant role. Nelson and Phelps focus on human capital and technology diffusion. In effect, they hypothesize that "in a technologically progressive or dynamic economy, production management is a function requiring adaption to change and that the more educated a manager is, the quicker he will be to introduce new techniques of production."

In this book we focus on the impact that market-creating innovations have on creating and sustaining economic prosperity. In Chapter 2, we provide both a definition and a categorization for the word innovation, and explain how different types of innovation impact economies.

6. Press Release, "World Bank Forecasts Global Poverty to Fall Below 10% for First Time; Major Hurdles Remain in Goal to End Poverty by 2030," The World Bank, October 4, 2015, http://www.worldbank.org/en/news/press-release/2015/10/04/world-bank-forecasts-global-poverty-to-fall-below-10-for-first-time-major-hurdles-remain-in-goal-to-end-poverty-by-2030.

7. In some ways, China's meteoric development over the past fifty years won't come as a surprise to students of history. The wheelbarrow, soil science, cardboard, the magnetic compass, deep drilling for natural gas, knowledge of circulation of blood, paper and printing, gun powder, and hundreds of other inventions are attributed to the Chinese. It was the Europeans who were playing catch up in the Middle Ages. In the 1500s for instance, China's economy accounted for 25% of global GDP. But by 1950, it was only 5%. Today, however, as China is making a comeback, its share of global GDP hovers around 19%.

Still, China's recent economic growth is spectacular, especially considering the hundreds of millions of people who have been lifted out of poverty. The conventional story of China's growth is that discontinuities in policy initiated by Deng Xiaoping in the late 1970s unleashed the previously dormant economic giant. This is certainly true to a point. However, it is not possible to tell the story of China's rise without emphasizing the initiative of entrepreneurs and other citizens. MIT's Yasheng Huang explains that China's economic policy in the 1980s actually favored entrepreneurship and market-driven solutions as we saw a significant rise in Town and Village Enterprises in the country. He calls the 1980s "the Entrepreneurial Decade." However, by the 1990s, the country's economic policy shifted more toward a state-led, top-down approach with the rise of many state-owned enterprises. While the economy still grew, Huang explains that this type of growth was not as robust and inclusive as China's growth in the 1980s.

Even then, we still see China on the ascent. Just recently, the *Washington Post* published a piece titled "China increasingly challenges American dominance of science." The authors note that an increasing number of scientists in some of the most prestigious institutions in the United States are leaving to set up labs in China. Although the United States still spends roughly half a trillion dollars on scientific research annually, China is close behind and is on track to surpass the US by the end of 2018. And for the first time, in 2016, annual scientific publications from China outnumbered those from the United States. China's economy is a far cry from where it was in the 1960s and 1970s, and seems to be returning to its dominance in the yesteryears.

Yasheng Huang, *Capitalism with Chinese Characteristics: Entrepreneurship and the State* (New York: Cambridge University Press, 2008).

Ben Guarino, Emily Rauhala, and William Wan, "China increasingly challenges American dominance of science," *Washington Post*, June 3, 2018, https://www.washingtonpost.com/national/health-science/china-challenges-american-dominance-of-science/2018/06/03/c1e0cfe4-48d5-11e8-827e-190efaf1f1ee_story.html?noredirect=on&utm_term=.99a54422d595.

Philip Auerswald, "China's sudden fall and slow recovery," *New York Times*, August 11, 2008, https://www.nytimes.com/2008/08/11/opinion/11iht-edauerswald.1.15175911.html.

8. In 1990, there were approximately 282 million people living in poverty, representing about 55 percent of sub-Saharan Africa's population. In 2013, that number was 401 million, roughly 42 percent of the population. "Poverty headcount ratio at $1.90 a day (2011 PPP)," Data, The World Bank, accessed March 13, 2018, http://povertydata.worldbank.org/poverty/region/SSF.

9. Deirdre McCloskey's Bourgeois series provides a detailed overview of economic history and an analysis of the many suggested causes of economic growth. In the second of the three, *Bourgeois Dignity: Why Economics Can't Explain the Modern World*, McCloskey details many of the widely held theories—institutions, transportation infrastructure, foreign trade, slavery, thrift, capital accumulation, the Protestant work ethic, expropriation, human capital (education), geography or natural resources, science, and a few others—on what might have caused the economic transformation brought about by the Industrial Revolution and suggests that they all miss the mark. This particular 592-page volume explains why, as interesting and plausible as all these explanations seem, they are not responsible for bringing us toilets, air conditioners, automobiles, and mobile phones. Deirdre McCloskey, *Bourgeois Dignity: Why Economics Can't Explain the Modern World* (Chicago: University of Chicago Press, 2010), 34–35.

10. This amount does not include private funds spent by some of the world's heavily endowed foundations and organizations, such as the Bill and Melinda Gates Foundation, the Skoll Foundation, the Omidyar Network, and many others.

"ODA 1960-16 Trends," Official Development Assistance 2016, Compare Your Country, accessed February 1, 2018, http://www2.compareyourcountry.org/oda?cr=20001&lg=en&page=1#.

11. Many of the countries in the above table have received official development assistance for poverty eradication programs from the World Bank and several other development institutions. Niger, for instance, has received $2.9 billion worth of World Bank aid since 1964, but in 2015 its per capita income was less than half what it was in the 1960s. "Urban Water and Sanitation Project," The World Bank, http://www.worldbank.org/projects/P117365/urban-water-sanitation-project?lang=en.

12. Jamie Skinner, "Why every drop counts: tackling rural Africa's water crisis," IIED briefing, accessed February 1, 2018, http://pubs.iied.org/pdfs/17055IIED.pdf.

第一章 什么是繁荣的悖论

1. Now part of Bharti Airtel Limited.

2. "Number of unique mobile subscribers in Africa surpasses half a billion, finds new GSM study," GSMA, accessed February 1, 2018, https://www.gsma.com/newsroom/press-release/number-of-unique-mobile-subscribers-in-africa-surpasses-half-a-billion-finds-new-gsma-study/.

3. By "market," we mean *a system that enables the making, buying, and selling of a product or service.*

4. "Aid at a glance charts," Development Finance Statistics, OECD, accessed April 23, 2018, http://www.oecd.org/dac/stats/aid-at-a-glance.htm.

5. Clayton Christensen, *The Innovator's Dilemma: When New Technologies Cause Great Firms to Fail* (New York: HarperCollins Publishers, 2000).
   This definition is consistent with Schumpeter's writing in *The Theory of Economic Development* defining innovation as taking an invention and placing it firmly into a market, a process which leads to *development* or *the production of new combinations.* In Chapter 2, Schumpeter writes, that "to produce means to combine materials and forces within our reach. To produce other things, or the same things by a different method, means to combine these materials and forces differently" (65). This is important because innovation is often mistaken for invention, or something entirely new. For the purpose of economic development, this isn't the case. According to Schumpeter, one of the illustrations of this process of combination is "the opening of a new market, that is a market into which the particular branch of manufacture of the country in question has not previously entered, whether or not this market has existed before." In essence, it does not matter that something existed in another country in so far as it is new to the country where it is being introduced, it is bound to have development impact.
   Ricardo Hausmann at Harvard and César Hidalgo at MIT provide data showing that the prosperity of an economy is directly correlated with the amount of know-how in the nation. In their research, they refer to this concept as "economic complexity," which is a "measure of the amount of capabilities and know-how that goes into the production of any given product. Products are vehicles for knowledge. [Their] theory and supporting empirical evidence explain why the accumulation of productive knowledge is the key to sustained economic growth." But

accumulating productive knowledge is not easy, and is often quite expensive. In addition, knowledge accumulation is not enough, it must be dynamic accumulation. Sidney Winter at the Wharton School of Business at the University of Pennsylvania has written extensively about the evolution of organizational capabilities. His research helps explain that one of the reasons for business success is an organization's ability to develop dynamic capabilities. But he also explains that developing those capabilities is no easy feat. See *Toward a Neo-Schumpeterian Theory of the Firm* (1968), *Understanding Dynamic Capabilities* (2003), and *Deliberate Learning and the Evolution of Dynamic Capabilities* (2002).

Joseph A. Schumpeter, *The Theory of Economic Development: An Inquiry into Profits, Capital, Credit, Interest, and the Business Cycle* (Cambridge: Harvard University Press, 1934), 65.

Ricardo Hausmann et al., *The Atlas of Economic Complexity: Mapping Paths to Prosperity*, 2nd ed. (Cambridge: MIT Press, 2013).

6. We delve into more detail about this in Chapters 8 and 9, which tackle *institutions* and *corruption* respectively, but consider how Mancur Olson put it in his book, *Power and Prosperity*: "When we shift from what is best for prosperity to what is worst, the consensus would probably be that when there is a stronger incentive to take than to make—more gain from predation than from productive and mutually advantageous activities—societies fall to the bottom." Olson then goes on to highlight the virtues and importance of entrepreneurship, due to the unpredictable nature of society. He writes, "Because uncertainties are so pervasive and unfathomable, the most dynamic and prosperous societies are those that try many, many different things. They are societies with countless thousands of entrepreneurs who have relatively good access to credit and venture capital. There is no way a society can predict the future, but if it has a wide enough span of entrepreneurs able to make a broad enough array of mutually advantageous transactions, including those for credit and venture capital, it can cover a lot of the options—more than any single person or agency [or government] could ever think of." In effect, if we harness the power of entrepreneurs to develop more and more market-creating innovations, this can—and indeed does—lead to better and better governance.

Mancur Olson, *Power and Prosperity: Outgrowing Communist and Capitalist Dictatorships* (New York: Basic Books, 2000), 1, 188-189.

Iqbal Quadir, who founded the Legatum Center for Development and Entrepreneurship at MIT, puts it this way in his article in the *Innovations* journal, "Western intellectuals from Adam Smith to Georg Simmel to Max Weber have recognized that commerce has positively transformed governments, cultures, and behavior by making people more rational and mutually accountable."

第二章　创新天生不同

1. Ronald Coase, "Address at Markets, Firms and Property Rights: A Celebration of the Research of Ronald Coase Conference," published on April 20, 2012, video, 25:40, https://www.youtube.com/watch?v=ZAq06n79QIs.

2. Christensen, Raynor, and McDonald (2015) offer a concise summary: "Disruption describes a process whereby a company with fewer resources is able to successfully challenge established incumbent businesses. Specifically, as incumbents focus on improving their products and services for their most demanding (and usually most profitable) customers, they exceed the needs of some segments and ignore the needs of others. Entrants that prove disruptive begin by successfully targeting those overlooked segments, gaining a foothold by delivering more-suitable functionality—frequently at a lower price. Incumbents, chasing higher profitability in more-demanding segments, tend not to respond vigorously. Entrants then move upmarket, delivering the performance that incumbents' mainstream customers require, while preserving the advantages that drove their early success. When mainstream customers start adopting the entrants' offerings in volume, disruption has occurred." The type of innovation most likely to be disruptive is market-creating innovation (as we'll see in examples throughout this book).

See also Clayton M. Christensen, *The Innovator's Dilemma: When New Technologies Cause Great Firms to Fail* (Boston: Harvard Business School Press, 1997).

3. In a 2017 World Bank publication titled *The Innovation Paradox: Developing-Country Capabilities and the Unrealized Promise of Technological Catch-Up*, authors Xavier Cirera and William F. Maloney suggest that "innovation capacity appears to be the more critical policy priority for economic development." The report goes on to suggest that "equating innovation policy to frontier science and technology policy will lead to frustration and waste if the firm dimension is neglected . . . without a corps of capable firms to take these ideas to market, these investments will yield little in terms of growth." Our hope is that the categorization we offer here helps further the Bank's work and helps us better understand how important firms are to economic development.

Xavier Cirera and William F. Maloney, *The Innovation Paradox: Developing-Country Capabilities and the Unrealized Promise of Technological Catch-Up* (Washington, DC: World Bank), doi:10.1596/978-1-4648-1160-9. License: Creative Commons Attribution CC BY 3.0 IGO.

4. The World Economic Forum publishes an annual report titled "Global Competitiveness Report," where the organization ranks countries based on their competitiveness. One of the metrics used to measure a country's competitiveness is its "innovation." Institutions, infrastructure, health, and education are others. For assessing a country's innovation, the report measures things such as investment in research and development, patent applications, and a country's ability to provide new or unique products.

Alex Gray, "These are the ten most innovative countries in the world," *World Economic Forum*, October 11, 2017, http://www.weforum.org/agenda/2017/10/these-are-the-10-most-innovative-countries-in-the-world/.

5. Understanding how different types of innovations impact an economy is critical because there are several distinct actors in an economy. My friend Lant Pritchett, a highly respected former World Bank economist and professor of International Development at Harvard's Kennedy School of Government, provided me with a helpful conceptual framework for thinking about why poor economies have such a difficult time breaking out of their economic rut—and where innovation might make a profound difference. Pritchett identifies four primary entities in an economy: what he calls "rentiers," "magicians," "power brokers," and "workhorses."

Rentiers are resource extraction or agricultural firms that mainly export to world markets. They are often subject to regulatory rents. Think oil companies and diamond miners. ***Magicians*** are exporters that operate in highly competitive global industries. Think of the factory owners that make commoditized T-shirts and jeans. ***Power brokers*** are those firms that work in the domestic sector, but are also subject to "regulatory rents." These are the big construction companies, the hoteliers who own or manage expensive hotels, the port operators, and the electricity providers. And finally, the ***workhorses***. These are the less-than-glamorous firms that operate in the highly competitive domestic environments. From the petty trader on the side of the road to the hairdresser in her home, these make up a majority of the world's poor. They are workhorses.

"Regulatory rents are defined as those derived from some discretionary action of government, such as: offering licenses for commercial use of a resource (e.g. mining); bestowing firm-specific (rather than industry-specific) tax advantages; market exclusivity; or application of applicable regulations. It could also be derived from deliberate government inaction, such as permitting monopolies to charge prices significantly above marginal cost, or not enforcing anti-trust law or pursuing competitive markets when it would be appropriate for consumer welfare."

Lant Pritchett, Kunal Sen, and Eric Werker, *Deals and Development: The Political Dynamics of Growth Episodes* (Oxford: Oxford University Press, 2018).

6. We view economics as a nested system. The global economy contains national economies, which are composed of industries, which in turn contain corporations. Corporations are composed of business units, which are organized around teams, which define how employees coordinate their work. Employees, in turn, make and sell products and services to consumers, who have preferences that define what they will and will not do. Scholars in the two traditional branches of economics—macro and micro—build models of how the global and national systems work on the one end, and at the other end how individuals prioritize and make decisions. However, most economic activity actually occurs somewhere between these two ends of the nested system: namely, in companies. Aside from welfare payments and people employed in government entities, companies essentially *are* the economy. Companies create and eliminate jobs, and pay wages and taxes. They implement government policy. They choose to invest or not invest. They respond to changes in interest rates. Companies build economies' infrastructure, and in many ways companies *are* our infrastructure.

7. Economists have long understood the importance of innovation, or what they often refer to as *technical change*, in spurring economic growth. For example, in 1956, Stanford economist Moses Abramovitz published a landmark paper, "Resource and Output Trends in the United States Since 1870," that highlighted the link between innovative activity and long-term economic development. In his paper, Abramovitz analyzed the United States' growth from 1870 to 1950 and found that capital and labor accounted for roughly 15 percent of the growth. Productivity or what is now called technology, innovation, or technical innovation, he asserted, accounted for the remaining 85 percent. Abramovitz wrote that "since we know little about the causes of productivity increase, the indicated importance of this element may be taken to be some sort of measure of our ignorance about the causes of economic growth in the United States and some sort of indication of where we need to concentrate our attention."

Moses Abramovitz, "Resource and Output Trends in the United States Since 1870," *National Bureau of Economic Research* (1956), http://www.nber.org/chapters/c5650.pdf.

In parallel, Massachusetts Institute of Technology's Robert Solow also reached a similar conclusion as Abramovitz while using different methods and analyzing different time periods. Among Solow's works is a 1957 article, "Technical Change and the Aggregate Production Function," that sheds light on the impact that technological innovation can have on economic growth. Solow was awarded the Nobel Prize in Economics in 1987 for his contributions to the world's understanding of economic growth. After this insight, the quest to further understand how technological innovation impacted economic growth, and the belief that it did, took off.

Robert Solow, "Technical Change and the Aggregate Production Function," *The Review of Economics and Statistics* 39, no. 3 (August 1957), 312–320, https://faculty.georgetown.edu/mh5/class/econ489/Solow-Growth-Accounting.pdf.

Economists have traditionally looked at growth through the lens of productivity: aggregating all the assets in an economy and multiplying that by a production (or an innovation) function. While mathematically valid, thinking about growth through the benchmark of productivity is less helpful when thinking about policies and programs for economies that are made of people with varying capabilities and cultures, and living in different contexts.

8. In most poor countries, the distribution of money, power, and influence tips disproportionately to the rentiers and power brokers. They run the economies and have little to no incentive to change the system. The majority of the poor—the workhorses, in Pritchett's language—in our world toil and labor incessantly only to find themselves perpetually living a life of struggle and suffering. The question then becomes, how do we give more power and influence to the workhorses?

Or maybe a better question to ask is how do we find and nurture, to borrow Pritchett's metaphor, a few "thoroughbreds" among the workhorses—companies that have the potential to create a new market through innovation and scale? We call them "thoroughbreds" because they are the individuals or organizations that can develop market-creating innovations with the potential to change the dynamics of an economy.

9. This is unlike what Sir Thomas Lipton did in 1890 when he purchased a tea garden in modern-day Sri Lanka and began producing tea. Sir Lipton thought the price of tea was too high and that he could offer it for less money to many more tea drinkers.

10. There are instances when companies include features in a new product, charge more, but find many new consumers ready to pull said product into their lives. This tends to happen when the new feature has the potential to upend or displace an existing product on the market. For example, when Apple added the global positioning satellite (GPS) feature to its phones, the company effectively rendered the use of stand-alone GPS devices obsolete.

11. "Toyota Camry Awards," 2018 Camry Overview, Toyota, accessed February 16, 2018, https://www.toyota.com/camry/awards.

12. It is important to note that, at one point, models of the Toyota Camry were growing exponentially in the United States, but over time the market saturated and sales began to level out. In other words, the Camry filled out the concentric circle where it was targeting new customers who could afford its product, and now it struggles for market share with other brands such as Honda's Accord or Hyundai's Sonata.

"Monthly and annual sales figures for the Toyota Camry in the US," Toyota Camry, Carsalesbase.com, accessed February 16, 2018, http://carsalesbase.com/us-car-sales-data/toyota/toyota-camry/.

13. The "resource curse"—a phenomenon that explains how many nations endowed with natural resources such as oil, gas, gold, diamonds, and many others often end up with less democracy, less economic growth, and effectively less prosperity than nations without these natural resources—has been widely studied in economics. It is sometimes referred to as the "paradox of plenty." In using resource extraction as an example here, we don't focus on the already widely studied macroeconomic effects of natural resources endowments. Instead, we focus on the profit-maximization and cost-reduction incentives of a typical manager in this industry who finds herself selling commodities for which the global market sets a price. For more on the resource curse, see Jeffrey Frankel's paper, *The Natural Resource Curse: A Survey* (2010).

14. "U.S. Field Production of Crude Oil," Petroleum and Other Liquids, U.S. Energy Information Administration, accessed April 6, 2018, https://www.eia.gov/dnav/pet/hist/LeafHandler.ashx?n=PET&s=MCRFPUS2&f=A.

15. "Employment, Hours, and Earnings from the Current Employment Statistics Survey (National)," Databases, Tables & Calculators by Subject, Bureau of Labor Statistics, accessed April 6, 2018, https://data.bls.gov/pdq/SurveyOutputServlet.

16. Micheal Eboh, "Unemployment: Oil sector employs 0.01% of Nigerian workforce," *Vanguard*, June 3, 2014, http://www.vanguardngr.com/2014/06/unemployment-oil-sector-employs-0-01-nigerian-workforce/.

17. Iqbal Quadir of MIT explains it this way: "Every innovation spurs a complex chain of reactions, but entrepreneurs push consistently toward lower costs and larger markets. This saves known resources or creates new ones, puts price pressures on existing products, and engages more people in the economy." He later goes on to write that "today's innovations may show up in unexpected ways and places, but they follow the same pattern and are no less spectacular than they were in Henry Ford's

day." In effect, as entrepreneurs make products simpler and more affordable, more and more people in society not only buy and use them, but also are employed in their creation. This process leads to a more vibrant and prosperous economy.

Iqbal Quadir, "Inclusive Prosperity in Low-Income Countries," *Innovations* 9, no. 1/2 (2014): 65-66.

18. Apple's iPhone is often pointed to as an example of the vulnerability of global jobs—there's even an inscription on the back of every iPhone: *Designed by Apple in California. Assembled in China.* But the iPhone actually provides a better illustration of the importance of local jobs that can't be easily shopped around to the lowest bidder. "Designed" actually encompasses an array of local jobs that have to be done near Apple's home base in California. It includes the work of thousands of engineers and scientists who scour the globe developing new materials; the product managers, who conduct market research and generate product requirements; and the retail staff trained to introduce and explain the devices to end consumers. "Apple creates value, and thus U.S. jobs, through the design and development of its products, not because of where they're built," a recent analysis in *Bloomberg Businessweek* concluded. "All these aspects are part of the iPhone's product design, and explain how Apple can charge significant mark-ups and take the lion's share of the industry's profits. Its 38 percent gross margin puts the rest of the smartphone market to shame."

19. According to data from the World Bank, global net foreign portfolio investments (FPI) were approximately $173 billion. These investments are more short-term, liquid, and volatile. FPIs target equities, bonds, and other financial assets. The absolute value (inflows and outflows) totaled just under $2.4 trillion. So, even if we accounted for the shorter-term FPI, it is clear that the amount of cross-border investments is a very small percentage of the global assets under management.

20. Matt Harding, "Op-Ed: The Internet will fail and the TV will never compete with the radio," *Digital Journal*, April 25, 2010, http://www.digitaljournal.com/article/291152.

21. A study conducted by Christopher Blattman at Columbia University and Jeannie Annan of the International Rescue Committee suggests that providing job training and employment opportunities could help curb crime in a region. On the surface, it makes sense. The more legitimate opportunities people in a community have to solve the problems that engaging in crime enables them to solve, such as providing the resources necessary to live a comfortable life, the less likely they are to engage in

crime. If you look at some of the most crime-infested areas in our world, even in the United States, they are often areas where many are devoid of opportunity. While this is not the only reason people engage in crime, it is often a major one. The study found that a wage boost of as little as 40 cents a day was enough to entice former Liberian mercenary soldiers to shift more time toward their new (honest) occupation and away from violence or other criminal activities. And the assurance that more earnings would arrive in the future was particularly effective in combating illegal activity.

Gillian B. White, "Can Jobs Deter Crime?," *The Atlantic*, June 25, 2015, https://www.theatlantic.com/business/archive/2015/06/can-jobs-deter-crime/396758/.

22. Ibid.

23. Milton Friedman, "Milton Friedman on Charlie Rose," video, 53:57, https://charlierose.com/videos/19192.

第三章　生于忧患

1. In his seminal work, *The Fortune at the Bottom of the Pyramid: Eradicating Poverty through Profits*, the late business school professor C. K. Prahalad explains the vast potential in developing products and services for those at the bottom of the pyramid (BoP). The BoP represents some of the poorest people in our world, most of whom earn less than $2 a day. Professor Prahalad helped us understand that serving the poor can be profitable for many companies that often overlook them as consumers. Although many who are poor are often nonconsumers of existing products and services on the market due to cost, the cost of a product represents just one constraint to nonconsumption. Since nonconsumption is characterized by struggle and not income bracket, this highlights a couple of things. First, the income bracket of a person can be a proxy for struggle, but they are not the same thing. Second, focusing on nonconsumption characterized by struggle allows you to develop solutions that are useful for high-income, low-income, and middle-income people who struggle with the same problem. This subtle difference in developing innovations exclusively for the poor and developing innovations to target nonconsumers is important to consider.

C. K. Prahalad, *The Fortune at the Base of the Pyramid: Eradicating Poverty through Profits* (Upper Saddle River, NJ: Prentice Hall, 2006).

2. From the World Bank's website on methodologies for calculating growth: "Growth rates are calculated as annual averages and represented as percentages. Except where noted, growth rates of values are computed from constant price series. Three principal methods are used to calculate growth rates: least squares, exponential endpoint, and geometric endpoint. Rates of change from one period to the next are calculated as proportional changes from the earlier period." It is clear that these future calculations are dependent on past economic data, which is primarily based on demographics of a region. For example, one of the methods, "least-squares growth rate," is used when there is a "sufficiently [historical] long-time series" in order to ensure accuracy. But since the nonconsumption economy is hard to see, it is difficult to include it in these calculations.

"Data Compilation Methodology," Data, The World Bank, accessed February 19, 2018, https://datahelpdesk.worldbank.org/knowledgebase/articles/906531-methodologies.

3. We do not imply here that there are exactly two distinct parts of an economy and once you belong in one, the consumption economy, for instance, you belong to every consumption economy that exists within that economy. For example, if we decided to categorize based on income, we could say that individuals who made over $75,000 in the United States were part of the consumption economy. However, within that, there are likely people for whom certain products on the market are still too expensive, even though they would benefit from owning the products. As a result, this model is helpful from the innovator's perspective because it helps her understand why potential consumers—nonconsumers—are not purchasing her product.

4. "FDI Flows," Data, OECD, accessed February 19, 2018, https://data.oecd.org/fdi/fdi-flows.htm.

5. "Cutting the Cord," *The Economist*, October 7, 1999, http://www.economist.com/node/246152.

6. "Number of mobile phone subscriptions worldwide from 1993 to 2017 (in millions)," Statista, accessed February 19, 2018, https://www.statista.com/statistics/262950/global-mobile-subscriptions-since-1993/.

7. Scott D. Anthony, Mark W. Johnson, Joseph V. Sinfied, and Elizabeth J. Altman, *The Innovator's Guide to Growth: Putting Disruptive Innovation to Work* (Boston: Harvard Business Press, 2008), 45–60.

8. In our book *Competing Against Luck: The Story of Innovation and Customer Choice*, my coauthors, my longtime collaborator, Bob Moesta, and I

provide a more detailed overview of the Theory of Jobs to Be Done.

Clayton Christensen, Taddy Hall, Karen Dillon, and David Duncan, *Competing Against Luck: The Story of Innovation and Customer Choice* (New York: HarperCollins, 2016).

9. Daniel Kahneman and Amos Tversky, "Prospect Theory: An Analysis of Decision under Risk," *Econometrica* 47, no. 2 (March 1979): 263–92.

10. Galanz served as a contract manufacturer for several microwave companies. As part of the contract manufacturing agreements, Galanz was able to run the manufacturing lines for its own purposes after it had delivered on its contract obligations. On the one hand, this gave Galanz a low-cost entry into the microwave business. The company did not have to invest in much manufacturing technology. But this was not enough to sell to the average Chinese customer. Galanz also had to develop the local sales, distribution, and support in order to successfully target nonconsumption in China.

11. De Xian, "Innovative firm leads in microwave market," *China Daily News,* December 19, 1996, http://www.chinadaily.com.cn/epaper/html/cd/1996/199612/19961219/19961219010_1.html.

12. As detailed in a Samsung Economic Research Institute study conducted by the Beijing office, Galanz did many other things to ensure its product was affordable for the average Chinese. For example, when the average company spent roughly $800 million to $1 billion developing a magnetron, the main component in a microwave oven, Galanz spent around $400 million. The company also focused on efficient management practices that reduced its costs of operation by 5–10 percent when compared with competitors. In addition, Galanz's purchase practices, where it purchased supplies in bulk and paid immediately, helped reduce its costs of parts and supplies. Altogether, Galanz focused on making its operations cost effective because it was targeting nonconsumption in China.

"Microwave Oven Maker Needs Reheating: Galanz's Low Pricing Stalls," Samsung Economic Research Institute (Beijing Office), February 29, 2008.

13. "About Galanz: Profile," Galanz, accessed April 6, 2018, http://www.galanz.com/about/about_detail.html.

14. "Number of unique mobile subscribers in Africa surpasses half a billion, finds new GSM study," GSMA, accessed February 1, 2018, https://www.gsma.com/newsroom/press-release/number-of-unique-mobile-subscribers-in-africa-surpasses-half-a-billion-finds-new-gsma-study/.

第四章　推动与拉动：两种策略的故事

1. Rama Lakshmi, "India is building millions of toilets, but that's the easy part," *Washington Post,* June 4, 2015, https://www.washingtonpost.com/world/asia_pacific/india-is-building-millions-of-toilets-but-toilet-training-could-be-a-bigger-task/2015/06/03/09d1aa9e-095a-11e5-a7ad-b430fc1d3f5c_story.html?utm_term=.d28251385c4e.

2. Ibid.

3. "The CLTS approach," Community-Led Total Sanitation, accessed March 15, 2018, http://www.communityledtotalsanitation.org/page/clts-approach.

4. In his book *Kicking Away the Ladder: Development Strategy in Historical Perspective,* Chang shows that many of the investments that poor countries are making in hopes of generating economic growth are being made at a different stage of development than was the case for countries that are now prosperous. They are often made too soon and as a consequence, are not yet sustainable.

Ha-Joon Chang, *Kicking Away the Ladder: Development Strategy in Historical Perspective* (London: Anthem Press, 2007).

5. "Chronic Diseases; The Leading Causes of Death and Disability in the United States: Chronic Disease Overview," Centers for Disease Control and Prevention, accessed February 5, 2018, https://www.cdc.gov/chronicdisease/overview/index.htm.

6. Mirele Matsuoka De Aragao, "Economic Impacts of the FIFA World Cup in Developing Countries," Honors Theses, Paper 2609, April 2015, https://scholarworks.wmich.edu/cgi/viewcontent.cgi?article=3609&context=honors_theses.

7. Madhura Karnik, "TCS is quietly transforming itself to take on India's emerging tech scene," *Quartz,* July 3, 2017, https://qz.com/1000424/tcs-is-quietly-transforming-itself-to-take-on-indias-emerging-it-scene/.

8. The Tolaram Group was founded in Malang, Indonesia, in 1948. It began by trading textiles and fabrics and has since evolved into a manufacturing, real estate, infrastructure, banking, retail, and e-commerce conglomerate.

9. Gillian B. White, "Can Jobs Deter Crime?," *The Atlantic,* June 25, 2015,

https://www.theatlantic.com/business/archive/2015/06/can-jobs-deter-crime/396758/.

10. Tolaram is also creating other new markets in Nigeria for other fast-moving consumer goods, such as bleach and vegetable oil. Before Tolaram released its Hypo bleach product, fewer than 5 percent of Nigerians used bleach to wash their clothes. Tolaram reports that over the past few years, leveraging its manufacturing and distribution prowess, it has expanded that market sixfold, reaching 30 percent of the population.

11. Many of these investments were made over the span of three decades, unless otherwise stated. The exchange rate for the Nigerian naira to the US dollar has changed drastically during this period. In 1995, for example, one US dollar exchanged for approximately 22 Nigerian naira. At the time of writing, one US dollar exchanged for about 360 Nigerian naira.

12. In their paper "The Educator's Dilemma: When and how schools should embrace poverty relief," Michael Horn and Julia Freeland Fisher provide an excellent example of how Gustavus Franklin Swift integrated his operations in order to make beef more affordable and accessible to tens of thousands of people at a time when it was not common practice to move meat across state lines in the United States. They explain, "For centuries, companies have been driven to integrate activities that were not at their core in order to reach new heights of performance and distribution. Gustavus Franklin Swift's approach to marketing and selling beef, for example, reflected his willingness to integrate beyond the late 19th-century's model of raising, butchering, and selling beef on an exclusively local basis. At that time, because there was no technology for transporting meat long distances, the beef industry lacked significant economies of scale. Swift saw an opportunity to integrate backward and forward: he centralized butchering in Kansas City, which meant he could process beef at a very low cost. Then Swift designed the world's first ice-cooled railcars. He even made and sold ice cabinets to retail shops throughout the Midwest and Northeast so that once the beef arrived, it would stay fresh. One key to Swift's ability to market beef in far flung regions was the ability to assure customers that the beef was still safe to consume, given that it had traveled all the way from the stockyards of Chicago to the market. Because a clear understanding of refrigeration and meatpacking processes did not exist at the time, Swift had to control the entire process to ensure that the temperature and storage practices remained sound. In other words, Swift had to expand beyond his so-called core competencies and introduce new, interdependent lines of business in order to revolutionize the beef industry."

Michael B. Horn and Julia Freeland Fisher, "The Educator's Dilemma:

When and how schools should embrace poverty relief," Clayton Christensen Institute for Disruptive Innovation, accessed May 1, 2018, https://www.christenseninstitute.org/wp-content/uploads/2015/06/The-Educators-Dilemma.pdf.

In *The Innovator's Solution: Creating and Sustaining Successful Growth*, my coauthor Michael Raynor and I dedicate a whole chapter (Chapter 5) to the interdependence and modularity theory.

Clayton M. Christensen and Michael E. Raynor, *The Innovator's Solution: Creating and Sustaining Successful Growth* (Boston: Harvard Business Review Press, 2003), 125–126.

13. Elvis Ondieki, "M-Pesa transactions rise to Sh15bn daily after systems upgrade," *Daily Nation*, May 8, 2016, https://www.nation.co.ke/news/MPesa-transactions-rise-to-Sh15bn-after-systems-upgrade/1056-3194774-llu8yjz/index.html.

14. "World Development Indicators: The information society," The World Bank, accessed February 20, 2018, http://wdi.worldbank.org/table/5.12.

15. Rebecca Moudio, "Nigeria's film industry, a potential gold mine?," *U.N. AfricaRenewal Online*, May 2013, http://www.un.org/africarenewal/magazine/may-2013/nigeria%E2%80%99s-film-industry-potential-gold-mine.

16. Efosa Ojomo, "Obsession with ending poverty is where development is going wrong," *Guardian*, February 8, 2017, https://www.theguardian.com/global-development-professionals-network/2017/feb/08/obsession-with-ending-poverty-is-where-development-is-going-wrong.

第五章　美国创新故事

1. Robert J. Gordon, *The Rise and Fall of American Growth: The U.S. Standard of Living Since the Civil War* (New Jersey: Princeton University Press, 2016), 1.

2. In 1890, more than half of New Yorkers lived in "crowded, small, poorly ventilated apartments from which windows looked out on stinking air shafts." Children often urinated on the walls in many apartment buildings and plumbing pipes were infested "with holes that emitted sewer gasses so virulent they were flammable."

Robert J. Gordon, *The Rise and Fall of American Growth: The U.S. Standard of Living Since the Civil War* (New Jersey: Princeton University Press, 2016), 97, 103.

3. Ibid., 57.

4. "Rate: Number of Crimes per 100,000 Inhabitants," 2016 Crime in the United States, Department of Justice: FBI, accessed March 8, 2018, https://ucr.fbi.gov/crime-in-the-u.s/2016/crime-in-the-u.s.-2016/tables/table-11.

5. Faith Jaycox, *The Progressive Era* (New York: Facts on File, Inc., 2005), 79.

6. Ibid., 267.

7. Ibid., 22.

8. Jack Beatty, *Age of Betrayal: The Triumph of Money in America, 1865–1900* (New York: Alfred A. Knopf, 2007), 3.

9. Isaac Merritt Singer was not, by all accounts, a very nice man. He fathered twenty-four children with his wife and various mistresses. He repeatedly pushed backers and partners aside in his ascent, and he was known for his personal flamboyance. But his drive also played a role in pioneering business practices where he saw opportunity, including translating Singer owners' manuals into fifty different languages. As we describe, what Singer's innovation enabled changed the world.

10. A popular song at the time of Singer's rise was this ditty about the stressful life of women seamstresses before the sewing machine's proliferation.

> **Song of the Shirt**
> *With fingers weary and worn,*
> *With eyelids heavy and red,*
> *A woman sat, in unwomanly rags,*
> *Plying her needle and thread—*
> *Stitch! Stitch! Stitch!*
> *In poverty, hunger, and dirt*
> *And still with a voice of dolorous pitch—*
> *Would that its tone could reach the rich!—*
> *She sang this "Song of the Shirt!"*

11. Many experts who knew a whole lot more about tailoring and the industry than Singer did, thought Singer would fail. Who could blame them? Edwin Wildman writes in his book *Famous Leaders of Industry*, "People were skeptical of the sewing machine . . . and quite often [Singer] was 'shown the door' the moment he mentioned his business. He [Singer] was advised by Mr. Blodgett, who was a tailor by trade and knew more

about sewing than Singer possibly could, to give up manufacturing . . . Blodgett further told Singer that he was positive that sewing machines would never come into use . . ."

Edwin Wildman, *Famous Leaders of Industry: The Life Stories of Boys Who Have Succeeded* (Boston: The Page Company, 1921), 251–252.

12. There were many sewing machine "inventors" jockeying for market dominance in Singer's era, and they were quick to grab patents (from a largely undiscerning patent office) to stake their claims. Legal battles flourished, threatening to bankrupt virtually all of the sewing machine companies at the time, including Singer. Eventually many patent holders of specific innovations on sewing machines pooled together and agreed to allow the use of their patents in exchange for a share of the proceeds of any sales generated. This is how Elias Howe, who is credited with the first patent of a sewing machine, finally became wealthy. Previously, he had utterly failed to commercialize his invention, showing that perhaps even more important than technical innovation is business model innovation.

13. Geoffrey Jones and David Kiron, "Globalizing Consumer Durables: Singer Sewing Machine before 1914," Harvard Business School Case 804-001, October 2003. (Revised January 2017.)

14. Singer's story is especially noteworthy because in the late 1800s, he created a truly global company, setting up manufacturing, distribution, and sales offices in America, Russia, Scotland, England, Germany, Austria, and several other countries. Note that these countries were at varying levels of development, each with its own unique infrastructures, institutions, and culture. Russia, for instance, was considered an "undeveloped wasteland" at the time. But Singer's firm was able to internalize a lot of risk and pull in the necessary infrastructure to sell his products in the region. As a result, his firm succeeded in Russia without government help and despite the government's efforts to impose high tariffs on the company. His focus, however, remained clear—to create a new market by getting as many sewing machines into the hands of Russian nonconsumers as possible.

Consider how Singer's strategy of targeting nonconsumption enabled the company's success in Russia. The country was so poor that Singer would have had to sell almost all its machines on credit; Russia's legal system, capital markets, and credit institutions were underdeveloped even for that era; Russia was also experiencing economic and political turmoil; the country did not have the skilled labor force that was important to Singer's operations; and the country's landmass was large, with a dispersed population. Does that remind you of any poor countries or emerging markets today?

But Singer not only built a factory in Russia, he also created Russia's largest commercial enterprise with thousands of stores and a staff of more than twenty-seven thousand. Through a series of managerial and organizational innovations, including hiring unskilled workers and training them (building an education infrastructure), the Singer operation in Russia became one of the most successful within the Singer corporation.

15. Building an international organization is no small feat today, even with how globally connected we are, considering improvements in telecommunications and transportation technology. Singer, however, was able to accomplish this in the 1800s, when no such technologies existed. Similarly, many emerging markets today have at least comparable or better infrastructures than America did during Singer's rise. The question remains, what business model innovations should innovators in these regions execute in order to target nonconsumption?

16. Quentin Skrabec, *The 100 Most Significant Events in American Business: An Encyclopedia* (Santa Barbara: Greenwood, 2012), 39.

17. Ibid., 38.

18. "Singer Railway Station," Overview, Gazetteer for Scotland, accessed February 24, 2018, http://www.scottish-places.info/features/featurefirst11985.html.

19. Rose Eveleth, "How Many Photographs of You are Out There in the World?," *The Atlantic*, November 2, 2015, https://www.theatlantic.com/technology/archive/2015/11/how-many-photographs-of-you-are-out-there-in-the-world/413389/.

20. Wet labs are labs where chemicals are handled in liquid and sometimes volatile forms.

21. "About us: George Eastman," Heritage, Kodak, accessed February 27, 2018, https://www.kodak.com/corp/aboutus/heritage/georgeeastman/default.htm#.

22. "George Eastman, Easy-to-Use Cameras," Who Made America?, PBS, accessed February 27, 2018, http://www.pbs.org/wgbh/theymadeamerica/whomade/eastman_hi.html.

23. As impressive as George Eastman's prowess for business and innovation was, his generosity was perhaps even more noteworthy. George

Eastman gave. The first act of generosity Eastman displayed was an outright gift of a "substantial sum of his own money" to all his employees in 1889. More acts followed, including a "wage dividend," where employees benefited beyond their wages in accordance with the company dividend. That was not normal practice during that time. Eastman truly believed that organizations rose and fell on the backs of the loyalty and ingenuity of employees. He exemplified this belief in 1919 by giving a third of his stock, worth $10 million (or $146.3 million in 2017 dollars), to his employees. Soon after, he instituted retirement annuity programs, life insurance plans, and disability benefits for his staff. But generosity was in his blood and, as such, was not limited to his employees. Eastman gave up to $20 million to the Massachusetts Institute of Technology (MIT) and millions more to the University of Rochester, Hampton University, and Tuskegee University. He also financed many dental clinics in various cities in the US and Europe, including Rochester, London, Paris, Rome, and Brussels.

"About us: George Eastman," Heritage, Kodak, accessed February 27, 2018, https://www.kodak.com/corp/aboutus/heritage/georgeeastman/default.htm#.

24. Henry Ford, *My Life and Work* (New York: Garden City Publishing, 1922), 31.

25. Although we go into more detail on the relationship between innovation and infrastructures and institutions later, consider the following. American intellectual property law was not advanced (and this is even overstating it) in the mid-1800s. Cambridge economist Ha-Joon Chang notes that "patents were granted without proof of originality," leading to importation of already-patented technologies and rent-seeking by racketeers who sought to profit from already-existing innovations. Bankruptcy law in America was also nonexistent, or immature at best. It wasn't until 1898 that Congress adopted a lasting federal bankruptcy law. Earlier attempts created significant stress on the court systems. Additionally, most manufacturing in the 1860s was done by unincorporated firms as there was not yet a federal law granting limited liability for entrepreneurs.

26. Ford would later attend Goldsmith, Bryant & Stratton Business College (now called Detroit Business Institute) in Detroit. Whatever "education" Ford received growing up was contextual in nature. He learned to fix things around the farm until he moved to Detroit, where he found work as a mechanic's apprentice.

27. In retrospect, the idea of an affordable car is sensible. However, at the time it was considered nonsensical. Several of Ford's investors pulled out because they couldn't see how he could succeed. Only rich people drove,

and mainly for the purposes of joyriding. Long-distance transportation was largely by rail or sea. Shorter-distance transportation was by horse and carriage. Most people lived around where they worked. But Ford foresaw a future that many didn't.

28. "Is the recession heralding a return to Henry Ford's model?," *The Economist*, March 27, 2009, http://www.economist.com/node/13173671.

29. "State Motor Vehicle Registrations (1900–1995)," U.S. Department of Transportation Federal Highway Administration, accessed March 1, 2018, https://www.fhwa.dot.gov/ohim/summary95/mv200.pdf.

30. Earl Swift, *Big Roads* (New York: Houghton Mifflin Harcourt, 2011).

31. Ibid., 255.

32. Even as cars were making their way all across America, many states still had a hard time building roads. Swift points out that "just about every state [in America] was desperate for better roads but exasperated by its inability to provide them. The cost of bringing highways up to even minimal surface standards was beyond the means of most and the technical capabilities of many." We discuss the relationship between innovation and infrastructures in Chapter 10.
Ibid., 24, 38.

33. Adam Przeworski's study on this is quite comprehensive and clear. As citizens gain economic independence, political liberties and democratic freedoms follow. Summarizing Przeworski's research, Fareed Zakaria notes in his book *The Future of Freedom: Illiberal Democracy at Home and Abroad*, "In a democratic country that has a per capita income of under $1,500 (in today's dollars), the regime on average had a life expectancy of just eight years. With between $1,500 and $3,000, it survived on average for about eighteen years. Above $6,000 it became highly resilient. The chance that a democratic regime would die in a country with an income above $6,000 was 1 in 500. Once rich, democracies become immortal." And so, on the one hand, one could applaud the American government for its ingenuity in promoting democratic values, or one could applaud the innovators who work tirelessly to increase incomes that, thereafter, render democracies stable.
Fareed Zakaria, *The Future of Freedom: Illiberal Democracy at Home and Abroad* (New York: W. W. Norton & Company, Inc., 2007), 69–70.

34. Daniel Gross, "Henry Ford Understood That Raising Wages Would Bring Him More Profit," *The Daily Beast*, January 6, 2014, https://www.thedailybeast.com/henry-ford-understood-that-raising-wages-would-bring-him-more-profit.

35. Steven C. Stanford, "Henry Ford—An Impact Felt," Henry Ford Heritage Association, March 1, 2018, http://hfha.org/the-ford-story/henry-ford-an-impact-felt/.

36. "Henry Ford Quotations: Popular Research Topics," Collections & Research, The Henry Ford, accessed April 7, 2018, https://www.thehenryford.org/collections-and-research/digital-resources/popular-topics/henry-ford-quotes/.

37. It is no coincidence that the price of steel dropped significantly during the late 1800s and early 1900s. In 1872, a ton of steel cost $56, but by 1900, steel prices had dropped to $11.50. As market-creating innovations spread in the United States, transportation became more important to move products around. For instance, the number of miles of railroad track, of which steel is a major component, increased from 30,626 in 1860 to 193,346 in 1900. This resulted in a significant drop in freight costs from 20 cents per ton-mile in 1865 to 1.75 cents per ton-mile in 1900. As more Americans pulled steel into their lives (railroads, automobiles, buildings), innovators were incentivized to make the product cheaper. Andrew Carnegie, one of the most influential innovators of the nineteenth and twentieth centuries, was responsible for a majority of the efficiency innovations in this industry. He consolidated the industry and took advantage of economies of scale.

Michael Dahlen, "The Rise of American Big Government: A Brief History of How We Got Here," *The Objective Standard*, January 28, 2014, https://www.theobjectivestandard.com/issues/2009-fall/rise-of-american-big-government/.

38. "Fact #962: January 30, 2017 Vehicles per Capita: Other Regions/Countries Compared to the United States," Vehicle Technologies Office, Office of Energy Efficiency & Renewable Energy, January 30, 2017, https://energy.gov/eere/vehicles/fact-962-january-30-2017-vehicles-capita-other-regionscountries-compared-united-states.

39. Daniel Kadlec, "America's Banker A.P. Giannini," *TIME*, March 8, 2017, http://content.time.com/time/magazine/article/0,9171,989772-2,00.html.

40. "A. P. Giannini, Branch Banking," Who Made America?, PBS, accessed March 1, 2018, http://www.pbs.org/wgbh/theymadeamerica/whomade/giannini_hi.html.

41. Ralph J. Christian, "Statement of Significance," form for United States Department of the Interior, accessed March 2, 2018, https://npgallery.nps.gov/pdfhost/docs/NHLS/Text/78000754.pdf.

42. Alex E. McCalla and Warren E. Johnston, "Giannini: A Retrospective," Giannini Foundation for Agricultural Economics, accessed March 2, 2018, https://s.giannini.ucop.edu/uploads/giannini_public/7b/9e/7b9e282b-f8dd-4250-bdd7-9cd42235c269/apgiannini-book-a-retrospective.pdf.

43. Jerry Useem, "20 That Made History," *Fortune*, June 27, 2005.

44. Richard Morin, "UNCONVENTIONAL WISDOM," *Washington Post*, November 15, 1998, https://www.washingtonpost.com/archive/opinions/1998/11/15/unconventional-wisdom/24f94e64-5010-4ca1-9786-8c5c30bf6a68/?utm_term=.a3c06a9278ea.

45. Farmers, pickers, and canners were very important to Bank of America's business. In 1919, more than half of the $74 million the bank loaned out went to farmers.

46. Henry Louis Gates Jr., "Madam Walker, the First Black American Woman to Be a Self-Made Millionaire," *PBS*, accessed March 9, 2018, http://www.pbs.org/wnet/african-americans-many-rivers-to-cross/history/100-amazing-facts/madam-walker-the-first-black-american-woman-to-be-a-self-made-millionaire/.

第六章　东西方碰撞的火花

1. William K. Tabb, *The Postwar Japanese System: Cultural Economy and Economic Transformation* (Oxford: Oxford University Press, 1995), 14.

2. That stereotype has long since washed away. In fact, it did so rather swiftly. When Marty McFly, the main character in the 1985 hit movie *Back to the Future*, finds himself accidentally launched back in time to 1955, his partner laments that a key circuit in the car they're trying to repair broke because it's labeled "Made in Japan." McFly doesn't understand the reference. "What are you talking about? All the best stuff is made in Japan."

3. Sony Corporation 50th Anniversary Project Team, *Genryu: Sony 50th Anniversary* (Tokyo: Sony Corporation, 1996).

4. Jeffrey Alexander, *Japan's Motorcycle Wars: An Industry History* (Vancouver: UBC Press, 2009), 36.

5. Toyota, "Resumption of automobile exports and Toyota in Okinawa," 75 Years of Toyota, accessed March 30, 2018, http://www.toyota-global.com/company/history_of_toyota/75years/text/taking_on_the_automotive_business/chapter2/section9/item2.html.

6. At the outset, Toyota's exports to other Asian and Oceanic countries also surpassed exports to North America, even though those markets were significantly poorer than the North American market. From 1956 to 1967, for instance, Toyota exported twice as many vehicles to Asia and Oceanic countries (186,815) as it did to North America. These numbers highlight President Toyoda's commitment to a strategy of first targeting local and regional nonconsumption before going after global nonconsumption. Toyota began exporting its Corona model, the precursor to the Corolla, to North America in the 1960s and watched sales of the affordable car grow rapidly. By 1971, Toyota was exporting more than four hundred thousand cars to North America annually, and by 1980 almost eight hundred thousand.

Toyota, "Exports to the United States," 75 Years of Toyota, accessed March 30, 2018, http://www.toyota-global.com/company/history_of_toyota/75years/text/entering_the_automotive_business/chapter1/section5/item5.html.

7. Yukiyasu Togo and William Wartman, *Against All Odds: The Story of the Toyota Motor Corporation and the Family that Created It* (New York: St. Martin's Press, 1993), 194.

8. Ibid.

9. Alexander, *Japan's Motorcycle Wars*, 36.

10. Toyota, "Toyopet Crown: America's First Japanese Car," Toyota, December 16, 2016, http://blog.toyota.co.uk/toyopet-crown-americas-first-japanese-car.

"After Toyopet trauma, Corona got Toyota up to speed in U.S.," *Automotive News*, October 29, 2007, http://www.autonews.com/article/20071029/ANA03/710290307/after-toyopet-trauma-corona-got-toyota-up-to-speed-in-u.s.

11. David Henderson, research fellow at Stanford University's Hoover Institution and professor of economics at the Naval Postgraduate School in California, has written about the Japanese government's influence in Japan's rise. He writes in one of his pieces, "Many people believe that Japan's outstanding growth is due in large part to MITI. They believe that MITI has decided what industries the Japanese should invest in, and that MITI persuaded other Japanese government agencies to use their coercive power to get companies to go along. But the evidence goes against this view. Between 1953 and 1955 MITI did persuade the government's Japanese Development Bank to lend money to four industries—electric power, ships, coal, and steel. Some 83 percent of JDB

financing over that period went to those four industries. But even with hindsight, what has not been established is whether those were good investments . . . Moreover, had MITI succeeded in preventing Sony from developing the transistor radio, and in coercively limiting the auto industry, two of Japan's most successful industries would probably have been much less successful."

David Henderson, "Japan and the Myth of MITI," *The Concise Encyclopedia of Economics,* accessed April 9, 2018, http://www.econlib.org/library/Enc1/JapanandtheMythofMITI.html.

12. Alexander, *Japan's Motorcycle Wars: An Industry History,* 34.

13. Ibid., 91.

14. In the 1930s, the Japanese yen was a much stronger currency than it was in the 1950s. For instance, 2,000 yen in 1935 equated to approximately 352,109 Japanese yen ($920) in 1952.

Source: http://www.historicalstatistics.org/Currencyconverter.html.

15. Bryan Mezue, Clayton Christensen, and Derek van Bever, "The Power of Market Creation," *Foreign Affairs,* December 15, 2014, https://www.foreignaffairs.com/articles/africa/2014-12-15/power-market-creation.

16. Ezra Vogel, *The Four Little Dragons* (Boston: Harvard University Press, 1993), 42.

17. While it is true that South Korea invested significantly in "heavy" industries, such as steel and shipbuilding, the country's investment in heavy industries by itself does not account for South Korea's economic transformation from less than $200 in per capita income in the 1950s to more than $27,000 today. Korea's economic transformation represents a 13,400 percent increase in per capita income. Surely, the heavy industries helped, but it is difficult to make the case that they are the causes of such a significant economic transformation, followed by social and political transformation, that has happened in South Korea. Take the shipbuilding industry for example: according to an OECD report, numerically speaking, the industry now represents just under 2 percent of South Korean GDP and around 10 percent of the country's exports (the steel industry is around 2 percent as well). From an employment standpoint, the shipbuilding industry accounts for about 0.65 percent of South Korea's total employment. There is no doubt that the industry is important to the South Korean economy, but it is not enough to explain South Korea's transformation from less than $200 in per capita income to more than $27,000 in just over fifty years.

Council Working Party on Shipbuilding, "Peer Review of the Korean Shipbuilding Industry and Related Government Policies," *OECD* (January 2015): 7–9, http://www.oecd.org/officialdocuments/publicdisplaydocumentpdf/?cote=c/wp6(2014)10/final&doclanguage=en.

18. Kia, "History of Kia," accessed March 30, 2018, http://www.kia.com/worldwide/about_kia/company/history_of_kia.do.

19. "From Fish Trader to Smartphone Maker," *New York Times*, December 14, 2013, https://archive.nytimes.com/www.nytimes.com/interactive/2013/12/15/technology/samsung-timeline.html#/#time298_8340.

20. Ahn Choong-yong, "Iron and steel helped Korea's industrial take-off," *The Korea Times*, July 19, 2010, http://www.koreatimes.co.kr/www/news/biz/2016/05/291_69759.html.

21. Bryan Mezue, Clayton Christensen, and Derek van Bever, "The Power of Market Creation."

22. Arno Tausch and Peter Herrmann, *The West, Europe, and the Muslim World* (New York: Nova Publishers, 2006), 123.

23. Gary Dymski and James Crotty, "Can the Global Neoliberal Regime Survive Victory in Asia? The Political Economy of the Asian Crisis," Political Economy Research Institute, September 1, 2000.

24. For a short piece on the idea that not all exports are created equal, see: Efosa Ojomo, "Assessing exports through the lens of innovation," Christensen Institute, June 5, 2018, https://www.christenseninstitute.org/blog/assessing-exports-through-the-lens-of-innovation/.

第七章 墨西哥的效率式创新

1. "Vicente Fox," PBS interview Commanding Heights, interview conducted April 4, 2001, http://www.pbs.org/wgbh/commandingheights/shared/minitext/int_vicentefox.html.

2. From the OECD website: "GDP per hour worked is a measure of labour productivity. It measures how efficiently labour input is combined with other factors of production and used in the production process. Labour input is defined as total hours worked of all persons engaged in production. Labour productivity only partially reflects the productivity of labour in terms of the personal capacities of workers or the intensity of their effort."

"GDP per hour worked: OECD Data," OECD, accessed April 10, 2018, https://data.oecd.org/lprdty/gdp-per-hour-worked.htm.

3. David Johnson, "These Are the Most Productive Countries in the World," *Time*, January 4, 2017, http://time.com/4621185/worker-productivity-countries/.

4. In 2015, according to the Observatory of Economic Complexity, Mexico's five largest exports were cars, $31.4 billion; vehicle parts, $26.2 billion; delivery trucks, $23.4 billion; computers, $21.2 billion; and telephones, $15.7 billion. More than 80 percent of Mexico's exports end up in the United States. See Mexico's profile on the Atlas for Economic Complexity site here: https://atlas.media.mit.edu/en/profile/country/mex/.

5. Mexico has maintained an average inflation rate of 3.9 percent since 2006. Real interest rates in 2015 hovered around 0.9 percent; Iceland, the United States, and Switzerland had real interest rates of 1.6 percent, 2.2 percent, and 3.3 percent respectively.

6. FDI in Mexico in 1993 was approximately $4.3 billion; twenty years later, in 2013, it had increased more than eleven times, reaching approximately $47.5 billion. This increase in FDI is due in part to Mexico's relatively stable macroeconomic environment.

7. The fact that Mexico doesn't simply export toys and T-shirts is important. Research by Harvard University's Ricardo Hausmann and MIT's César A. Hidalgo has helped us understand that the complexity of a country's economy (how sophisticated the products it makes are) is highly correlated with its development level. More *capable* countries that can produce more sophisticated products tend to be richer.

César A. Hidalgo and Ricardo Hausmann, "The building blocks of economic complexity," *Proceedings of the National Academy of Sciences* 106, no. 26 (June 2009).

8. "Economy Rankings," Doing Business, The World Bank, accessed April 2, 2018, http://www.doingbusiness.org/rankings.

9. For a more in-depth economic history of Mexico pre-1960, read Section 2 of "Catch-up Growth Followed by Stagnation: Mexico, 1950–2010," written by Timothy J. Kehoe and Felipe Meza, https://www.minneapolisfed.org/research/wp/wp693.pdf.

10. From a business standpoint, even though Mexico has more than twice the population of Korea and enjoys the benefits we mentioned above, the country has just nine companies on a Forbes list of the one thousand biggest public companies, compared with South Korea's thirty-one. Also, South Korea's credit rating is currently AA2, the third highest, according to Moody's Investors, and AA- according to Fitch. Mexico's is A3 with a

negative outlook according to Moody's, and it is BBB+ according to Fitch. By most measures, South Korea is outperforming Mexico economically.

11. Anahi Rama and Anna Yukhananov, "Mexican government says poverty rate rose to 46.2 percent in 2014," *Reuters*, July 23, 2015, http://www.reuters.com/article/us-mexico-poverty-idUSKCN0PX2B320150723.

12. Gordon Hanson, of the University of California in San Diego and the National Bureau of Economic Research, has written extensively about Mexico and the role of *maquiladoras* in their economy. His 2002 paper, "The Role of Maquiladoras in Mexico's Export Boom," for instance, highlights some of the risks and rewards associated with this component of the Mexican economy.

Gordon H. Hanson, "The Role of Maquiladoras in Mexico's Export Boom," University of California, San Diego, accessed April 30, 2018, https://migration.ucdavis.edu/rs/more.php?id=8.

13. The five years before NAFTA, employment in *maquiladoras* grew by 47 percent, but in the five years following the enactment of NAFTA, employment increased 86 percent. Additionally, in the mid-1980s, *maquiladoras* employed approximately 180,000 people; by 2000, the system employed more than one million and generated approximately 50 percent of Mexico's exports. Hanson, "The Role of Maquiladoras in Mexico's Export Boom."

14. Gary Hufbauer, formerly of the Council of Foreign Relations and professor at Georgetown University, notes that "the transformation of the auto industry in Mexico, as a result of NAFTA, was nothing short of dramatic. It was, in fact, the biggest transformation of any industry in all three of our countries [the United States, Canada, and Mexico]." Prior to NAFTA, auto manufacturing in Mexico was a very protected industry where cars could cost two to three times the cost of production in the United States. NAFTA, which promoted efficiency innovations in the region, reduced the cost of production dramatically. Sonari Glinton, "How NAFTA Drove the Auto Industry South," NPR, December 8, 2013, http://www.npr.org/templates/story/story.php?storyId=249626017.

15. We focus on exports here because, while they are not the entirety of Mexico's economy, they are a microcosm of it. Exports account for more than 35 percent of the Mexican GDP, the fourth highest among the world's top twenty most populous countries and the highest of any country with a population of more than one hundred million people.

16. More broadly, Mexico exports three out of every four cars it manufactures, most of which go to the United States. Sara Miller Llana, "Mexico pre-

pares for (Ford) Fiesta," *The Christian Science Monitor*, June 2, 2008, http://www.csmonitor.com/World/Americas/2008/0602/p06s02-woam.html.

17. In 2015, about 9 percent of the crude oil imported by the United States came from Mexico. Earnings from crude oil sales represent a significant portion of Mexican exports and the Mexican economy, providing almost $20 billion annually.

"U.S. energy trade with Mexico: U.S. export value more than twice import value in 2016," Today in Energy, U.S. Energy Information Administration, February 9, 2017, https://www.eia.gov/todayinenergy/detail.php?id=29892).

18. Tim McMahon, "Historical Crude Oil Prices (Table)," InflationData.com, August 27, 2017, https://inflationdata.com/Inflation/Inflation_Rate/Historical_Oil_Prices_Table.asp.

19. IGNIA Fund is a venture capital firm in Mexico dedicated to investing in innovative companies delivering high-impact goods and services to low-income populations. The company has raised funds twice. In 2008, IGNIA raised $102 million from Omidyar Network, JPMorgan, International Finance Corporation, and the Inter-American Development Bank. In 2015, it raised a subsequent fund worth $90 million through Mexican publicly traded certificates known as CKDs. IGNIA was also the first venture capital fund in Mexico to raise capital from Mexican pension funds, signaling investors' "confidence in IGNIA's track record, as well as the accelerated economic growth found at the base of the socio-economic pyramid in Mexico."

20. "Daniel Servitje Montull & family," *Forbes*, accessed April 30, 2018, https://www.forbes.com/profile/daniel-servitje-montull/.

21. Some might look at Grupo Bimbo and suggest that the company put many Mexican bakeries out of business and that, in effect, it was bad for the Mexican economy. While that is true, it misses the significant impact Grupo Bimbo has had and is having on the Mexican economy. Grupo Bimbo can be likened to the Ford Motor Company, specifically during the era of the Model T. Before the Model T, there were more than one thousand automobile manufacturers in the United States. Many of them were making custom cars for wealthy individuals. When Ford introduced the affordable Model T, almost all went out of business save a few. But it would be hard to argue that Ford was not good for the American economy as a result. Consider how he impacted steel production, glass manufacturing, R&D for engines and automobiles, regulation, agriculture, road construction, gas stations, auto-repair shops, iron ore mining, paint production, higher wages, and many other aspects of the American

economy. Although bread is no Model T, Grupo Bimbo has also positively impacted the Mexican economy, even though smaller and perhaps less efficient bakeries have been put out of business. The company has improved agriculture, distribution and supply chain, and education, and has also increased wages.

22. In fact, Grupo Bimbo doesn't just pay its Mexican workers substantially more than the minimum wage in Mexico; it pays everybody, including its American, European, Latin American, and Asian workers, more. On average, Grupo Bimbo pays its lowest-ranked staff about twice the minimum wage in the countries where it conducts business. "Grupo Bimbo Annual Reports," Grupo Bimbo, https://www.grupobimbo.com/en/investors/financial-information/annual-information.

23. Andrea Navarro, "This Mexican Town Paid the Price for Trump's Attacks on Ford," *Bloomberg*, February 1, 2017, https://www.bloomberg.com/news/articles/2017-02-01/when-trump-s-taunts-cowed-ford-this-mexico-town-paid-the-price.

第八章 只有良法是不够的

1. The late American political scientist Samuel Huntington defines institutions as "stable, valued, recurring patterns of behavior." Institutions can be political, economic, or social in nature. They can also be formal (systems set up by the governing bodies) or informal and represent customs in a region (how a society celebrates weddings or childbirth). Some examples are a country's legal system, government or public organizations, and financial systems.

2. This definition, as highlighted by Daron Acemoglu and James Robinson, MIT and Harvard economists respectively, has three important features. First, they are "humanly devised." Second, they are "the rules of the game," effectively setting constraints on human behavior. Third, their major effect will be through incentives.
   Daron Acemoglu and James Robinson, "The role of institutions in growth and development," *World Bank Working Paper* 1, no. 1 (January 2008).

3. In one corruption case, an aide to former prime minister Mirek Topolánek had been charged for demanding a multimillion-dollar bribe from a foreign company in return for a government defense procurement contract (Reuters, February 2016). After a lengthy trial, including a conviction that was overturned but ultimately reinstated by the country's Su-

preme Court, the aide was handed a five-year jail sentence (Radio Praha, May 2017).

4. Kate Bridges and Michael Woolcock, "How (not) to fix problems that matter: Assessing and responding to Malawi's history of institutional reform," *World Bank Policy Research Working Paper* 1, no. 8289 (December 2017).

5. Shaking off the ways of getting things done prevalent under Communist-ruled Czechoslovakia was not solved by writing a new constitution in the country—nor was that the solution in any of the other hopeful renewed democracies in the post-Soviet era. In January 2018, more than fifty thousand people marched, in heavy snow, to the parliament building in Bucharest, Romania, chanting, "Thieves," and holding signs that read, "Demisia," which means "Resign" in Romanian. They were protesting the lack of law enforcement and the prevalence of corruption in their country. The situation is not much better for Hungary, as the country slid down in the Transparency International corruption rankings in 2018. So far down, in fact, that Hungary, which is a member of the EU, now has a worse corruption ranking than Montenegro, a small country that has not been allowed to join the EU partly because it is deemed too corrupt. Andrea Shalal, "Hungary slides deeper down corruption index, watchdog says," *Reuters,* February 21, 2018, https://www.reuters.com/article/us-global-corruption/hungary-slides-deeper-down-corruption-index-watchdog-says-idUSKCN1G52E6.

6. Matt Andrews, an associate professor at the Center for International Development, wrote an article in the *Guardian* that highlighted this point. In the piece, Andrews writes, "Billions of dollars are spent each year on institutional reforms in development, aimed ostensibly at improving the functionality of governments in developing countries. However, evaluations by the multilateral and bilateral organisations sponsoring such reforms show that success is often limited. These evaluations reveal that as many as 70% of reforms seem to have muted results. They produce new laws that are not implemented, or new budgets that are not executed, or new units and agencies that go unstaffed and unfunded. In short, new forms may emerge but they frequently lack functionality: what you see is not what you get."

Matt Andrews, "Why institutional reforms in the developing world aren't working," *Guardian,* March 8, 2013, https://www.theguardian.com/global-development-professionals-network/2013/mar/08/institutional-reform-international-development.

7. Kate Bridges and Michael Woolcock, "How (not) to fix problems that

matter: Assessing and responding to Malawi's history of institutional reform," 4.

8. Bridges and Woolcock note that, of all the projects they analyzed, 92 percent of them were regulative (i.e., activities focused on strengthening laws and regulatory bodies), 3 percent were normative (i.e., activities that tried to understand cultural practices and professional norms), and 5 percent were cultural cognitive (i.e., activities education or guidance toward compliance with international standards). Their analysis shows that solutions that are overwhelmingly regulative without appreciating the cultural cognitive or normative nature of the environments in which they are implemented are often part of the problem.

Kate Bridges and Michael Woolcock, "How (not) to fix problems that matter: Assessing and responding to Malawi's history of institutional reform," 12–17.

9. When the 2017 World Bank Ease of Doing Business rankings came out, Nigeria celebrated its progress. The country moved up the rankings by twenty-four points and is now the 145th "easiest country to do business with" out of the 190 countries measured. For the previous year and a half, the country had been pushing regulations and institutional reform to help it move up the rankings. When the country's efforts were rewarded by an increase in its rankings, understandably there was excitement. But how does Nigeria moving up in the rankings affect average Nigerians for whom daily life is about making progress as they interface with the local police, the local judiciary, and the local systems in place? The response to that question could be that "the reforms will have long-term effects." But in 2016, the Nigerian economy contracted and, as a result, shed tens of thousands of jobs. The everyday culture of how Nigerians made progress and solved their problems would remain unaffected even as the country moved up in the "rankings." Change will come when there is a strong imperative from within the country to make the institutions reflect a new reality of doing business in Nigeria.

10. Edgar Schein, *Organizational Structure and Leadership* (San Francisco: Jossey-Bass Publishers, 1988).

11. This is one of the many reasons Sudanese entrepreneur Mo Ibrahim struggled to raise money to fund the building of his telecommunications company across Africa. The question of effective governance is so powerful for Ibrahim that he has, in the years since his success, created the Mo Ibrahim Foundation. The foundation publishes the Ibrahim Index of African Governance, an index that rates African governments on several metrics including safety and rule of law, public management, human

rights, and others. See http://mo.ibrahim.foundation/iiag/.

12. Diego Puga and Daniel Trefler, "International Trade and Institutional Change: Medieval Venice's Response to Globalization," *Quarterly Journal of Economics* 129, no. 2 (May 2014): 753–821, http://www.nber.org/papers/w18288.

13. Max Nisen, "How Globalization Created and Destroyed the City of Venice," *Business Insider*, September 8, 2012, http://www.businessinsider.com/the-economic-history-of-venice-2012-8.

14. Ibid.

15. Diego Puga and Daniel Trefler, "International Trade and Institutional Change: Medieval Venice's Response to Globalization," 753–821.

16. A similar occurrence of increasing incomes leading to institutional change was observed in the Netherlands, another early developer. In a seminal paper, "The Rise of Europe: Atlantic Trade, Institutional Change, and Economic Growth," Acemoglu et al. write, "Critical was the Dutch merchants' improving economic fortunes, partly from Atlantic trade, which were used to field a powerful army against the Habsburg Empire . . . Overall, both the British and Dutch evidence, therefore, appears favorable to our hypothesis that Atlantic trade enriched a group of merchants who then played a critical role in the emergence of new political institutions constraining the power of the crown."

Daron Acemoglu, Simon Johnson, and James Robinson, "The Rise of Europe: Atlantic Trade, Institutional Change, and Economic Growth," *American Economic Review* 95, no. 3 (June 2005): 546–579.

17. Diego Puga and Daniel Trefler, "International Trade and Institutional Change: Medieval Venice's Response to Globalization," 753–821.

18. Matt Andrews, *The Limits of Institutional Reform in Development: Changing Rules for Realistic Solutions* (Cambridge: Cambridge University Press, 2013), 1–3.

19. Matthew McCartney, *Economic Growth and Development: A Comparative Introduction* (London: Palgrave Macmillan, 2015), 219.

20. The late William Baumol of Princeton wrote extensively about innovation, entrepreneurship, and economic growth. Baumol was of the view that the conditions on the ground are what most affects the kinds of innovations that entrepreneurs pursue. Baumol writes, "How the entrepreneur acts at a given time and place depends heavily on the rules of the game—the reward structure in the economy—that happen to pre-

vail." Although we generally agree with Baumol, that the rules of the game matter, the important question we ask is "How do the rules of the game get formed? How do they get changed?" When you observe circumstances where the rules have changed, you will see that innovations, especially those that have created new markets, have been major drivers.

William J. Baumol, "Entrepreneurship: Productive, Unproductive, and Destructive," *Journal of Political Economy* 98, no. 5 (October 1990), http://www.jstor.org/stable/2937617?seq=1#page_scan_tab_contents.

21. Although it began happening more than 150 years ago, this pattern of getting prosperity before getting institutions that can actually work for the average citizen is what we observe in the United States. As America was beginning to industrialize, many of the institutions in the country, much like in many poor countries today, worked for the rich. This is because the rich had markets that could fund their own "institutions," but average Americans did not. Hard as it may be to believe, trains and industrial accidents regularly killed or maimed many Americans who had little to no recourse. But as more and more Americans began developing markets for average citizens, these markets pulled in good institutions. And thus a virtuous cycle was created. Hardly ever does the enforcement of institutions, without markets, lead to the development of good institutions that are sustainable.

22. Diego Puga and Daniel Trefler, "International Trade and Institutional Change: Medieval Venice's Response to Globalization," 753–821.

23. "Lobbying: Overview," OpenSecrets.org, Center for Responsive Politics, accessed March 5, 2018, https://www.opensecrets.org/lobby/.

24. What about countries like China, or Chile, or South Korea, that were able to develop institutions that fueled economic growth? These countries coupled the development of their institutions with intense investments in innovations that created markets. These markets ultimately paid for the creation and sustenance of the institutions. And even then, it wasn't that straightforward. Oxford professor Matthew McCartney notes that in the 1980s, fast-growing East Asian countries had corruption scores similar to those of many "developing countries" today. South Korea, for instance, had the same measure of institutional quality as Côte d'Ivoire. He concludes that the implication of this is that "improving institutions was an outcome not a cause, of rapid growth in East Asia."

Matthew McCartney, *Economic Growth and Development: A Comparative Introduction*, 217.

25. "New Study Reveals the Complexity of the Informal Sector," The World Bank, July 20, 2016, http://www.worldbank.org/en/news/feature/

2016/07/20/new-study-reveals-the-complexity-of-the-informal-sector.

26. Frank V. Cespedes, Thomas R. Eisenmann, Maria Fernanda Miguel, and Laura Urdapilleta, "IguanaFix," Harvard Business School Case Study, November 10, 2016, 2.

第九章 腐败本身不是问题，而是解决方案

1. Edward L. Glaeser and Andrei Shleifer, "The Rise of the Regulatory State," *Journal of Economic Literature* 41, no. 2 (June 2003): 401–425.

2. "Corruption Perceptions Index 2017," Transparency International, February 21, 2018, https://www.transparency.org/news/feature/corruption_perceptions_index_2017.

3. "The monthly remuneration received by each of its officers and employees including the system of compensation as provided in its regulations," Maharashtra State Anti Corruption Bureau, accessed April 6, 2018, http://acbmaharashtra.gov.in/.

4. The drop in oil prices, which accounts for as much as 95 percent of the Venezuelan government's revenues, has not helped. It has caused revenues to dwindle from about $80 billion in 2013 to around $22 billion in 2016. Not only can the government no longer fund some basic needs, but the government has also gotten more creative in "fund-raising." For instance, some in the government have targeted food aid distribution programs, asking for bribes before containers of food can be cleared from the country's ports.
The Associated Press, "US Lawmakers Call for Action on Venezuela Food Corruption," NBC News, January 23, 2017, http://www.nbcnews.com/news/latino/us-lawmakers-call-action-venezuela-food-corruption-n710906.

5. Jeff Desjardins, "These countries are leading the way on growth," *World Economic Forum*, October 30, 2017, https://www.weforum.org/agenda/2017/10/these-countries-are-leading-the-way-on-growth.

6. "Foreign direct investment, net inflows (BoP, current US$)," The World Bank, accessed April 6, 2018, https://data.worldbank.org/indicator/BX.KLT.DINV.CD.WD?locations=CN.

7. "Lobbying: Overview," OpenSecrets.org, Center for Responsive Politics, accessed March 5, 2018, https://www.opensecrets.org/lobby/.

8. The Congressional Research Institute, an independently financed

think tank focused on improving governance in the United States so it better represents Americans, has done extensive research on the effects of transparency in governments, particularly the US Congress. One of their core theses is that increasing transparency can actually "degrade the quality of a democracy." Their research shows that, as the legislative process becomes more transparent to the citizens, including lobbyists, those lobbyists can begin to influence legislators to vote in ways that don't represent the needs and wants of the American people. What this means is that, even a transparent society is not one devoid of corruption. And as such, we must continually look for ways to help people find a substitute to this economic cancer. Read more here: http://congressionalresearch.org/index.html.

9. Pete Hamill, "'Boss Tweed': The Fellowship of the Ring," *New York Times*, March 27, 2005, https://nyti.ms/2jLJRNi.

10. Faith Jaycox's book *The Progressive Era* provides an account of some of Tammany Hall's (New York City's Democratic Party machinery) corrupt practices. The organization was involved in "police corruption, including widespread shakedowns, voter intimidation and election fraud, collaboration with rent-raking landlords and strikebreaking employers, and maltreatment of new immigrants." When a case was brought against it by some reformers in New York City, the governor refused to fund an investigation into the organization. The investigation was funded by the Chamber of Commerce and other "Good Government Clubs," as they were known at the time. These clubs sprang up all over the United States in response to the government's growing corruption. These Good Government Clubs were funded by concerned citizens who wanted better representation from their governments.

Faith Jaycox, *The Progressive Era* (New York: Facts on File, 2005), 80.

11. Jack Beatty, *Age of Betrayal* (New York: Vintage Books, 2008), xvi.

12. President Woodrow Wilson was a prolific writer, even before he became president. He wrote often about the state of government in the United States and on corruption. In August 1879, the influential journal *International Review* published one of Wilson's essays, which he wrote while an undergraduate student at Princeton. In it, the future president wrote, "Both State and National legislatures are looked upon with nervous suspicion, and we hail an adjournment of Congress as a temporary immunity from danger." Wilson later goes on to write in a speech titled "Government and Business": "What is it that is wrong with the business of this country? In the first place, certain monopolies, or virtual monopolies, have been established in ways which have been

unrighteous and have been maintained in ways that were unrighteous; and have been used and intended for monopolistic purposes."

Woodrow Wilson, *The New Freedom: A Call for the Emancipation of the Generous Energies of a People* (New York: Doubleday, Page & Company, 1913), 240.

13. Larry Schweikart, *The Entrepreneurial Adventure: A History of Business in the United States* (Fort Worth: Harcourt College Publishers, 2000), 153–154.

14. Earl Swift, *The Big Roads: The Untold Story of the Engineers, Visionaries, and Trailblazers Who Created the American Superhighways* (Boston: Houghton Mifflin Harcourt, 2011).

15. Lawrence Friedman, *A History of American Law,* 3rd revised ed. (New York: Simon & Schuster, 2005).

16. During the time when Isaac Singer released his sewing machine, innovators were more likely to be sued for their innovations than to sell their products. Lawsuits were so commonplace that Singer and a group of other innovators created the first-ever "Patent Pool." The notion that, somehow, America's business environment was predictable and law and order was respected is not quite true.

In addition, during the time of the railroad construction, there was widespread speculation and dealings with members of Congress. Many members of Congress took advantage of this opportunity to line their pockets by granting favors to the highest bidders.

17. Edward L. Glaeser and Andrei Shleifer, "The Rise of the Regulatory State," 419.

18. Ralph V. Turner and Richard Heiser, *The Reign of Richard Lionheart: Ruler of the Angevin Empire, 1189–1199* (London: Routledge, 2000), 12.

19. Sir John Fortescue and Charles Plummer, *The Governance of England: The Difference between an Absolute and a Limited Monarchy* (Oxford: Clarendon Press, 1885): 24.

20. Deirdre McCloskey, *Bourgeois Dignity: Why Economics Can't Explain the Modern World* (Chicago: University of Chicago Press, 2010), 317.

21. Harvard University professor Robert Bates provides a brilliant summary about the evolution of institutional development in Europe in his short book *Prosperity & Violence*. He peels the covers and goes behind the scenes to show us how Europe's courts and parliaments were developed. In both cases, the connection between growing and thriving markets and

the ability for the State to generate more revenue by developing these new institutions is apparent.

Robert Bates, *Prosperity & Violence* (New York: W.W. Norton & Co., Inc., 2010), 41, 52.

22. Ibid.

23. In their paper, "Predictable Corruption and Firm Investment," economist Krislert Samphantharak and political scientist Edmund Malesky write that predictability of bribes is at least as important for a firm's investment decisions as the amount of bribes firms pay, provided the amount is not prohibitively expensive.

Krislert Samphantharak and Edmund J. Malesky, "Predictable Corruption and Firm Investment: Evidence from a Natural Experiment and Survey of Cambodian Entrepreneurs," *Quarterly Journal of Political Science* 3 (March 31, 2008): 227–267.

J. Edgar Campos also comes to the same conclusion that, in terms of how corruption impacts investments, predictability matters. He explains this in his paper "The Impact of Corruption on Investment: Predictability Matters."

24. Choe Sang-Hun, "Park Geun-hye, South Korea's Ousted President, Gets 24 Years in Prison," *New York Times*, April 6, 2018, https://nyti.ms/2Heh68v.

25. Mushtaq H. Khan, "State Failure in Developing Countries and Institutional Reform Strategies," *Annual World Bank Conference on Development Economics—Europe 2003*, http://eprints.soas.ac.uk/3683/1/State_Failure.pdf.

Matthew McCartney, *Economic Growth and Development: A Comparative Introduction* (London: Palgrave Macmillan, 2015), 217.

26. Edward L. Glaeser and Andrei Shleifer, "The Rise of the Regulatory State," 420.

27. Philip Auerswald, *The Coming Prosperity: How Entrepreneurs Are Transforming the Global Economy* (Oxford: Oxford University Press, 2012), 58.

Karim Khoja, "Connecting a Nation: Roshan Brings Communications Services to Afghanistan," *Innovations* 4, no. 1 (Winter 2009): 33-50, https://www.mitpressjournals.org/doi/pdf/10.1162/itgg.2009.4.1.33.

第十章　基础设施的悖论

1. "Plans for a weirdly unfinished highway in Cape Town," *The Economist*, April 12, 2017, https://www.economist.com/news/middle-east-and-africa/21720649-road-nowhere-may-finally-reach-end-plans-weirdly-unfinished-highway.

2. Chiponda Chimbelu, "Poor infrastructure is key obstacle to development in Africa," *Deutsche Welle*, July 26, 2011, http://p.dw.com/p/122ya.

3. Yale University professor William Rankin explains in "Infrastructure and the international governance of economic development" that in the 1950s, "debates about development aid shifted attention from an economic definition of infrastructure towards one framed more in terms of general prerequisites." He goes on to further write that "early development theory is often portrayed as infrastructure-centric; if there is a single theory that stands for the economic thought on development in the 1950s, it is the 'big push', where a huge infusion of lumpy infrastructure capital is seen as necessary for overcoming the vicious circle of low productivity, low savings rate and low investment thought to exist in underdeveloped countries . . . Only in the context of international debate about economic development after the Second World War did the term infrastructure become a label for the technical-political systems required for growth and modernity . . . But nowhere in these earlier uses of infrastructure can one find the idea that large-scale engineering systems, especially those of transportation and communication, together constitute a supportive base for other kinds of economic activity. It is only in the 1950s discussion about international financing for economic development that infrastructure becomes recognizable as a concept relating engineering to larger socioeconomic concerns."

This has significant implications for economic development, especially in poor countries. If infrastructures are now considered prerequisites for development, then technically there can be no development without first developing one's infrastructures. And because the prevailing model is "the government must provide the infrastructure," poor countries find themselves on an economic development treadmill, running as fast as they can but not going anywhere.

4. Earl Swift, *The Big Roads: The Untold Story of the Engineers, Visionaries, and Trailblazers Who Created the American Superhighways* (Boston: Houghton Mifflin Harcourt, 2011), 33.

5. Andrew Degrandpre and Alex Horton, "Ghost schools and goats: 16 years of U.S. taxpayer waste in Afghanistan," *Chicago Tribune*, Au-

gust 21, 2017, http://www.chicagotribune.com/news/nationworld/ct-us-afghanistan-spending-20170821-story.html.

6. The story of the Mufindi Pulp and Paper Project is profiled in Robert Calderisi's book *The Trouble with Africa: Why Foreign Aid Isn't Working.* In it, Calderisi explains that Tanzania did not have the technical expertise to manage such a big project, and the World Bank staffers did not include training or capacity building into the project cost.

Robert Calderisi, *The Trouble with Africa: Why Foreign Aid Isn't Working* (New York: St. Martin's Griffin, 2006).

7. Chris McGreal, "A month ago, the hospitals were overflowing. Now they lie empty," *Guardian*, December 6, 2008, https://www.theguardian.com/world/2008/dec/06/zimbabwe-cholera-hospitals.

8. Oxford Dictionary definition of "infrastructure." Many definitions of infrastructure are not much different from this one: https://en.oxforddictionaries.com/definition/infrastructure.

9. The idea that infrastructure must come before development is understandable. In a paper by César Calderón and Luis Servén, titled "Infrastructure and Economic Development in Sub-Saharan Africa," the authors conclude that there is "robust evidence that infrastructure development—as measured by an increased volume of infrastructure stocks and an improved quality of infrastructure services—has a positive impact on long-run growth and a negative impact on income inequality." They also note that "since most African countries are lagging in terms of infrastructure quantity, quality, and universality of access, the tentative conclusion is that infrastructure development offers a double potential to speed up poverty reduction in Sub-Saharan Africa: it is associated with both higher growth and lower inequality."

Reading a paper like that can lead policy makers to make significant investments in increasing the infrastructure stock in the country. Although infrastructures are usually a good thing, we hope to show in this chapter that, if they are not connected to a market, they will be very difficult to maintain.

César Calderón and Luis Servén, "Infrastructure and Economic Development in Sub-Saharan Africa," World Bank Group, Policy Research Working Paper 4712, September 2008, https://openknowledge.worldbank.org/handle/10986/6988.

10. In referring to infrastructures in England and how they contributed to the Great Divergence, economist Deirdre McCloskey put it this way: infrastructures "changed locations, not amounts. They increased effi-

ciency, but did not increase incomes by a factor of two or sixteen or a quality-corrected one hundred." Deirdre McCloskey, *Bourgeois Dignity: Why Economics Can't Explain the Modern World* (Chicago: University of Chicago Press, 2010), 343.

11. Pritchett goes on to note that the average adult in a poor country today is getting more years of education than the average adult in a developed country did in 1960. But it is clear that the education infrastructures in many of today's poor countries are not worth as much as those in 1960s developed countries and that these newly constructed education infrastructures are not preparing people for the future. Lant Pritchett, *The Rebirth of Education: Schooling Ain't Learning* (Washington, DC: Center for Global Development, 2013).

12. "World Development Report 2018: Learning to Realize Education's Promise," The World Bank, accessed May 3, 2018, doi:10.1596/978-1-4648-1096-1, 5.

13. Ibid., 5–6.

14. Dayo Adesulu, "Graduate unemployment, time-bomb in Nigeria," *Vanguard*, June 4, 2015, https://www.vanguardngr.com/2015/06/graduate-unemployment-time-bomb-in-nigeria/.

15. "Did Kenya get a loan to build a railway or vice versa?," *The Economist*, March 22, 2018, https://www.economist.com/news/middle-east-and-africa/21739227-chinese-backed-nairobi-mombasa-line-may-never-make-money-did-kenya-get.

16. Simon Romero, "Grand Visions Fizzle in Brazil," *New York Times*, April 12, 2014, https://nyti.ms/2HoVtCo.

17. Bent Flyvbjerg's research on the development and evolution of megaprojects, into which category many infrastructure projects fall, is vast. Flyvbjerg lists the following indisputable and unavoidable principles, iron laws as they are called, of megaprojects. First, Flyvbjerg's research finds that nine out of ten megaprojects incur cost overruns, and many of such overruns surpass 50 percent of the original budgeted amount. These overruns are not specific to any particular geography and have stayed relatively constant over the past seventy years. For example, the Denver International Airport was 200 percent over budget. In fact, some industries have been studied so much that there are expected overruns. The rail industry is one, where the average rail project is expected to be approximately 45 percent over budget, while road construction projects are expected to be about 20 percent over budget. Second, Flyvbjerg

notes that nine out of ten megaprojects are late. When many large-scale projects are proposed, their costs and schedules are inputs that are used to estimate the short- and long-term economic and societal benefits of the projects. As a result, nine out of ten megaprojects overestimate their economic and social benefits. After modeling many large-scale projects, Flyvbjerg found that a one-year delay can increase the cost of a project by up to 4.6 percent. Few projects illustrate this point more perfectly than Boston's Big Dig Central Artery/Tunnel Project, which rerouted a central highway in the city into a newly constructed tunnel. In 1982, the price tag for the Big Dig was $2.8 billion (approximately $7 billion today), but according to the *Boston Globe*, when all is said and done, the project will cost about $24 billion. The project was also nine years behind schedule. Boston's Big Dig, however, was not an anomaly. Third, and perhaps most surprising, is that cost overruns are a problem for both public and private sector projects. Flyvbjerg provides the Channel Tunnel, a thirty-one-mile rail tunnel linking the UK and France. Euro-tunnel, the private owners of the tunnel, estimated that cost overruns would likely not surpass 10 percent. Construction costs were 80 percent over budget, while financing costs were 140 percent over budget. The British economy has lost $17.8 billion from the project, with investors reaping a whopping -14.5 percent on their investment.

Bent Flyvbjerg, "What You Should Know about Megaprojects and Why: An Overview," *Project Management Journal* 45, no. 2 (April–May 2014): 6–19.

18. V. Kasturi Rangan, "The Aravind Eye Hospital, Madurai, India: In Service for Sight," Harvard Business School Case 593-098, April 1993. (Revised May 2009.)

19. Ibid.

20. Larry Schweikart, *The Entrepreneurial Adventure: A History of Business in the United States* (Fort Worth: Harcourt College Publishers, 2000), 97.

21. Jack Stewart, "America Gets a D Plus for Infrastructure, and a Big Bill to Fix it," *Wired*, March 9, 2017, https://www.wired.com/2017/03/america-gets-d-plus-infrastructure-big-bill-fix/.

22. Larry Schweikart, *The Entrepreneurial Adventure: A History of Business in the United States*, 98.

第十一章 从繁荣的悖论到繁荣的进程

1. "National Health Expenditure Data: History," Centers for Medicare and Medicaid Services, accessed April 26, 2018, https://www.cms.gov/Research-Statistics-Data-and-Systems/Statistics-Trends-and-Reports/NationalHealthExpendData/NationalHealthAccountsHistorical.html.

2. Kailash Chand, "The NHS is under threat. Only a new model will save it," *Guardian*, January 4, 2018, https://www.theguardian.com/healthcare-network/2018/jan/04/nhs-under-threat-new-model-of-care.

3. Robert F. Graboyes, "High Quality and Low Price Coverage at Narayana and Health City Cayman Islands," *Inside Sources*, September 13, 2017, http://www.insidesources.com/high-quality-low-price-converge-narayana-health-city-cayman-islands/.

4. Tarun Khanna, V. Kasturi Rangan, and Merlina Manocaran, "Narayana Hrudayalaya Heart Hospital: Cardiac Care for the Poor (A)," HBS No. 505-078 (Boston: Harvard Business School Publishing, 2011): 20.

5. "Investor Presentations: Investor Presentation—May 2017," Narayana Health, accessed April 26, 2018, https://www.narayanahealth.org/sites/default/files/download/investor-presentations/Investor-Presentation-May-2017.pdf.

6. Tarun Khanna, V. Kasturi Rangan, and Merlina Manocaran, "Narayana Hrudayalaya Heart Hospital: Cardiac Care for the Poor (A)," 10.

7. Sasha Banks-Louie, "How a Small Clinic Is Having a Big Impact on Healthcare in Brazil," *Forbes*, September 26, 2017, https://www.forbes.com/sites/oracle/2017/09/26/how-a-small-clinic-is-having-a-big-impact-on-healthcare-in-brazil/#358d9e1f3ab5.

附录 换一种眼光看世界

1. Break-bulk cargo is a process by which goods are loaded into a truck and driven to a port warehouse where workers, called longshoremen, unload the goods from the truck and store them in a warehouse or in a shipping vessel, if one is available.

2. Charles Duhigg, Aaron Bird, and Samantha Stark, "The Power of Outsiders," *New York Times*, video, accessed January 29, 2018, https://www.nytimes.com/video/business/100000004807604/the-power-of-outsiders.html.

3. At the time, to grow the bacteria longer than forty-eight hours would have been inefficient. Existing rules, conventional wisdom, and accepted science suggested that the specimens would have been useless for their purposes. As such, there was good reason for the experts to grow the bacteria for no more than two days.

4. Marshall Barry and Paul C. Adams, "*Helicobacter Pylori*: A Nobel Pursuit?" *Canadian Journal of Gastroenterology* 22, no. 11 (2008): 895–896.

5. "Sales of washing machines in India from 2007–2016," Statista, accessed January 29, 2018, https://www-statista-com.ezp-prod1.hul.harvard.edu/statistics/370640/washing-machine-market-size-india/.

6. "Electronic Devices: Washing Machine Market Share & Size, Industry Analysis Report, 2025," Grand View Research, December 2016, https://www.grandviewresearch.com/industry-analysis/washing-machine-market.

7. "Press Room: Washing Machine Market Size to Reach USD 42.16 Billion By 2025," Grand View Research, December 2016, https://www.grandviewresearch.com/press-release/global-washing-machine-market.

8. An Indian company, Metro Electronic Lab, has developed a portable washing machine that retails for roughly $40. The machine attaches to a bucket, weighs less than 5 pounds (2.2kg), and can wash 6.6 pounds of clothes in six-minute cycles. See more here: http://www.waterfiltermanufacturer.in/handy-washing-machine.html#handy-washing-machine.

9. "The World Bank in Cambodia," The World Bank, last updated October 2017, http://www.worldbank.org/en/country/cambodia/overview.

10. "Exports: Mexico," Observatory of Economic Complexity, accessed January 29, 2018, https://atlas.media.mit.edu/en/profile/country/mex/#Exports.

11. Mau Juárez, "Analizamos a Zacua, la marca mexicana de autos eléctricos: ¿Buena idea o proyecto sin rumbo?," Motorpasión México, September 18, 2017, https://www.motorpasion.com.mx/autos-mexicanos/analizamos-a-zacua-la-marca-mexicana-de-autos-electricos-buena-idea-o-proyecto-sin-rumbo.

12. "Data: Road Safety, Registered vehicles, Data by country," World Health Organization, last updated November 11, 2015, http://apps.who.int/gho/data/node.main.A995.

13. "National Transportation Statistics," Bureau of Transportation Sta-

tistics, accessed January 29, 2018, https://www.rita.dot.gov/bts/sites/rita.dot.gov.bts/files/publications/national_transportation_statistics/html/table_01_11.html.

14. "Motor Vehicle Census, Australia, January 31, 2018," Australian Bureau of Statistics, last updated July 27, 2017, http://www.abs.gov.au/AUSSTATS/abs@.nsf/Lookup/9309.0Main+Features131%20Jan%202017?OpenDocument.

15. Anjani Trivedi, "China's Electric Car Market Has Grown Up," *Wall Street Journal*, updated January 7, 2018, https://www.wsj.com/articles/chinas-electric-car-market-has-grown-up-1515380940.

16. "Indicators: Occupancy rate of passenger vehicles," European Environment Agency, last modified April 19, 2016, https://www.eea.europa.eu/data-and-maps/indicators/occupancy-rates-of-passenger-vehicles/occupancy-rates-of-passenger-vehicles.

17. "Global Consumption Database: Nigeria," The World Bank, accessed January 24, 2018, http://datatopics.worldbank.org/consumption/country/Nigeria.

18. Monica Davey and Mary Williams Walsh, "Billions in Debt, Detroit Tumbles Into Insolvency," *New York Times*, July 18, 2013, http://www.nytimes.com/2013/07/19/us/detroit-files-for-bankruptcy.html?pagewanted=all&_r=0.

19. Jake Bright, "Meet 'Nollywood': The second largest movie industry in the world," *Fortune*, June 24, 2015, http://fortune.com/2015/06/24/nollywood-movie-industry/.

20. Brad Tuttle, "What It Really Costs to Go to Walt Disney World," *Time*, May 15, 2017, http://time.com/money/4749180/walt-disney-world-tickets-prices-cost/.

21. "Fourth Population and Housing Census 2012," *National Institute of Statistics of Rwanda* (January 2014): 79, http://www.statistics.gov.rw/publication/rphc4-atlas.

22. "GDP per capita (current US$)," The World Bank, accessed January 23, 2018, https://data.worldbank.org/indicator/NY.GDP.PCAP.CD.

23. $80 per home multiplied by 20% of the 1.6 million homes that have dirt floors.

"Fourth Population and Housing Census 2012," *National Institute of Statistics of Rwanda* (January 2014): 79, http://www.statistics.gov.rw/pub

lication/rphc4-atlas.

24. "Infrastructure Development Company Limited (IDCOL) was established on 14 May 1997 by the Government of Bangladesh. The Company was licensed by the Bangladesh Bank as a non-bank financial institution (NBFI) on 5 January 1998." Find out more about IDCOL here: http://idcol.org/home/about.

25. Jess Jiang, "The Price of Electricity in Your State," NPR, October 28, 2011, https://www.npr.org/sections/money/2011/10/27/141766341/the-price-of-electricity-in-your-state.

26. "Health and Nutrition: Nutrition, a silent killer," UNICEF, accessed January 30, 2018, https://www.unicef.org/ghana/health_nutrition_7522.html.

27. "Our Story," MoringaConnect, accessed January 30, 2018, http://moringaconnect.com/our-story/.

28. "Foreign Direct Investment, net inflows (BoP, current US$)," The World Bank, accessed January 23, 2018, https://data.worldbank.org/indicator/BX.KLT.DINV.CD.WD?locations=SG.

29. Emilio Godoy, "The waste mountain engulfing Mexico City," *Guardian*, January 9, 2012, https://www.theguardian.com/environment/2012/jan/09/waste-mountain-mexico-city.

30. Rishi Iyengar, "50 days of pain: What happened when India trashed its cash," CNNMoney, January 4, 2017, http://money.cnn.com/2017/01/04/news/india/india-cash-crisis-rupee/.

31. "Google Just Launched a Digital Payments App in India," *Fortune*, September 18, 2017, http://fortune.com/2017/09/18/google-tez-digital-payments-app-launch-india/.

32. Rajeev Deshpandel, "Demonetisation to power 80% rise in digital payments, may hit Rs 1,800 crore in 2017-18," *Times of India*, November 4, 2017, https://timesofindia.indiatimes.com/business/india-business/demonetisation-to-power-80-rise-in-digital-payments-may-hit-rs-1800-crore-in-2017-18/articleshow/61500546.cms.

33. Special correspondent, "Number of income tax returns filed goes up 24.7%," *The Hindu*, August 7, 2017, http://www.thehindu.com/business/Economy/number-of-income-tax-returns-filed-goes-up-247/article19446415.ece.

34. Michael Safi, "India currency note ban sparks 'dramatic fall' in sex trafficking," *Guardian*, December 22, 2016, https://www.theguardian.com/global-development/2016/dec/22/india-currency-note-ban-sparks-dramatic-fall-sex-trafficking.